hnsinnig wohlgefühlt und
Frauenfest vergess
te ich Sylvester n
n der Kleinen war

der Zweieinhalb-Zi
ssen kamen wir alle
eschlossen, eine eigene
-Rum, Salzstangen und
haupt nicht mehr, wen wir
sehr genau, daß jede
eingeladen hatte, also
hmückt, kartoffelsalat
Frisierspiegel im Schlaf-
nicht so einen Spiegel,
sehen...). Es wurde acht.
. Und dann war klar: Die
Nicht aus Desinteresse,
r die eine oder andere
n Denkzettel zu verpassen.
stanz zu den Jungs und die
ädchen-Clique.

nen, brach bei uns der
ell die Kappe des Flirts
Wohnung hing (und uns
g). Und dann haben wir den
kichert. Um zwölf haben wir
ck gegossen und das sehr,
s zwei ncoh wie heute
den Schnee nachhause
gewesen, in der nacht nobh
heute muß ich lachen in
es der übermütigsten

Liebe Alice! Liebe Barbara!

Alice Schwarzer   Barbara Maia

Liebe Alice!
Liebe Barbara!

Briefe an
die beste Freundin

Kiepenheuer & Witsch

1. Auflage 2005

Umschlaggestaltung: Barbara Thoben, Köln
Umschlagfoto vorne und Fotos im Innenteil: privat
Umschlagfoto hinten: © Bettina Flitner, Köln
Layout und Satz: Barbara Thoben und Ute Lübbeke, Köln
Gesetzt aus der Times und der Interstate
Druck: Druckerei C. H. Beck, Nördlingen
Bindung: Sigloch Buchbinderei, Blaufelden
ISBN 3 462-03458-8

Vorwort

40 Jahre hatten wir uns nicht bzw. fast nicht gesehen. Und wenn, dann hatten wir uns wenig zu sagen gehabt. Doch dann. Zu meinem 60. Geburtstag lud ich Menschen aus meinem ganzen Leben ein – und da durfte sie auf keinen Fall fehlen. Schließlich war sie sechs Jahre lang der wichtigste Mensch in meinem Leben gewesen: Barbara, meine beste Freundin.

Zwischen 15 und 21 waren wir unzertrennlich. Dann war es vorbei. Unsere Trennung war so dramatisch wie die Freundschaft innig. Danach haben wir beide unsere Geschichte jahrzehntelang zur Seite geräumt. Aber jetzt ... sollte ich jetzt nicht ...?

Ich machte mich auf die Suche. Wohnte sie nicht vor ein paar Jahren noch in Berlin-Schöneberg? Die Adresse hatte ich noch. Im Telefonbuch stand sie nicht. Also schrieb ich ihr, lud sie ein zu dem großen Sommerfest, von dem eine im Winter Geborene wie ich lebenslang träumt. Sie rief an. Am Telefon war ihre Stimme fast die alte: leicht heiser, mit so einem Kiekser drin, aber tiefer. Das Gespräch verlief ermutigend. Sie sagte zu – aber kurz vorher wieder ab. Ein „wichtiger Termin". Irgendwas. Es klang nach Ausrede. Hatte sie Angst vor dem Wiedersehen?

Ein paar Monate später, zu meinem nächsten Geburtstag, schrieb sie mir einen Brief. Ganz im alten Ton, so wie früher: übermütig, einfühlsam, ironisch. Und am Ende des Briefes stellte sie die entscheidende Frage: „Kannst du dich an die Situation erinnern, die den Grundstein zu unserer Freundschaft legte?"

Ich konnte, en détail. Das alte Gefühl war wieder da. Das Wissen, warum wir so viele Jahre so viel miteinander zu tun gehabt hatten.

Wir schrieben uns weiter. Entschlossen, diesen aufregenden, verwirrenden Jahren nachzuspüren. Was war eigentlich geschehen? Was hatte uns verbunden - und was getrennt?
Wie läuft das überhaupt zwischen Frauen? Barbara und ich sind ja nicht die ersten „besten Freundinnen" und auch nicht die letzten. Es gibt Frauen, lange und gut verheiratet, die noch Jahrzehnte danach sagen: Mit niemandem habe ich so viel gelacht wie mit ihr! Niemandem habe ich so vertraut wie ihr! Niemand hat mich so verstanden wie sie!
In Japan existiert für diese Art inniger Mädchenliebe ein eigenes Wort bzw. ein Buchstabe: S. Dieses S spielt sogar eine Rolle in Literatur und Theater. Wegen S bringen junge Mädchen sich sogar um. Vermutlich hat diese Dramatik der „besten Freundinnen" in Japan mit den strikten Trennungen der Geschlechter zu tun: Zunächst darf die japanische Frau nur andere Frauen kennen - und dann nur noch ihren eigenen Mann.
Ganz so dramatisch läuft es im Europa des 21. Jahrhunderts nicht mehr. Seit dem Aufbruch der Neuen Frauenbewegung gibt es ein bewusstes Bestreben unter Frauen, für „ihn" nicht alles aufzugeben - und schon gar nicht die beste Freundin; sozusagen eine Renaissance der Kultur von Frauenfreundschaften. Aber noch immer bleibt sie leicht auf der Strecke, die beste Freundin, auch heute noch.
Irgendwann, nach dem ersten Dutzend Briefe, wurde uns klar, dass unsere Geschichte nicht nur uns angeht, sondern viele Frauen betrifft, ja selbst die eigenen Freundinnen. Auch scheinen diese Briefe uns nicht nur das Dokument einer Frauenfreundschaft, sondern auch ein Stück Autobiografie und Zeitgeschichte der 50er und 60er Jahre. Wir haben uns also entschlossen, unsere zwischen Dezember 2003 und September 2004 geschriebenen Briefe zu veröffentlichen. Hier sind sie.
Vor der Veröffentlichung haben wir uns gemeinsam über die Briefe gebeugt. Wir haben hie und da leicht gekürzt; sei es, weil es redundant und gar zu geschwätzig war, oder weil es Dritte betraf, die ein Recht auf Diskretion haben. Aber: Rund 90 Prozent

unserer Originalbriefe sind stehen geblieben, unbearbeitet und unbeschönigt.
Wir wünschen Spaß bei der Lektüre und Erkenntnis. Selbsterkenntnis.

Alice Schwarzer
Köln, im Januar 2005

Berlin, 2. Dezember 2003

Liebe Alice,

da ich nicht weiß, ob ich dich morgen telefonisch erreichen werde – weil alle Leitungen zusammenbrechen oder weil du nach Venedig geflohen bist oder weil und so weiter –, möchte ich dir sicherheitshalber hiermit herzlich zu deinem Geburtstag gratulieren und dir alles Liebe wünschen. Alles.

Bei meinem Gang durch unsere wilden und braven Tage der Jugend („Sprich Erinnerung, sprich") ist mir aufgefallen, dass wir uns nicht scheuten, von den höchsten Dingen zu sprechen: Ist Gott vielleicht ein Insekt? Oder ein Hubschrauber? (Anlässlich eines gemeinsamen Kinobesuchs, bei dem wir uns einen Ingmar-Bergman-Film reingezogen haben.) Wir sprachen über Filme, über Bücher, über Politik und so weiter, wir sprachen über Katzen und Hunde und über „alte Leute", aber niemals – soweit ich mich erinnere – darüber, dass wir einmal selbst ein biblisches Alter erreichen würden, was uns schon damals Gelegenheit gegeben hätte, über die schönen Vorzüge dieser Phase des Lebens zu sprechen: Mildheit, Abgeklärtheit und – wie schön! – warmherzige Weisheit, die irgendwie in die Welt hinausgeht und sie verändert.

Ich glaube heute zu wissen, warum: weil wir wussten, dass wir nie alt werden. Das nennt man, denke ich, Intuition! Du jedenfalls wirst offensichtlich jünger. Kürzlich sah ich dich bei Sandra Maischberger. Wo waren deine weiten arabischen Gewänder aus Tausendundeiner Nacht, an die sich meine Augen gewöhnt hatten? Recht hat sie, die von der Maischberger zitierte Komikerin, deren Name mir jetzt nicht einfallen will (doch: Anke Engelke! Triumph des Gedächtnisses. Sie ist sehr komisch und wandlungsfähig), wohl aber der zitierte Satz:

„Ich finde Alice sexy!" Tatsache ist, dass das nicht zu übersehen ist, seitdem du wieder körperbetonte Kleidung trägst. Kompliment!

Nicht beurteilen konnte ich, ob die Maischberger mit der Frage nach deiner Mutter nett sein wollte (Vorbilder usw.) oder ob sie eine offene Rechnung mit dir hatte? Wie auch immer, die Lacher waren auf deiner Seite, als du sanftmütig meintest: „Da brauchen Sie sich keine Sorgen zu machen."

Ob du es glaubst oder nicht: Ich bin immer noch damit beschäftigt, die Kapitel meines Romans zusammenzufügen, damit ein lieber Freund sie auf seinem Laptop abtippen kann. Wie findest du den Titel: „Die Rückkehr der Sirenen"? (Nein, kein Porno.)

Erst wollte ich dir die beiliegende CD mit drei von mir geschriebenen und in Melodie gesetzten Songs gleich schicken, dann aber habe ich die Weiterentwicklung der Work-in-progress-Aufnahme gehört und daraufhin schnell wieder davon Abstand genommen. Was soll man sagen? Die Songs sind nicht schlecht, aber ich singe wie ein armer lieber Rabe. Man muss Milde walten lassen, man muss die Umstände berücksichtigen: Ich hatte gerade mal eine Stunde für die Aufnahme und praktisch keinerlei Mikro-Erfahrung, und der liebe Boris saß am Aufnahmegerät und rollte die Augen zum Himmel: „Womit habe ich das verdient?" – Okay, kann man verstehen, jetzt singt die eigene Mutter auch noch! Die Arrangements sind von Boris, der auch alle Instrumente spielt.

Apropos Mütter. Meine eröffnet neuerdings jedes Gespräch, jedes!, mit den Worten: „Ich habe ja jetzt nur noch ein Auge." Womit sie einen zwingt, in eine schauerlich leere Höhle zu blicken, obwohl sie doch zwei Augen hat, von dem das eine zugegebenermaßen sehkraftmäßig betrachtet ziemlich lädiert ist. Für mich ist das eine permanente Übung in Samadhi.

Wie nannte uns meine hochsensible, taktvolle Mutter damals, als wir mit Seitenstichen vor Lachen die Straßen von Wuppertal-Elberfeld unsicher machten: die sechs Ziegen? Wie liebevoll, da muss man erst mal drauf kommen. Vielleicht war sie damals ja schon irgendwie einäugig.

Alles Liebe,
Barbara

PS: Jetzt kommt die Preisfrage: Kannst du dich an die Situation erinnern, die den Grundstein zu unserer Freundschaft legte? Ich wette, du kannst nicht! Okay, wir kannten uns, weil wir in der gleichen Klasse waren. Aber, siehst du, ich meine den Moment, als wir uns kennen lernten, wahrnahmen? Nun – wie sieht es aus? Eine bedenkliche Leere, wo eigentlich eine Fülle von Bildern sein sollte? Ich bin gespannt, was deine Blackbox preisgibt.

Köln, 17. Dezember 2003

Liebe Barbara,

über deinen Geburtstagsbrief habe ich mich wirklich sehr gefreut. Was für eine Überraschung! Wie ich sehe, reitet dich die alte Spottlust noch immer. Und, wie beruhigend, du bist so ein altmodisches Mädchen wie ich und schreibst auch noch mit der Schreibmaschine. Richtig, ich war zu meinem Geburtstag ganz kurz in Paris (hatte da eine Aufzeichnung bei ‚Arte'), bin aber dem üblichen Redaktionsschluss-Terror nicht entkommen: Der hatte mich vorher zugeschüttet und danach gleich wieder. So langsam tauche ich auf, bearbeite die liegen gebliebenen Berge und fahre Freitagabend aufs Land (wo ich ein dauerkrankes Kätzchen habe, das Problem muss gelöst werden). Ich rufe dich dann in Ruhe an.

Aber vorab die Beantwortung der Preisfrage: Mir scheint, wir haben verschiedene Antworten. Aber ich bestehe schon mal darauf, dass meine Version die richtige ist (bin jedoch bereit, mich überzeugen zu lassen, wenn deine Synapsen besser funktionieren). Also, es war so:

Ich habe dich auf dem Schulhof gesehen, in einem dunkelblauen Mantelkleid mit weißem Kragen. Da bist du mir zum ersten Mal als anders aufgefallen, anders als die anderen. Dann muss ich dich für ein paar Wochen oder Monate wieder aus den Augen verloren haben. Bis zu dem bewussten Tag. Ich saß in der ersten Reihe (weil ich kurzsichtig war und noch keine Brille hatte? Oder weil ich so viel schwatzte? Vermutlich beides). Und da hörte ich eine Stimme hinter mir sagen: „Er steht jeden Morgen an der Haltestelle. Und er sieht echt toll aus! Er hat so ein ironisches Lächeln, so wie Rhett Butler ..."

Das war der Auslöser! Ich drehte mich um. Da saß also eine in meiner Klasse, die nicht für den Förster im Silberwald, für Rudolf Prack und Sonja Ziemann schwärmte, sondern für Rhett und Scarlett aus ‚Vom Winde verweht‘. Eine wie ich. Wir lächelten uns an – und waren von da an beste Freundinnen. Oder?

Deine CD habe ich auf der Fahrt nach Paris gehört. Sie gefällt mir! Sie gefällt mir wirklich. Am besten ist „You give me ...“. Irgendwie ist in deiner Stimme so ein Hauch von Lotte Lenya. Ich meine, du solltest noch offensiver auf diesen Sprechgesang gehen! Die Musik ist auch interessant. Schickst du mir mal was von Boris?

Ja, diese ewigen Fragen nach meiner Mutter ... Ich bin leider immer wieder gezwungen klarzustellen, wie es wirklich war. Du hast das damals noch nicht so erlebt. Aber seit ich eine öffentliche Person bin, also seit Mitte der 70er Jahre, neigt sie dazu, ihr Leben umzudeuten – und damit auch meines. Sie will es einfach nicht mehr wahrhaben, dass sie nicht einen Tag in meinem Leben für mich verantwortlich, also nicht meine soziale Mutter war.

Dabei gibt es eigentlich keinen Grund, es zu beschönigen. Dass eine junge Frau ein nicht geplantes Kind kurz nach der Geburt bei den Eltern lässt und geht, kommt ja öfter vor. Aber auch die anderen tun sich schwer zu unterscheiden zwischen biologischer und sozialer Mutterschaft. Biologisch ist meine Mutter meine Mutter, aber sozial ist sie eben meine Schwester – und sind meine Großeltern die Eltern. Ich habe ja nicht umsonst Mama und Papa zu ihnen gesagt.

Erst viel später ist mir klar geworden, dass das eine interessante Konstellation ist: Kind und Großeltern (statt Eltern). Die Zwänge sind geringer, die Freiheiten größer. Sartre, der auch bei den Großeltern aufgewachsen ist und dessen Mutter ebenfalls eher den Status einer Schwester hatte, hat darüber in seinem autobiografischen Buch ‚Die Wörter‘ sehr kluge Sachen geschrieben.

Barbara, gleich habe ich Redaktionskonferenz. Sorry für die vielen Tippfehler. Ich kann es nicht ändern, tippe schneller, als die Maschine reagieren kann, darum die Verdreher. Und außerdem genieße ich seit meiner Tippsenzeit (in der es auch nicht unter sechs Vertippern pro Seite ging, aber Tipp-Ex sei Dank...) eine hemmungslose Art beim Tippen – kommt die ‚Emma‘?

Auf bald! Deine Alice

Berlin, 28. Januar 2004

Liebe Alice,

mir wird jetzt erst klar, dass du – weil meine SMS an Silvester mit denen anderer im Handyloch von Bangkok verschwand – meinen Dank für Buch, Brief und Emma nie erhalten hast. Ja. Emma steckt zu meinem großen Vergnügen immer Tage vor ihrem Erscheinen in meinem Briefkasten. Das ist der „Indische Tag", weil ich mich dann mit ihr in ein kleines indisches Lokal (gleich um die Ecke) zurückziehe, wo ich das immer gleiche Gericht bestelle, um in der neuen ‚Emma' zu lesen ...

Wie ich dir schon sagte, gefiel mir dein neues Buch ‚Vorbilder und Idole' sehr! Es kommt leiser daher als andere Bücher von dir, will mir scheinen. Ich wünschte mir jedoch, du hättest noch mehr Zeit für die Porträts gehabt. Bei deinem Text über Brigitte Bardot fühlte ich mich in unsere späten 50er zurückversetzt. Genau so war es: „Sie waren quälend, ihre Plagiate. Diese Mädchen mit Schmollmund, Sechsern und Petticoat. Diese ausgekochten Geschöpfe." Wie verschieden sie sind, diese von dir porträtierten Frauen: die Entertainerin, Politikerin, Schauspielerin und so weiter – und doch so einig in der Auffassung, dass der Song „It's a men's world" (hier im Sinne von „Männerwelt") kein Dauerbrenner sein kann, nicht länger mehr ein schmerzlicher Ohrwurm.

Doch kommen wir zur Preisfrage – nachdem ich die Spannung, wie ich hoffe, bis ins Unerträgliche gesteigert habe. Ja. Ja. Ja. Deine Synapsen funktionieren ausgezeichnet! Mein Kompliment! Unsere Freundschaft begann in dem Augenblick, als du dich umdrehtest, weil du mich sagen hörtest: „Er steht jeden Morgen an der Haltestelle. Und er sieht echt toll aus! Er hat so ein ironisches Lächeln, wie Rhett Butler ..."

Großartig, Alice, großartig – aber ich muss dir leider, leider sagen, dass das nur die halbe Wahrheit war. Die andere Hälfte kannst du nicht kennen. Warum? Stell dir einen Teppich vor ... Du beschreibst exakt das Muster auf seiner Vorderseite, aber man sieht nicht die Rückseite und die fleißigen Hände, die es woben.

Es ist nun an der Zeit, dir zu sagen, was ich dir nie, nie, niemals erzählt hätte (es wäre mit mir in die Gruft gegangen), wenn du mir nicht bei unserem letzten Treffen, nach fast zwei Jahrzehnten Pause, erzählt hättest, wie sehr du damals unter den Kochkünsten deiner Großmutter – dem Fisch für die Katzen und Hunde der nahen und fernen Umgebung – und den damit verbundenen Gerüchen gelitten hast, die perfiderweise in deine Blusen und Kleider krochen. Tatsache ist, dass ich nie etwas davon bemerkt habe. Dass du dich damit herumgeschleppt hast! Mir nie etwas sagtest! Ich bin erschüttert. Andererseits ermutigt es mich, dir zu sagen, dass auch ich ein Geheimnis vor dir zu verbergen hatte. Zumal das mit den Kochgerüchen schon das dritte Geheimnis war, das du mir im Laufe von praktisch 40 Jahren – in denen wir uns trafen, aus den Augen verloren, wieder begegneten und wieder aus den Augen verloren – anvertrautest.

Schön, fangen wir an: Wir fahren zurück in das Jahr 1957. Ich vernachlässige jetzt mit deiner Erlaubnis die gesellschaftlich-politischen Verhältnisse der damaligen Republik. Die Kamera hält direkt auf die Klasse der Mädchenhandelsschule am Döppersberg in Wuppertal-Elberfeld zu. Der erste Schultag begann damit, dass wir uns aussuchen durften, wohin wir uns setzen wollten. Du setztest dich in die letzte Reihe, was ich aus den Augenwinkeln mitbekam. Es war da ein Wirbel um dich herum.

Ich setzte mich neben Heidi in die vierte oder fünfte Reihe. Damit hatte es folgende Bewandtnis: In der Aufnahmeprüfung hatte ich bemerkt, dass die – damals für mich noch namenlose – Heidi bei irgendeiner Mathe-Aufgabe aufgehört hatte zu atmen. Schweißperlen glänzten auf ihrer Stirn. Nach einigem diskreten Hin und Her schafften wir es, ihr die Lösung der Aufgabe zukommen zu lassen. Beim Abschied ergriff sie meine Hand: „Du, wenn wir beide die Aufnahmeprüfung bestehen, versprichst du mir, dass du dich dann neben mich setzt?“ (Nicht sie sich neben mich – das wirft ein Licht auf ihr Naturell.) „Klar.“ Eine solche Situation verbindet. Doch es stellte sich heraus, dass wir keinerlei gemeinsame Interessen hatten. Bücher waren ihr ein Gräuel, sie war besessen vom Tanz und sprach am liebsten über Jungs. Nagende Enttäuschung machte sich breit, die wir jedoch voreinander verbargen – wir kannten ja sonst niemanden in der Klasse.

Zurück zu dir. Es war nach kürzester Zeit nicht zu überhören, dass die beiden letzten Reihen der Klasse vor unterdrücktem Kichern bebten. Die Frage stellte sich, wer die Verursacherin dieses Kicherns war? Es war Alice! Es gab Mahnungen, und es gab Unschuldsbeteuerungen von deiner Seite: „Glauben Sie mir, es hatte direkt etwas mit dem Lehrstoff zu tun!“ – Nun gut.

Damals galt das Prinzip, wer auf die Frage der Lehrerin als Erste eine Antwort weiß, meldet sich und kommt dran. Du warst sehr schnell, wir waren gewohnt, dass du die richtige Lösung kanntest, nur fiel irgendwann einer Lehrerin – Frau Liepelt? – auf, dass deine Antworten abenteuerlich waren, sobald sie sich auf etwas bezogen, was auf der Tafel stand. Es stellte sich heraus, dass du nicht gut sehen konntest. Dein Umzug in die erste Reihe wurde beschlossen.

Du rafftest deine Sachen an dich, Bücher, Schreibblock, Füllfederhalter usw., und gingst mit wippenden blonden Locken und wippendem Rock nach vorn – und mit der Bemerkung: „Dann wollen wir mal sehen, ob das besser ist! Da muss ich vierzehn Jahre werden, bevor irgendjemand bemerkt, dass ich eine Brille brauche!“ Das elektrisierte mich. Ich dachte: Das ist sie! Die andere, die mir ähnlich ist.

In der Pause auf dem Schulhof versuchte ich – flankiert von der mürrischen Heidi und meiner Nachfolgerin bei ihr, der hageren, humorlosen Mechthild, die schon in den Startlöchern stand – zu der Gruppe Mädchen zu stoßen, von denen du umgeben warst, aber Heidi witterte Unheil: „Ich kann die Alice nicht ausstehen!“ – Ich gab mich zerstreut: „Welche Alice?“ Diese Frage beschwichtigte das etwas tumbe Mädchen, obwohl dein Name ungewöhnlich war und es nur eine Alice in der Klasse gab.

Dein Aufenthalt in der ersten Reihe hatte für relative Ruhe gesorgt, unseren Lehrerinnen aber ein neues Problem beschert. Da du sehr schnell warst, kam praktisch außer dir niemand mehr an die Reihe. Dein Argument: „Ich kann ja nicht sehen, wer sich in meinem Rücken meldet." Stimmt. Du wurdest also in eine Reihe versetzt, die hinter der lag, in der ich saß. Ich brauchte mich nur zur Seite zu wenden – da warst du. Und während du deinen neuen Platz einnahmst, hörten wir dich sagen: „Dann wollen wir mal hoffen, dass das jetzt die Ideallösung ist. Ich kann es nur hoffen!" (Mit komischer Verzweiflung und aufwärts gerollten Augen.)

Das ist die Ideallösung!, dachte ich. Mittlerweile war mein Interesse an dir in unbedingte Zuneigung umgeschlagen, und in den Pausen zwischen den Fachwechseln, in denen wir das Klassenzimmer nicht verließen, hörte ich zu, was du mit den Mädchen um dich herum zu besprechen hattest, während ich vorgab, den erleuchteten Worten von Heidi und Mechthild zu lauschen. Mein Pulsschlag beschleunigte sich: Du sprachst über Elvis Presley, seine Musik und sein ironisches Lächeln; über Erich Maria Remarque und seinen Roman ‚Arc de Triomphe'; über Politik (für mich eine weiße Landschaft); über die blauen Augen von Montgomery Clift und die von James Dean, über Filme undundund ...

Auf dem Weg von Wuppertal-Elberfeld nach Langenberg hatte ich reichlich Gelegenheit, darüber nachzudenken, wie ich mit dir bekannt werden könnte. Die Fahrt dauerte eine Stunde. „Du, Alice (probierte ich aus), den Film, von dem du gestern gesprochen hast, habe ich auch gesehen, und wollte noch nachschieben ..." Nein, das ging nicht. Die wachsamen Harpyien um dich herum würden sich ihre Beute nicht entreißen lassen. Hinzu kam eine frisch erworbene Schüchternheit, die mich seit meinem 13. Lebensjahr ohne Vorwarnung überfiel. Von dir fürchtete ich nichts, was aber würde passieren, wenn ich zu dir sagte: „Hallo, Alice, ich bin übrigens die Bärbel!"?

Die anderen Mädchen würden aufschauen, und es gab die schreckliche Möglichkeit, dass ich vergessen würde, was ich hatte sagen wollen. So ging es auch nicht. Und was war mit: „He, Alice, welchen Weg hast du eigentlich nach Hause?" – Ging auch nicht.

Heidis Bus fuhr von derselben Haltestelle ab wie meiner, wenn auch in eine andere Richtung.

So ging das ein paar Tage. Am dritten oder vierten Tag – der Bus hielt auf Neviges zu, die halbe Strecke lag schon hinter uns – schaute ich aus dem Fenster des Doppeldeckers (ich saß immer oben) auf die Baustelle unter uns: die Bauarbeiter, die Zementmischer und die dampfenden Tonnen mit schwarzem Teer. In diesem Augenblick hob ein untersetzter, vierschrötiger Bauarbeiter – in meinen Augen uralt, obwohl er wahrscheinlich nicht mal vierzig war – sein schweißbedecktes Gesicht, schob seine Mütze in den Nacken und schaute mit leerem Blick nach oben. Unsere Blicke begegneten sich, der Bus ruckte wieder an. Verschieben wir's auf morgen, dachte ich. Vom Winde verweht. Rhett Butler und Scarlett O'Hara ... Rhett Butler? Moment mal ... und dann hatte ich es!

Ich würde der süßen Heidi am nächsten Tag mit aufgeregter Stimme zuflüstern, dass mich ein umwerfender junger Bauarbeiter angelächelt hätte. Mich! Ich würde ihr am darauf folgenden Tag im Flüsterton gestehen, dass er 19 Jahre alt ist und ... Rick heißt ... und am dritten Tag mit der Stimme einer Verliebten jubeln: „Er steht jeden Morgen an der Haltestelle und hat ein Lächeln wie Rhett Butler."

Den Rest kennst du. Du drehtest dich wie erhofft um, und unsere Freundschaft begann. Natürlich war ich im Laufe unserer Schulzeit häufig in Versuchung, dir zu sagen, wie und was ... allein die Vorstellung, in deinen blauen Augen das Vertrauen erlöschen zu sehen! In einer Horrorvision hörte ich dich sagen: „Das war's, Barbara!", und sah, wie du dich auf dem Absatz umdrehtest. Andererseits kannte ich deinen Sinn für Humor und konnte mir auch vorstellen, dass du auflachen würdest: „Du unverschämtes, freches Ding!" Noch später, in unserer wilden Münchner Zeit, bei unseren Streifzügen durch Schwabing, wo unsere Blue Jeans und schwarzen Rollkragen ausreichten, um uns ein existenzialistisches Lebensgefühl zu vermitteln, und wo der Wein in Strömen floss (was meine Wahrheitsliebe verstärkte), war ich oft in Versuchung, dir „alles" zu gestehen ... aber ... siehe oben.

Und wie lieb du warst, als du mir in aller Unschuld dabei geholfen hast, den guten Rick wieder loszuwerden. Er musste weg, bevor ich mit irgendeinem Detail auffiel. Beispielsweise wusste ich zum damaligen Zeitpunkt nicht – obwohl ich von Tolstoi bis hin zu Pearl S. Buck „alles“ gelesen hatte (Was ich davon verstanden hatte, ist eine andere Frage) –, was es mit der Küsserei auf sich hatte. Systematisch untersuchte ich in den Büchern die Passagen, in denen geküsst wurde, und einmal wurde ich fündig: „Er beugte sich über sie, und als sie sich küssten, begann der Himmel über ihnen zu kreisen.“ (Aus Rachel Fields ‚Hölle wo ist dein Sieg‘? Oder Louis Bromfields ‚Der große Regen‘? Egal.) Ich schloss messerscharf, dass Küsse irgendwie mit einem Schwindelgefühl einhergehen. Aber würde das bei Nachfrage deinerseits genügen?

„Sag mal“, sagtest du in deiner Rolle als unschuldige Komplizin. „Was sagtest du nochmal, was der Rick studiert?“ Ich hielt den Atem an und dachte, wenn ich das wüsste... Aber sinnend fuhrst du fort: „War es nicht Jura?“ Ich nickte, ja, Jura. Wodurch du mir die Möglichkeit gabst, ihn am Ende der Semesterferien für immer an die Uni zurückzuschicken. Worüber du zu meiner großen Erleichterung nicht betrübt warst.

Oh Gott. Fünf Seiten ... die Zeit rennt davon ... Ich komme zu spät zur Verabredung...

Alles Liebe, bis bald.
Deine Barbara

PS: Habe die von dir so dringlich ans Herz gelegten ‚Tage in Burma‘ von Orwell gelesen. Fantastisch!

PPS: Ich habe mal in meinen Kisten gewühlt – seltsam, wir haben gar kein Klassenfoto von der Handelsschule. Dafür schicke ich dir jetzt eines aus den ersten Schuljahren mit, aufgenommen 1949.

28. Februar 2004

Liebe Barbara,

sorry, dass ich so spät reagiere. Aber in den vier Wochen, in denen die Emma Redaktionsschluss hat – und das alle zwei Monate! –, habe ich einfach keine freie Minute. Höchstens mal Zeit zum Verschnaufen, aber nicht die Muße, die nötig ist, um dir zu schreiben.

Ich war übrigens vor drei Wochen kurz bei dir um die Ecke, auf der Berlinale, und habe mir ‚Monster' angesehen. Wahnsinn, diese wahre Geschichte von der Serienmörderin in Amerika, die sechs ihrer Freier umgelegt hat. Mindestens sechs. Regisseurin und Hauptdarstellerin wissen sehr genau, worum es da geht – und sie schaffen es, das Unsagbare zu zeigen! Was aber irgendeine plappernde Journalistin nicht daran hindern konnte zu behaupten, den Oscar, für den Charlize Theron im Gespräch ist, „hätte eigentlich ihre Maskenbildnerin verdient", denn die ganze Kunst der Rolle wäre die großporig geschminkte Haut. Frauen können schon ganz schön gemein und feige sein. Mir ist aufgefallen, dass nur Männer, und ich glaube, vor allem jüngere Männer, präzise über diesen Film geschrieben haben.

Aber zu uns. Totenkomisch die Geschichte mit Rick. Dass du ihn dir ausgedacht hast! Wobei: Die Namensähnlichkeit zwischen Rhett und Rick hätte mir zu denken geben sollen. Aber natürlich hätte ich deinen Schwindel nicht eine Sekunde übel genommen, sondern immer schon zum Brüllen gefunden.

Sag mal, hast du etwa Tagebuch geführt? Du erinnerst dich so frappierend genau an so vieles. Auch wenn du vergessen hast, dass wir keineswegs von Anfang an am Döppersberg in der Handelsschule waren, sondern in den ersten Monaten in irgendeiner Berufsschule in der Nordstadt als Untermieter, weil in der Handelsschule kein

Platz mehr war für unsere Klasse. Ich sehe diese muffige Schule mit ihrem kleinen Schulhof noch sehr genau vor mir.

Und genau auf diesem Schulhof habe ich dich zum ersten Mal wahrgenommen. In eben diesem dunkelblauen Mantelkleid mit dem weißen Kragen, in dem du so rührend und eigenartig zugleich aussahst. Du warst damals so schmal, wie du heute noch bist, und sahst einfach anders aus als die anderen: riesige blaue Augen, ein Profil, das man „charaktervoll" nennt, also mit großer Nase, und darunter ein überraschend niedlicher Mund, der gerne ironisch gespitzt war. Du wirst dich erinnern, dass du für Lauren Bacall schwärmtest (und ich für Marilyn Monroe). Eine klar narzisstische Wahl, denn du warst Bacall – wenn auch nicht ganz so hollywoodlike, sondern in der Wuppertaler Variante anno 1958.

Auch ich habe jetzt mal in meinen Kisten gewühlt, und rate, was ich gefunden habe – mein flaschengrünes Poesiealbum! Du wirst dich kaum daran erinnern, denn es ist eigentlich nicht der Rede wert. Aber es ist aufschlussreich. Es beginnt am 15. Februar 1953 mit einer Eintragung meines Großvaters, wem sonst, dann folgen Sprüche von LehrerInnen und Mitschülerinnen aus den Jahren 1954/55, Stil „In allen vier Ecken...". Sodann ist Pause. Und stell dir vor: Es malen fünf aus unserer Klasse ihre besten Wünsche in mein Poesiealbum, darunter sogar Heidi, bevor endlich du drankommst. Nämlich am 27. September 1958.

Und was schreibst du? Nichts von Herz und Schmerz, keinen dieser kindlich-kitschigen Sprüche, sondern ein Dichterwort von Casteli (Wer ist das eigentlich?). Ein prophetisches Dichterwort von knapp zwei Zeilen: „Die Jugend träumt und wünschet keine Klarheit / dem Alter nur gibt die Erfahrung Wahrheit. – Zur Erinnerung an Bärbel". Damals nanntest du dich noch ‚Bärbel' – aber für mich warst du vom ersten Tag an Barbara. Und, was hiermit bewiesen wäre: Deine Tendenz zur Klugscheißerei war immer schon da. Ich habe es schwarz auf weiß in meinem flaschengrünen Poesiealbum! Sechs Eintragungen später folgt übrigens Brigitte – unser späterer Teddy – mit einer Warnung vor den „trügerischen Menschenworten". Eben schon ganz die Psychologin.

Doch an die meisten anderen Mädchen aus der Klasse erinnere ich mich überhaupt nicht. An die ganze verdammte Zeit in dieser Schule habe ich kaum Erinnerungen, denn die Handelsschule hat mich unendlich gelangweilt. Steno. Buchhaltung. Handelsenglisch (was meinem Englisch den Rest gegeben hat). Ich war ja auch nur aus Ratlosigkeit auf diese Schule gegangen: Nach meiner Odyssee durch Realschule, Lyceum und Volksschule wusste ich nicht so recht, wie weiter. Also Handelsschule.

Alles, was du erzählst – dass ich so viele Mädchen im Schlepptau hatte, immer Faxen gemacht und mir Schlagabtausche mit den Lehrerinnen geliefert hätte –, all das sehe ich so gar nicht mehr vor mir. Ja, einige Episoden schon, aber als Grundstimmung? Da sehe ich mich eher ein bisschen danebenstehen, eine Außenseiterin sein. Aber anscheinend stimmt beides. Denn vor rund 30 Jahren (also noch vor dem öffentlichen Bild von Alice Schwarzer) hat mich mal eine mir fremde Frau in Wuppertal angesprochen (wo sich anscheinend alle kennen). Sie wäre auf der Handelsschule gewesen, Jahre nach mir, und da hätten noch immer alle Lehrerinnen von mir geredet: Was für ein rebellisches Mädchen ich gewesen wäre ... Ich dachte damals: Die Frau hat zu viel Fantasie. Aber offensichtlich gibt es da eine Kluft zwischen Fremdwahrnehmung und Eigenwahrnehmung.

Daran, dass wir in den ersten Monaten in der Nordstadt waren, erinnere ich mich aus zwei Gründen so gut. Erstens, weil ich genau in der Zeit mal einen Albtraum hatte: Auf meinem Schulweg von der Südstadt in die Nordstadt musste ich den Neumarkt überqueren – nackt. Ich wusste vor Scham gar nicht, wie ich rüberkommen sollte, und habe mich hinter dem Brunnen versteckt (der steht heute noch da). Das war vermutlich die Zeit, in der man merkte, dass man einen Busen bekam. Und überhaupt, wo Schluss war mit dem Mädchen, das Schnitzeljagd spielt und auf alle Bäume klettert, und Frauwerden angesagt war.

Ja, und dann gab es in der Nordstadt ja noch ein epochemachendes Ereignis: unsere erste Party! Erinnerst du dich? Im Frisörladen der Eltern von Manfred (den ich übrigens neulich bei einer Pina-Bausch-Aufführung getroffen habe, ist so lässig wie früher). Ich sehe noch genau die zurückgebundenen Plastikvorhänge von den Kabinen vor mir und spüre noch den Fuß meines pickligen Foxtrotttänzers unter meinem Schuh. Das muss also vor der Tanzschule gewesen sein, so mit 15, 16. Apropos Tanzschule: Wieso war ich in der eigentlich ohne dich? Hatte deine Mutter es dir verboten? Oder hattest du keine Lust?

Tue ich deiner Mutter Unrecht, wenn ich sage: Sie war wirklich eher anstrengend? Du sagst, dich hätte mit 13 eine plötzliche Schüchternheit überfallen. Ich glaube, eine der Ursachen war sie. Deine Mutter pflegte dir nämlich zu erzählen, wie hübsch dein Bruder sei (blond, blaue Augen) und wie hässlich hingegen du leider geraten wärst. Dich hat das verständlicherweise bedrückt – und mich hat es empört.

Ich frage mich übrigens, was wir in den zwei Jahren Handelsschule in unserer Freizeit gemacht haben. Schularbeiten können es nicht gewesen sein, mit denen habe zumindest ich mich nicht belastet. Und gesehen haben wir uns außerhalb der Schule auch selten, wir wohnten ja in ganz entgegengesetzten Teilen der Stadt: du in Langenberg und ich in der Elberfelder Südstadt. Die gemeinsamen Bücher, die Filme, die Konzerte, die Partys, das fing ja erst nach der Schule an, mit 17, 18.

Ich weiß nur, dass ich beim Tod von James Dean in Tränen ausgebrochen bin. In der Klasse, Reihe eins. Und dass ich großer Elvis-Fan war – das bin ich ja heute noch! – und überhaupt auf Rock'n' Roll stand. Und dass ich im stolzen Besitz eines Braun-Plattenspielers für Singles und eines Radios war, bei dem man immer hinten die Finger an die Buchsen halten musste (statt Antenne), um die Hitparade ordentlich zu hören. Die Hitparade von Chris Howland. Ein Must! War das nicht immer dienstags um 18 Uhr 30? Oder mittwochs?

Aber die Schule ... Dass dir ausgerechnet der Name Liepelt einfällt, diese fade Deutschlehrerin, die einem sogar das Aufsatzschreiben vergraulen konnte. Da war die Lange, unsere Klassenlehrerin, schon besser: streng, aber gerecht. Der Knaller aber war Frau Dr. Sager! Erinnerst du dich? Eine sehr attraktive Person aus dem Osten, die gerne lachte und sehr ironisch war. Uns nannte sie immer nur

„meine Lieben“, „Mädchen“ oder „Schätzchen“. Manchmal habe ich sie in der Stadt gesehen, immer in Begleitung ihrer Mutter, eines ziemlichen Dragoners. Mir scheint, sie war unverheiratet.

Und bei der Lange erinnere ich mich vor allem an eine Szene: Wie sie uns, ganz aufgeregt, an einem Montagmorgen gefragt hat, ob wir auch so enttäuscht wären, dass Deutschland nicht wieder Weltmeister im Fußball geworden ist (muss also 1958 gewesen sein, vier Jahre nach 1954, dem ‚Wunder von Bern‘). Bei uns zu Hause wurde darüber ganz anders geredet. Meine familiär tonangebende Großmutter war noch von der Kraft-durch-Freude der Nazis bedient und fand das neudeutsche Gegröle gar nicht komisch. Sie murmelte eher was von: Müssen diese Deutschen denn immer die ganze Welt besiegen? Und: Reiner Nationalismus! Entsprechend antwortete ich Frau Lange – die war prompt über meinen mangelnden Patriotismus schockiert.

Du warst ja eine der wenigen, wenn nicht die Einzige, die ich je mit in das Häuschen am Waldrand genommen habe. Du hast sogar mehrmals bei mir übernachtet, kennst also Mama und Papa (wie ich meine Großeltern genannt habe). Weißt du noch, wie komisch er immer war – und wie scheu sie? Dabei war sie mit uns alleine alles andere als schüchtern. Und dass du das Problem mit meinen Klamotten nicht bemerkt hast ... Für mich war das eine große Last. Einerseits fand ich die anderen zwar spießig mit ihren gestärkten und geplätteten weißen Blusen – andererseits fand ich es peinlich, dass bei mir immer irgendetwas daneben war (so ist es übrigens bis heute geblieben). Selbst wenn ich dann mal in meinem chaotischen Drei-Personen-Haus selber mühsamst was geweißt und geplättet hatte, konnte ich sicher sein, dass im nächsten Augenblick einer von den drei Hunden oder eine der fünf Katzen drübertrampelte.

Die Zerreißprobe, in der sich meine outcastige Familie befand, war vermutlich für ein Kind gar nicht immer so leicht auszuhalten: Einerseits hatten wir eine Verachtung für „die Spießer“, andererseits hatten „die Spießer“ eine Verachtung für uns. Aber unter meinen Spielgefährten und -gefährtinnen gab es diese Trennung ja zum Glück nicht.

Unser gemeinsames Leben, Barbara, scheint mir auf jeden Fall erst danach so richtig losgegangen zu sein. Also in der Zeit, in der wir anfingen zu arbeiten und auszugehen: in die Milchbar, ins Jazzkonzert, ins Kino, auf die Party. Und dann waren wir ja auch irgendwann nicht mehr nur zu zweit, sondern machten oft zu sechst die Gegend unsicher. Ich glaube, unsere Clique, wie wir sagten, war eine der ersten Mädchengangs. Aber bis dahin sind es noch ein paar Schritte. Erstmal sind wir noch 15 und zu zweit in der Klasse.

Ich bin heute auf dem Land. Draußen liegt Schnee. Gerade geht die Sonne blassrot unter. Morgen mache ich mich mal auf die Suche nach meinen Briefen an dich aus diesen Jahren, die du mir vor

Barbara bei ihrer Einschulung in Langenberg 1949.

zwanzig Jahren zurückgegeben hast. Und so ganz habe ich auch die Hoffnung nicht aufgegeben, auch deine Briefe an mich wiederzufinden, trotz meiner seither 18 Umzüge (habe nachgezählt).

Melde dich bald! Ich bin schon ganz gespannt auf deinen Brief!

Herzlich,
deine Alice

PS: Dein Foto ist ja wirklich rührend. Du siehst schon ziemlich verschmitzt aus. Ich hingegen mache auf meinem Foto aus der gleichen Zeit einen sehr ernsten Eindruck.

Alice nach ihrer Einschulung in Wuppertal-Elberfeld 1950.

Berlin, 4. März 2004

Liebe Alice,

dir ist es genialerweise gelungen, die Waage wieder ins Gleichgewicht zu bringen. Und ich bin's – nicht nur aus narzisstischen Gründen – zufrieden.

Was musste ich lesen? Wir wären die ersten Monate in einer Berufsschule in der Nordstadt einquartiert worden? Ich ließ den Brief sinken. In einer Berufsschule? In der Nordstadt? Da hast du mich auf dem Schulhof gesehen? Da war nichts. Gar nichts. Ich kam doch immer mit dem Autobus nach Elberfeld. Da hätte doch eine andere Haltestelle als die am Döppersberg sein müssen... Und dann – tatsächlich – stand da ein dunkles, rotes Backsteingebäude. War da irgendwo ein graues Gemäuer? Oder war es rot? Und hatte der Schulhof nicht einen Zaun, über den sich ein paar kleinwüchsige Bäume aus dem Nachbargrundstück beugten?

Wenn ich nicht schon vor Jahren die Vorstellung begraben hätte, über ein hervorragendes Gedächtnis zu verfügen – ich wäre jetzt um eine Illusion ärmer. So aber entzückt mich, dass du mir ein Stück Erinnerung zurückbrachtest, das schon dazu verdammt war, für immer in staubigen Archiven zu verrotten. Und – im Hinblick auf die Preisfrage bedeutet das: Wir haben beide Recht. Du hattest mich in der Nordstadt entdeckt und ich dich im Zentrum! Sehr hübsch. Oder?

Und ich erinnere mich auch an deinen Albtraum. Du hattest ihn mir irgendwann erzählt. Haben wir etwa damals Träume interpretiert? Der Albtraum: Vom Süden in den Norden nackt den Neumarkt überqueren. Der Brunnen, hinter dem du dich verbirgst. Das Verlassen der Kindheit, das Frauwerden. Interessant finde ich auch den

Brunnen: die schützende Mauer und das Wasser. Das Lebenselixier. Man muss bei diesem „albtraumhaften" Gang zum Frausein flüssig bleiben, flexibel, auch die Abgründe kennen, die Spiegelungen und so weiter. Der Weg zu einer tristen Schule, in der wir spätestens beim Kochunterricht (bei Frau Bröske, rotblonder Mittelscheitel, Knoten), Handarbeits- und Stenounterricht anfingen zu begreifen, welch aufregendes Leben ...

Ich habe übrigens kürzlich in einem Alptraum einen Mord begangen. Dieser Traum verfolgte mich – mit längeren oder kürzeren Pausen seit über zwanzig Jahren. Er war in Serie gegangen: Ein blonder, blauäugiger Mann, nichts sagendes, hübsches Gesicht, mal älter mal jünger, verfolgt mich. Kein Gesicht, das ich kenne. (An dieser Stelle meiner Erzählung atmeten alle meine männlichen Freunde erleichtert auf.) Er sieht nicht aus wie ein Killer, aber er ist einer. Er will mich umbringen. In allen Träumen fliehe ich. Manchmal kann ich fliegen. Es gelingt mir immer zu entkommen.

Ich dachte über diesen Traum nach. Über verdrängte Ängste. Der Mann verkörpert deine Angst, das war eine Überlegung. Ich will diesen Albtraum nicht mehr. Es muss mir möglich sein, die Angst auszuschalten, das war die andere.

In der darauf folgenden Nacht träumte ich wieder. Der Blonde verfolgt mich. Ich renne davon. Es geht eine steile Treppe hinauf. Ich beschleunige. Er kommt näher. Als ich mich umdrehe, steht er einen Meter vor mir. Ich bin wie gelähmt, kann mich nicht bewegen. Was er mit grausamem Lächeln bemerkt. Er bückt sich und hebt Steine auf. Er will mich langsam töten. Er wirft die Steine. Sie treffen mich. Im Gesicht. Treffen meinen Körper. Noch sind sie klein. „Ich werde ihn umbringen", denke ich im Traum, bücke mich blitzschnell (die Lähmung ist vorüber) und schlage ihm – der in gebückter Haltung Steine aufliest – einen schweren Brocken auf den Kopf.

Anschließend verstaute ich den Toten in einem rosafarbenen Müllsack, der neben anderen blauen Müllsäcken in der Albtraumkulisse herumlag. Ich wunderte mich darüber, wie leicht der Mann war, aber nicht darüber, dass im Müllsack nur noch Knochen zu sehen waren. Ich fühlte keine Scham, keinerlei Schuld.

Zu Hause angekommen fiel mir ein: Ich hatte einen Fehler gemacht. Meine Fingerabdrücke waren auf dem rosafarbenen Müllsack! Ich überlegte, ob ich zurückgehen und den rosafarbenen in einen blauen Müllsack stopfen sollte? Nein, das nutzte nichts ... Dann fiel mir ein, dass niemand meinen Fingerabdruck kennt. Und das war der Moment des Aufwachens, und auch der, in dem ich mir sagte, dass ich eine spezifisch weibliche Form der Angst umgebracht hatte: die vor dem mordenden Mann. Die rosafarbene Plastiktüte verweist darauf. Oder? Und sie hätte im wirklichen Leben vermutlich einem schnauzbärtigen Mordkommissar einen Hinweis darauf gegeben, dass der Täter weiblich war. – Er ist nie mehr in meine Träume gedrungen.

Deine Rezension in ‚Emma' über ‚Monster' habe ich gelesen. Und auch die Dankesrede von Charlize Theron für den ‚Oscar' gehört, wenn auch kaum verstanden. Sie schluchzte zwischendurch. Was verständlich ist. Okay, wir wissen, dass Mord keine Lösung ist, aber die Tatsache, dass Frauen zunehmend zu diesem Ausweg greifen, sagt uns zwar nichts Neues über die Männerwelt, aber darüber, dass Frauen sich wehren. Über die Borderline gehen.

Ja, die Handelsschule war öde. Die Lange ist mir als matronenhafte Generalin in Erinnerung, die weitschweifig über ihr Leben erzählte, statt uns Algebra-Unterricht zu geben. (Was nicht wirklich irgendeine von uns bedauerte.) Ich träumte mich immer aus ihren Erzählungen hinaus. Mir kommt es so vor, als habe sie immer über die Wirren der Nachkriegszeit gesprochen? Im Prinzip ist es so, dass ich sie auf einem dunklen Trümmerfeld stehen sehe, und wie sie es fertig bringt, andere zu mobilisieren, den Schutt wegzuräumen. Ja, gerecht war sie. Als die Abschlussprüfung nahte, wurde ihr – und dadurch auch uns Mädchen – bewusst, dass uns der Unterrichtsstoff nahezu unbekannt war, wir aber nicht durchfallen durften. Also paukten wir ein paar Wochen vorher die Aufgaben durch, die in der Prüfung drankamen. Es gab auf allen Seiten zufriedene Gesichter.

Frau Liepelt? Sie ist mir erst gegen Ende unserer zweijährigen Schulzeit aufgefallen. Weil sie Gotthold Ephraim Lessing durchnahm und uns zum Theaterspielen ermunterte. Möglich, dass ich ihr unter anderem meine Leidenschaft für die Schauspielerei verdanke.

Mich wundert es nicht, dass die Lehrerinnen noch Jahre nach deinem Ausscheiden den nachfolgenden Generationen von dir erzählten. Du warst etwas Besonderes. Nicht nur durch deine Ansichten, sondern auch durch die Art, wie du sie präsentiertest: sehr lebendig, mit Witz und einem sehr klaren Verstand. Und wir beide hatten – bei aller Unterschiedlichkeit – eine Gemeinsamkeit: Wir konnten zuhören, und zwar so, dass sich die/der andere ernst genommen fühlte. Du konntest so zuhören, dass das Ich der Sprecherin wahrhaftiger wurde. Eine sehr schöne Eigenschaft, auch ein sinnendes Suchen (bei aller Bestimmtheit). Das liebte ich sehr an dir. Und damit stand ich nicht allein. Wenngleich mir schon damals bewusst war, dass deine strahlende Lebendigkeit nicht von allen geschätzt wurde. Und Neid erregte.

„Was haben wir nach dem Unterricht eigentlich gemacht?“ Gute Frage. Gingen wir damals in die Rico-Eisbar? Oder in die Milchbar Beletage? Oder kam das später? Ich erinnere mich an einen Kinobesuch. Es war ein deutscher Film, zu dem ich dich ausnahmsweise überreden konnte, mit Marion Michael und Christian Wolff. Ich hatte seit ‚Liane, das Mädchen aus dem Urwald‘ eine dich verblüffende Zuneigung zu Marion M. entwickelt. Aber der Film! Wir saßen ziemlich weit vorne. In der dritten oder vierten Reihe. Voll gepackt mit Süßigkeiten, die wir in uns hineinstopften. Mehr als eine Hand voll Leute war nicht in dieser Nachmittagsvorstellung.

Die dümmliche Handlung schleppte sich dahin, und wir hatten uns entschlossen, das Geschehen auf der Leinwand mit Humor zu betrachten. Dann kam die Szene mit dem Salamander. Der Salamander sitzt auf einem kleinen Felsgestein, und die Hände von Marion M. und Christian W. kriechen auf ihn zu, angeblich, um ihn zu streicheln, in Wirklichkeit aber (wie du mir nach Luft japsend zuflüstertest), um sich übereinander zu schieben. Der Mond beschien still diese Szene. Oh Gott, es war so quälend langsam und so offensichtlich falsch und kitschig. Ich weiß noch, wie wir uns die Tempo-Taschentücher in den Mund stopften, um nicht zu explodieren ... Lachtränen rannen uns über das Gesicht!

Das outcastige Waldhaus und die Gerüche. Doch, ich wusste darum. Irgendwelche Mädchen tuschelten, dein Pullover würde stinken. Was weiß ich. Das war zu einer Zeit, als wir noch nicht befreundet waren. Irgendwann wurde das Geschwätz an eine Lehrerin herangetragen. Ich glaube, an Frau Lange. Die sagte uns Mädchen dann vor dem Schulunterricht an einem Tag, an dem du nicht da warst (und irgendwann nochmal, im Landschulheim?), dass behauptet würde, du würdest dich nicht waschen. Irgend so was. Sie sagte weiterhin, dass du ein sehr reinliches Mädchen seiest, dessen Großeltern ein paar Hunde und Katzen hätten. Und dass das so wäre, wenn Tiere im Haus leben würden. Dass auch mal die Kleider riechen können. Und dass sie wünscht, dass das Geschwätz aufhört. Und sie hätte auch einen Dackel.

Ich hatte mir die ganze Kindheit einen Hund gewünscht, oder eine Katze, stattdessen bekam ich einen Wellensittich. Und du hattest gleich mehrere Tiere! Das war meine Sicht der Dinge.

Ich erwähnte dir gegenüber später diese Gerüchte-Küche nicht, weil ich dich mit dem Quatsch verschonen wollte und davon ausging, du wüsstest nichts davon. Warum dich möglicherweise beschämen? Ich wusste übrigens auch nicht, welche intriganten Mädchen diesen Stuss verbreitet hatten. Mich interessierte er nicht, und ich habe keine Sekunde geglaubt, dass er dich interessieren könnte! Aus heutiger Sicht kommt mir das etwas eigenartig vor, aber, Alice: Du warst so selbstbewusst und mutig und in meinen Augen über solche kleinliche Anmache erhaben.

Deine Großmutter, respektive Mama, und dein Großvater, dein Papa, sind mir noch in guter Erinnerung. *Sie* sehe ich immer nur sitzend. Sie reichte mir ihre kleine Hand zur Begrüßung wie zum Handkuss, den Blick auf ihren Schoß geheftet. Nur manchmal, ganz selten, schaute sie mich rasch an. Sie sprach erst mit mir, nachdem ich ein paar Mal bei dir übernachtet hatte. Ihre Schüchternheit stand in völligem Widerspruch zu ihren präzisen Fragen und dem lebhaften Interesse in ihren Augen. Deinen Papa sehe ich immer mit irgendetwas beschäftigt. In der Küche, wo er etwas zubereitete (für die Katzen und Hunde). Er hatte eine bezaubernd altmodische Liebenswürdigkeit, etwas Elegantes in seiner leicht gebeugten Haltung.

Zum damaligen Zeitpunkt waren diese beiden Menschen die tolerantesten, denen ich je begegnet war. Sie sprachen mit dir – und auch mit mir –, als seien wir gleichaltrig. Gleichberechtigt! Von ihm ging etwas Friedliches aus. Er wirkte ruhig und verständig und schien mir längst nicht so kompliziert wie sie, die für mich auch etwas Undurchsichtiges hatte. Zuneigung vergab sie nicht ohne weiteres. Ich weiß noch, dass ich bei ihr aufpasste, was ich sagte oder nicht sagte, weil sie etwas hatte, was ich heute den „Röntgenblick" nennen würde. Und so etwas wie „einen doppelten Boden". Sie thronte in ihrem Sessel mehr, als sie saß, eine kleine Monarchin, die mit ironischem Lächeln zusah, wie dein Großvater Tee und Gebäck für uns auf den Tisch stellte. „Sie müssen etwas essen", sagte sie einmal zu mir (lachend). Ich war überwältigt davon, dass beide mich siezten!

Und dein Zimmer im Waldhaus! So hatte ich mir immer eine Schiffskajüte vorgestellt! Mit einem Fenster, das nicht aufs Meer ging, sondern den Wald hereinließ. Die Kronen der Bäume! Und nie beschwerten sich deine Großeltern, wenn wir noch bis in die Nacht hinein kicherten und flüsterten, nach einem Jazzkonzert, einer Party. Aber das kam später ... Wir hörten Chris Howland Pumpernickel (warum eigentlich Pumpernickel?). Erstaunlich, dass du erinnerst, dass er Dienstag um 18.30 Uhr sendete. Oder Mittwoch?

Es gab, glaube ich, da noch eine Kinderfreundin von dir, mit der du dich getroffen hast? Hieß sie nicht auch Alice? Kinobesuche mit ihr, während ich in Langenberg die verhassten Nylonstrümpfe gegen Hosen austauschte und mit meinen Rollschuhen auf die Straße stürzte, der Kindheit nach, obwohl ich ihr entwachsen war; ich wollte sie noch auskosten, die Murmel- und Diaboli-Stäbchen-Spiele, und den Kegel hinaufschleudern in die Bläue, immer höher hinauf.

In welche Zeit fällt eigentlich ‚Kinski liest Villon' in der Wuppertaler Stadthalle („Ich bin so wild nach deinem Erdbeermund ...")? Und aus dem ‚Kleinen' oder ‚Großen Testament': „Es schien der Mond in mein Gemach hinein, weil er da draußen so allein bei den entlaubten Bäumen stand. Ich habe ihm ein Kissen hingerückt ... darob ist dann die Mäusefrau erwacht ..." Wir waren hingerissen!

Klaus Kinski war deine Entdeckung, no doubt. Mit roten Lippen, blonden Haaren und blauen Augen stand er an seinem Pult und überwältigte die Wuppertaler Zuhörer. Welche Intensität, Strenge und Entgrenzung! Und draußen vor der Stadthalle stand die Plastik von Henry Moore, ‚Die Liegende' (glaube ich), und Wuppertal hatte plötzlich was, das gewisse Etwas.

Ich warte voller Spannung auf deine Antworten und deinen Brief. Weißt du, das Überraschende daran ist, dass etwas von dem pochenden Gefühl der Vorfreude, das ich in unserer Jugend fühlte, wenn ein Brief von dir kam, sich hinübergerettet hat in die Gegenwart. Ich mache (wie damals) den Brief auf ... überfliege die ersten Zeilen ... und zwinge mich dann noch ein paar Minuten zu warten, bevor ich weiterlese. Das war etwas, was ich immer nur bei Briefen von dir machte, die Spannung steigernd, das köstliche Gefühl.

Bis bald, alles Liebe,
Barbara

PS: Ich habe ein Foto von meinen Eltern, Großeltern (mütterlicherseits), meiner Lieblingstante Traudl (der Schwester meiner Mutter) und mir gefunden, das ich dir schicke, weil's in gewisser Hinsicht sehr interessant ist. Die Frauen der damaligen Zeit schauen normalerweise auf Fotos ihre Kinder und/oder Männer an, während die Männer auf den Betrachter bzw. Fotografen blicken. Hier aber ... Ich denke, dass die Liebe dieser beiden Männer – ich wurde von ihnen vergöttert – den Grundstein für ein Wohlwollen gelegt hat, das es mir bis auf den heutigen Tag ermöglicht, in Männern Menschen zu sehen. Mein Vater „fiel im Krieg". Er war Pilot, Quäker, Pazifist, hasste Hitler und die Nazis, aber musste seine tödliche Fracht über dem „Feindesland" abwerfen. Irgendwann 1944 kehrte er von einem „Aufklärungsflug" nicht mehr zurück. Meine Großmutter väterlicherseits vermutete, er sei mit seinem Flugzeug in den Freitod gestürzt ... – Und das Foto von meinem Bruder Dieter und mir lege ich auch gleich dazu.

6. März 2004

Liebe Barbara,

vorhin habe ich deinen Brief aus dem verschneiten Briefkasten geholt und gleich aufgemacht. Mir geht es wie dir: Ich finde unsere Korrespondenz auch aufregend. Das Gefühl von früher ist wieder da: etwas von der anderen zu erfahren – und von sich selbst.

Dass die Lange vor der ganzen Klasse das Wort für mich ergreifen musste, rührt mich im Nachhinein. Ich vermute, das war im Landschulheim. Im Westerwald, eine Stunde von Wuppertal entfernt, weißt du noch? Da waren wir eine Woche lang in ein total spießiges Haus verbannt. So was Idiotisches. Statt mit uns ans Meer oder in die Berge zu fahren. Als wäre der Wald für uns, die wir fast alle nur Minuten von irgendeinem Wald entfernt lebten, aufregend gewesen. Verschärfend kam hinzu, dass bei Wanderungen Lieder wie „Oh, du schöhöhöhner Wehesterwald" gegrölt wurden. Was meine und vermutlich auch deine Laune nicht unbedingt hob. Da waren wir schon die „besten Freundinnen" und müssen zusammen in einem von diesen Vier-Bett-Zimmern geschlafen haben.

Na, in diesem Landschulheim also hat die Lange mich auf dem Zimmer auf die Sache angesprochen – und danach wird sie sich die Klasse vorgeknöpft haben, wg. Mobbing. Komisch, diese intriganten Gemeinheiten haben mich mein ganzes Leben lang verfolgt. Und sie kamen immer nur von Frauen, natürlich. Weil die zu schwach sind, frontal anzugreifen, tun sie es hintenrum. Ich habe sehr lange gebraucht, um diese weiblichen Manöver überhaupt wahrzunehmen, geschweige denn, zu durchschauen. In den ersten Jahren der Frauenbewegung und von ‚Emma' bin ich noch drauf reingefallen. Ich hatte keine Ahnung, dass ich, wie du vermutest, oft Gegenstand solcher

Intrigen war, weil ich mit meiner Art, so selbstverständlich selbstbewusst zu sein, anscheinend eine Provokation war. Mir selbst war das alles natürlich überhaupt nicht bewusst.

Dass du dich ausgerechnet an einen Film mit der faden Marion Michael (die immer schon nur niedlich war) erinnerst! Aber Süßigkeiten hatten wir bestimmt nicht nur dabei. Wie ich mich kenne, gehörte auch eine süßsaure Gurke dazu, lose für 30 Pfennig aus dem Kaufhof, aus dem großen Kübel unter der Treppe. Da ich ja, ganz wie die Mama, am liebsten mindestens zweimal die Woche ins Kino ging, und das von klein an, sind da so einige Gurken zusammengekommen. Die waren ziemlich groß und knackten so. Ich kaute darum immer ganz schnell bei den Dialogen und hielt inne, wenn es still war.

Angefangen hat das mit den Filmen mit Hildegard Knef. Ich sehe mich noch sitzen in der dritten Reihe vom ‚Modernen Theater'. Dritte Reihe, weil die Reihen eins bis drei nur 1,10 Mark kosteten. Ich muss am Anfang noch acht oder neun gewesen sein, auf jeden Fall noch keine zehn, weil diese Filme immer „ab 10" waren und ich mich reinschmuggelte. In diesem ‚Modernen Theater', neben der Elberfelder Hauptpost, hatte ich übrigens vor einigen Jahren eine Lesung. Stell dir vor: Ich auf der Bühne und der Saal rappelvoll. War durchaus bewegend für mich.

Also die Knef war ganz klar meine erste Liebe. Diese Schultern. Diese großen Schritte. Diese Stimme. Ach, die ganze Frau! Zurückblickend wird mir klar: Ihr Problem war, dass sie zu früh emanzipiert war (und danach zu tief zu Kreuze gekrochen ist). „Mit der können die Deutschen nichts anfangen", kommentierte meine Großmutter sarkastisch, als sie nach Hollywood ging. Aber die Amerikaner konnten in den 50ern, so kurz nach der Nazizeit, mit einem deutschen Star auch nichts anfangen. Die Knef hat echt Pech gehabt.

Erst sehr viel später habe ich ihren Film ‚Die Mörder sind unter uns' von Wolfgang Staudte gesehen. Der ist noch in den Originaltrümmern von Berlin gedreht worden, so um 1949. Sie spielt darin eine junge Frau, die in ihre halb zerstörte Elternwohnung zurückkommt und die ganze Zeit damit beschäftigt ist, zu kehren und, mit umgebundener Schürze, einen zugelaufenen Heimkehrer zu trösten. Der kann nicht verwinden, dass er bei einer Partisanen-Erschießung in Polen untätig zugesehen hat, und zerbricht fast daran, der Arme. Sie aber, das erfahren wir nur ganz en passant bei einem kurzen Gespräch im Treppenhaus, ist das wahre Opfer: nämlich eine Überlebende aus einem Konzentrationslager. In dem Film ist ihre Geschichte dann aber nie wieder Thema, auch nicht zwischen ihr, der Überlebenden, und ihm, dem deutschen Mittäter. Ihre Geschichte blitzt nur als politisch korrekte Folie für ihn durch. So was galt damals als sehr links und Vergangenheitsbewältigung.

Soso, Kinski geht auf mein Konto? Es ist mir zuzutrauen. Aber das mit „Ich bin so wild auf deinen Erdbeermund" muss etwas später gewesen sein. Da waren wir 17 oder 18. Ich erinnere mich genau: Er ist in der Elberfelder Stadthalle aufgetreten, mit einem brennenden Leuchter in der Hand. Und als einer mal kurz hustete, machte er eine drohende Geste – als würde er gleich den Leuchter ins Publikum schmeißen. So was fanden wir damals toll.

Danach habe ich ihn noch vor der Stadthalle gesehen (Wollten wir uns ein Autogramm holen?). Neben ihm standen seine Frau, eine sehr junge aufgeschrillte Person, und seine beiden kleinen Töchter. Und ich habe noch heute dieses beklemmende Gefühl präsent, das mich damals beschlich beim Anblick dieses enthemmten Mannes mit seiner Barbiefrau und seinen Puppentöchtern.

In der Tat, zwanzig Jahre später habe ich eine dieser Töchter, Pola, kennen gelernt und für ‚Emma' interviewt. Es war leider genau so, wie man damals schon ahnte: Er war gewalttätig und skrupellos. Es ist doch Wahnsinn, dass wir solche Typen damals interessant fanden. Ich meine: dass man es wirklich geschafft hat, uns solche selbstgerechten, sadistischen Inszenierungen als aufregend zu verkaufen.

Überhaupt war die männliche (Selbst-)Herrlichkeit in dieser Zeit ja noch ganz und gar unerschüttert. Auch wir rüttelten nicht daran, oder? Ich erinnere mich, wie ein eigentlich netter Junge auf einem Karnevalsball just in eben dieser Stadthalle einen bleibenden Eindruck bei mir hinterlassen konnte, nur weil er mir auf der Fensterbank hockend Villon deklamierte (hätte ich ihm ja eigentlich auch vorsprechen können). Und wie Ferienflirt Joachim – kommen wir noch drauf: Stichwort Norderney! – mein Herz höher schlagen ließ, weil er Boris Vian am Strand zitierte. Ich muss sagen, wir haben es den Jungs damals echt nicht schwer gemacht. Noch nicht mal wir zwei, die wir ja früh den Ruf hatten, Zicken zu sein. Aber aus dem Zeitgeist gibt es eben kein Entrinnen.

Ich hatte natürlich ein wahnsinniges Glück, dass ich zu Hause ganz andere Vorbilder hatte. Deine Beschreibung von meiner Großmutter und meinem Großvater rührt mich sehr. Ja, so waren sie. Er war sehr charmant, sanft und lustig und ein echter Frauenschwarm – was er aber dank der häuslichen Herrschaft meiner Großmutter nie recht hatte ausleben können. Und sie war als junge Frau mit ihren großen, schweren Augen und dem markanten Profil sehr apart gewesen, wie die Fotos zeigen, aber dann nach ihrer ersten Schwangerschaft – aus Protest, glaube ich – dick geblieben. Und da sie klein war, war sie ziemlich rundlich. Sie hatte diese wahnsinnige Mischung von sehr schüchtern und sehr stark.

Dass man, was du auch empfunden hast, als Kind von den beiden so respektvoll und gleichwertig behandelt wurde – wenn auch nicht ohne Ironie, aber gerade die war ja auch Ausdruck von Gleichheit –, das sehe ich im Rückblick als eine der wichtigsten Haltungen, die sie mir mitgegeben haben. Das wiegt schwerer als ihre kaputte Ehe mit all den Krächen und Schreiereien (von ihr).

Wir, meine Mutter und ich, haben als ihre Kinder nie verstanden, warum die beiden sich nie hatten scheiden lassen. Und ich habe erst nach ihrem Tod begriffen: weil er sie liebte – und sie ohne ihn nicht leben konnte. Sie ist 1970 einen Monat nach ihm gestorben, er an Lungenkrebs, aber sie eigentlich ohne Grund, Vorwand: Thrombose. Ganz einfach, weil sie so unselbstständig und isoliert war (Ich lebte in der Zeit ja wieder in Paris). Sie hat übrigens bis an ihr Lebensende nicht verwinden können, dass ihre Brüder studieren durften, sie selber aber als Tochter eines Buchbinder-Fabrikanten „nur Nähen" gelernt hat. Dabei war sie eine leidenschaftliche und sehr kreative Schneiderin – aber das genügte ihr verständlicherweise nicht. Dass sie letztendlich Hausfrau war, hat sie ausgerechnet ihrem so lieben Mann übel genommen. Und wenige Tage vor ihrem Tod hat sie zu ihrer Tochter gesagt: „Vielleicht hätte ich nie heiraten sollen ...“ Wie wahr.

Dass du dich an ‚die Sitzende‘ (nicht ‚Liegende‘) von Henry Moore erinnerst! Die residiert jetzt vor dem Schauspielhaus, das an der Wupper genau an der Grenze zwischen Elberfeld und Barmen steht (du erinnerst dich sicherlich an die blutige Rivalität zwischen den beiden Stadtteilen, die erst seit 75 Jahren eine Stadt sind). Darüber ist zu Hause in den 50ern, als ‚die Sitzende‘ nach Wuppertal kam, mal ein für die bei uns zu Hause herrschenden Verhältnisse sehr typisches Gespräch geführt worden. Mein Großvater kam vom Einkaufen aus der Stadt (das machte immer er) und erzählte lachend den neuesten Klatsch: Die Sitzende, die ja eine für damalige Verhältnisse sehr moderne, abstrakte Skulptur war, sei geteert und gefedert worden. Das fand er komisch. Darauf hob meine Großmutter den Kopf von ihrer – ewigen – Lektüre, rückte die Lesebrille auf der Nase tiefer, guckte ihn scharf an und sagte: „Ernst, wo sind wir hier eigentlich? Bei der Bildzeitung?“ Worauf mein Großvater, der nur ein Scherzchen hatte machen wollen, verlegen vor sich hin murmelte.

Dein Albtraum, Barbara. Unser aller Albtraum. Ja, der rosa Sack ... Und dann auch noch das Steinigen! Kennst du den Film ‚Broken Mirrors‘ von Marlen Gorris (die später für ‚Antonias Welt‘ den ‚Oscar‘ gekriegt hat)? Ist der beste Film über den Frauenmörder von nebenan, den ich kenne. Ist aber damals, so Anfang der 80er, in Deutschland leider irgendwie untergegangen. Und das literarisch wie politisch großartigste Buch zum Frauenmörder ist meiner Meinung nach ‚Schmutziges Wochenende‘ (Dirty Weekend) von Helen Zahavi. Wenn du das noch nicht gelesen hast: unbedingt ganz bald nachholen! Ist gerade wieder aufgelegt worden in einem Schweizer Verlag.

Ich habe den fiesen Verdacht, dass der Frauenmörder in unser aller Albträume präsent ist. Bei mir endet es immer an dem Punkt der höchsten Bedrohung – und ich bringe dann keinen Ton raus. Ich reiße den Mund auf – und bin stumm. Ich, die ich alles mit Reden erledige ... Da warst du schon erfolgreicher.

Ja, wir waren beide noch zwischen Kind und Frau in der Schule, also in der Schule eher Teenies und zu Hause eher Kinder. Ich hatte noch die Kinderfreundinnen Ellen und Alice (die einzige andere Alice, die ich je getroffen habe), denen ich aber zu entwachsen begann. Und mit dem rothaarigen Volker, my first love, war auch Schluss. Der war mir ein paar Jahre lang der engste Vertraute gewesen, geriet noch kurz zum ersten Schwarm und dann aus meinen Augen.

Unsere ersten Jahre hatten ja auch noch stark kindliche Einbrüche. Erinnerst du dich an unsere ersten Briefe, als du mit deiner Mutter in Urlaub warst? Die gingen gerne über 20, 30 Seiten (DIN-A5) und wimmelten nur so von: hihi, kicherkicher, lachlach, schluchzschluchz, stöhnstöhn. Erika Fuchs, die Übersetzerin von Micky-Maus, hatte unsere Sprache mindestens so geprägt wie wenig später die neuen Realisten aus Amerika oder die Existenzialisten aus Frankreich. Vermutlich gleicht sich darum bis heute auch unser Schreibstil, bei aller Unterschiedlichkeit.

Bevor wir den Sprung von unserer Pubertät – Was ist das eigentlich? Weißt du das? – in unsere Teeniezeit machen, müssen wir noch ein letztes Mal über die Filmmänner unserer Kindheit reden: Mein erster war O.W. Fischer, am liebsten unrasiert, mit Zigarette im Mundwinkel und diesem ironischen Blick. Dann schlackste der ganz junge Anthony Perkins ran, das erste Mal habe ich ihn in einem Quäker-Film stottern und stolpern sehen und fand das unbeschreiblich „süß“. Und dann kam Jimmy: James Dean mit den hochgezogenen Schultern und diesem kindlichen Lächeln, verzweifelt und unverstanden. Das fanden wir damals, glaube ich, fast alle: dass schweigende, verzweifelte, schwierige Männer ungeheuer interessant sind und es sich lohnt, sie verstehen zu wollen.

Und Jimmy war ja auch ein Rebell, auf seine Art einer wie Elvis. Die Jugendrevolte kündigte sich an. Unsere Revolte! Bald, Barbara, werden uns die Jeans gar nicht mehr eng und die Röcke gar nicht mehr kurz genug sein. Aber gemach. Erstmal Abschied von James Dean nehmen. Ich sehe mich noch deutlich in der Klasse in einer der vorderen Reihen sitzen und einen Weinanfall kriegen, als ich morgens vor dem Unterricht von seinem Tod erfahre. Du saßest hinter mir, da bin ich mir sicher. Okay, ein stilvoller Tod, im Porsche gegen den Baum, aber doch tot. Haben wir da zusammen geweint?

Und ich bestehe auf der Tanzschule: Wo warst du da?!

Alles nur erdenklich Liebe!
Alice

PS: Meine Katze Frizzi ist zurzeit bei mir. Sie ist jetzt eigentlich die Katze der Tierärztin, die sie – als sie hörte, ich suche ein neues Zuhause für sie, weil sie so krank nicht so viel allein sein kann – doch tatsächlich selber genommen hat. Die Tierärztin! Das ist für ein chronisch krankes Kätzchen wie sie ein Glücksfall (sie hat eine scheinbar unheilbare Immunschwäche). Aber Frizzi darf ab und zu für eine Landpartie zu mir. Sie ist sehr hübsch und ein bisschen zickig. Eine richtige Prinzessin.

PPS: Komisch, du hast mir nie gesagt, dass dein Vater Quäker war. Überhaupt scheinen wir uns damals wenig über unsere Kindheit erzählt zu haben. – Ich revanchiere mich nun mit einem Foto meiner Großeltern und meiner Mutter. Zu der Zeit muss ich so alt gewesen sein wie du auf dem Familienfoto – nur: Wo bin ich? Und eines von mir und meiner Kinderfreundin Ellen, die zwei Jahre älter war als ich, was ich aber damals nicht realisiert habe (Im Hintergrund siehst du das Fenster meines Zimmers, wo du später so manches Mal mit mir zusammen übernachtet hast).

1 Die Eltern, Großeltern und Tante Traudl mit Barbara 1943.

2 Barbara mit Bruder Dieter 1950.

3 Alice mit Freundin Ellen vor dem Waldhaus Mitte der 50er.

4 Die Großeltern (Papa und Mama) und die Mutter von Alice 1943.

Berlin, 9. März 2004

Liebe Alice,

ich bin ganz sicher, dass du bei James Dean allein geweint hast! Ich habe allenfalls ein betrübtes Gesicht gemacht, weil ich zum damaligen Zeitpunkt noch nie einen Film mit ihm gesehen hatte. Ja, es stimmt, wir fanden, dass es sich lohnte, diese Verzweifelten mit ihrem kindlichen Lächeln verstehen zu wollen. Saßen wir damals auch der Vorstellung auf, dass „schweigende, verzweifelte, schwierige Frauen" für Männer auch ungeheuer interessant sind? Ich glaube nicht. Weil wir von vornherein darauf verzichteten, verstanden werden zu wollen? Glaube ich auch nicht. Wir fühlten uns ja verstanden in unserer Mädchenclique, in unseren Beziehungen zueinander.

Auch Hildegard Knef lag noch vor unserer gemeinsamen Kino-Zeit. Marlene Dietrich fand ich zwar großartig, aber letztlich ließ sie mich kalt, obwohl sie in einem gewissen Licht, wenn sie diese Mischung aus Intelligenz und Sanftheit produzierte, eine gewisse Ähnlichkeit mit dir hatte. Du wolltest zwar damals nichts davon wissen, aber ich durfte triumphieren, als wir mit 18 oder 19 Foto-Fix-Aufnahmen machten. Ich werde auf die Suche nach ihnen gehen und schicke sie dir.

Wie glühend du damals Marilyn verteidigtest, wenn Kritiker wieder einmal nur zu der „Sexbombe" MM etwas zu sagen hatten! „Diese Leute sind einfach zu blöd, Marilyn zu verstehen!", sagtest du vor Zorn bebend und hieltest mir noch einmal all ihre Vorzüge vor Augen: ihre Kindlichkeit, ihr großes Talent, das Komische und Tragikomische, ihre Stimme (die beim Gesang glücklicherweise nicht synchronisiert wurde), ihre Bewegungen, ihre erotische Ausstrahlung et cetera. „Ich bin überzeugt davon", verkündetest du, „dass sie hochintelligent ist!" Gab es Widerspruch? Es gab keinen!

Du fragst mich nach Langenberg und meiner Mutter. Das Langenberg meiner Kindertage liebte ich sehr. Seine glitzernden Schwimmbäder, in deren Becken wir Kinder herumtobten, bis wir vor Kälte zitterten, bevor wir uns auf die ausgebreiteten Decken auf dem Rasen zurückzogen und unsere mitgebrachten Brote aßen. Ich war verrückt auf Tischtennisspielen – und habe übrigens vergangenen Sommer wieder damit angefangen. Ich sehe mich noch mit zwölf mit meinen Freundinnen und Freunden in den Wäldern Blaubeeren sammeln. Wir knieten zwischen den Sträuchern in einigen Metern Abstand. Eine Hand voll Beeren kam in das mitgebrachte Gefäß, die andere wanderte in den Mund. Meine Freunde wohnten alle auf dem Langenberg, beziehungsweise im ersten Drittel, denn er ging hoch hinauf und war ideal fürs Schlittenfahren und Rollschuhlaufen. Und im Winter gaben sich die kleinen Seen vereist, und wir rasten mit unseren Schlittschuhen los.

Nicht immer ideal war, dass ich meinen eineinhalb Jahre jüngeren Bruder zu beaufsichtigen hatte. Wie du dich erinnerst, ging meine Mutter arbeiten. In eine Apotheke nach Velbert. Das bedeutete, dass sie um sieben Uhr morgens aus dem Haus ging und um die gleiche Uhrzeit abends zurückkam. Und das bedeutete auch, dass ich ab dem sechsten oder siebten Lebensjahr die Hausfrau zu spielen hatte. Ich holte die Kohlen aus dem Keller (ein dunkles großes Loch, das von einer einzigen Glühbirne beleuchtet wurde) und die Kartoffeln. Hu, und irgendwo konnte der unheimliche Mann stehen, der von den Kindern „Bullemann“ genannt wurde, aber ich drehte mich nicht um. Nur ja nicht umdrehen, um die Angst unten zu halten, nur noch eine Schaufel Eierkohlen, nur noch zwei Briketts und dann nichts wie raus! Ich muss sagen, da waren mir die Sommer lieber.

Außerdem bereitete ich das Abendessen zu. Soweit ich weiß, war es das immer gleiche Gericht: Bratkartoffeln mit Blutwurst und Spiegeleier. Ich fröstele heute, wenn ich daran denke – aber damals war es das Lieblingsgericht der Kleinfamilie: Mutter, Bruder und ich. Das ist auch so eine Sache, die mir als Kind und als Teenager nicht auffiel: Wie sehr ich die Tiere auch liebte, ich fragte mich nie, was eigentlich mit der Wurst auf dem Tisch war. Das war doch auch ein Tier gewesen?

Das Leben mit meiner Mutter war nicht einfach. Und wurde auch nicht durch den Bruder einfacher, der zwar mein Spielgefährte war, sich aber in kniffeligen Situationen immer auf ihre Seite schlug. Er spielte immer den armen, unschuldigen Kleinen, der von seiner älteren Schwester tyrannisiert wird, und schwärzte mich bei der Mutter an. Dann griff sie nach einem Handfeger, einem Schürhaken, irgendwas, und ich rannte los. Immer um den Tisch herum. Und Dieter rannte hinter mir her. Und sie hinter uns beiden. Und ich warf die Stühle um, um den Weg zu blockieren.

Sie schlug gern und unbeherrscht zu, bekam mich aber meistens nicht zu fassen und hatte bei ihrem Sohn eine gewisse Schlaghemmung. Ich musste ihr im Alter von 15 den Besen aus der Hand nehmen, den sie auf mich niedersausen lassen wollte, weil ich einen Autobus später als vereinbart zu Hause eintraf. Da hatte ich genug von der Schlagerei und sagte ihr, wenn sie noch einmal versuchen sollte, mich zu schlagen, würde ich zurückschlagen. Sie wurde bleich. Sie schlug nie mehr.

Bruder Dieter erzählte mir übrigens erst als Erwachsener, dass er in dem Internat, das von Nonnen geleitet wurde und in dem er zwischenzeitlich zwei oder drei Jahre war, gepeitscht wurde. Er und andere Kinder. Die Nonnen peitschten sie, während sie in einer Waschküche nackt in einer Reihe standen und darauf warteten, zu den Waschbecken vorrücken zu können. Auf meine Frage, warum er das weder mir noch unserer Mutter erzählt habe, zuckte er die Achseln. Schläge, das war für ihn ja was Normales, und dann ... Stolz und Scham.

Ich muss dir aber sagen, dass die Schläge weniger schlimm waren als andere Charaktereigenschaften meiner Mutter. Ich war es gewöhnt, mich auf der Straße mit den Kindern zu schlagen, und genoss diese Raufereien auch in gewisser Hinsicht. Wie stolz ich war, wenn ich jemanden zu Boden gerungen hatte, und wie froh, durch einen schnellen Spurt entkommen zu sein, wenn der Gegner sich als übermächtig herausgestellt hatte (aus sicherer Entfernung Schmähendes brüllend). Unschöner waren ihre Neigungen, mich lächerlich zu machen, zu behaupten, ich würde lügen, würde spinnen, wäre nicht normal usw.

In unseren vielen Auseinandersetzungen zu diesen Themen in späteren Jahren stritt sie immer alles ab. Irgendwann sagte ich ihr, dass sie uns geschlagen hätte, hätte ich ihr längst verziehen. Nicht aber, dass sie leugne, es getan zu haben. Mein Gott, sie war eine junge Frau mit zwei Kindern, die man aus ihrer Heimat, dem Dreiländereck Polen-Tschechoslowakei-Deutschland, vertrieben hatte. Ihr Vater war Oberlehrer, ihre Mutter spielte Klavier. Ihre Schwester war „die Hässliche" (meine Lieblingstante, so süß!) und sie „die Schöne". Der Krieg hatte ihr alles genommen. Den Mann auch. Dass fünfzig Millionen Menschen durch diesen Krieg gestorben waren, war nicht ihre Schuld. Und die Konzentrationslager auch nicht. Davon wusste man gar nichts. Das war dieses Schwein, der Hitler gewesen. Der hatte ihr Leben und das der anderen versaut. Das Übliche.

Ich wusste bis zur siebten Klasse Volksschule auch nichts davon. Eines Tages änderte sich alles. Es kam hoher Besuch in unsere Kleinstadt (mit zirka 10.000 Einwohnern). Er kam aus Düsseldorf. Sämtliche Schulklassen wurden auf diesen Tag vorbereitet. Zu Ehren des hohen Gastes sollten wir die Nationalhymne singen. Es war ein sonniger Tag. Ich sehe uns alle auf dem Schulhof stehen. Eine festliche Tribüne, ein Rednerpult. Wir hatten wochenlang geübt, eine kleine Polizeikapelle begleitete uns. Erst sollten wir singen, dann würde der Gast eine Rede halten.

Wir fangen an, die Kapelle spielt, wir singen ... und dann geschieht etwas Unbegreifliches. Der Gast am Rednerpult greift sich an den Kragen, läuft rot an, beginnt mit den Armen zu rudern: „Aufhören! Aufhören! Aufhören!", brüllt er mit verzerrtem Gesicht. Der Direktor neben ihm ist ratlos, beugt sich zu ihm. Der Gast schlägt mehrmals mit der Faust auf das Rednerpult: „Aufhören." Der Gesang bricht ab, nicht aber die Kapelle, da der Dirigent mit dem Rücken zum Podium steht.

Im Durcheinander hören wir, dass wir alle nach Hause gehen sollen. Schulfrei. Wir waren sprachlos. Was war passiert? Am nächsten Tag erfuhren wir, dass man die erste Strophe des Deutschlandliedes („Deutschland, Deutschland, über alles, über alles in der Welt") nicht singen darf, sondern stattdessen die dritte, die wir nicht kannten. Und dass wir einen neuen Direktor und zwei neue Lehrer bekommen würden.

Das war Langenberg im Jahre 1955 zur Zeit der Adenauer-Ära. Im Geschichtsunterricht waren wir nicht mal bis zum Ersten Weltkrieg gekommen. Das Wort Nazideutschland, Kriegsverbrechen und Konzentrationslager und der Mord an Millionen Juden war in Langenberg kein Thema. Das war das Muffige, das von den meisten Erwachsenen ausging: diese stillschweigende Komplizenschaft, gepaart mit falscher Anständigkeit. „Ach, hör mir mit so was auf!", sagte meine Mutter wütend. „Davon will ich nichts hören!"

Klar entwickelte ich mich in Opposition zu ihr. Ihr obsessives Reden über Geld! Ein Grauen und wahrscheinlich der Grund, warum mich Geld nie sonderlich interessiert hat; wenngleich ich im Laufe der Jahre auch lernen musste, dass man sich diese Haltung eigentlich nur leisten kann, wenn man über ausreichend Knete verfügt. Zweifellos hatte (und hat) meine Mutter auch einen Hang zur Hysterie. Schade, ich würde eigentlich lieber in den Song einstimmen, der heute in ist: Welch ein großes Vorbild die Mutter ist. Was ich dachte, war: So will ich nie werden. Nie!

Dieses Gekreische. Diese Rigidität! Wirkliche Gespräche wurden als überspanntes Zeug abgetan. Geld war wichtig. Und ob wir genug zu essen haben. Sie zerriss unter Gelächter meine kleinen Kritzeleien, Kurzgeschichten, die ich mit Kinderhand verfasste und verschickte und die sie meinem Bruder kreischend vorlas (als eine zurückkam, weil ich Rückporto beigelegt hatte). Ich brach in Tränen aus und vergesse nie den zufriedenen Gesichtsausdruck, den Triumph, den es ihr bereitete, mich weinen zu sehen. Ich war kein Mädchen, das schnell weinte, schon gar nicht bei ihr.

Ich denke mal, sie war eine Frau, die mit Kindern nichts anfangen konnte – das ging mir aber erst später auf. So was gibt's und ist ja auch okay, wenn man keine Kinder hat. Sie hat uns nie in den Arm genommen oder geküsst. Als ich sie daraufhin mal ansprach, sagte sie wie üblich: „Ach! Hör auf damit!" Erbost. Auf die Frage, wie unser Vater gewesen sei, was für ein Mensch und so weiter, hörten wir:

„Was soll das? Woher soll ich das wissen? Das ist lange her. Kein Wort mehr davon!" Mir ist später klar geworden, dass ich bei ihr die Rolle der „hässlichen" jüngeren Schwester hatte. „Wie Kohlhiesels Tochter. Die Hässliche!", rief sie aus und wirkte mürrisch, wenn ich fragte, wer das denn sei.

Frauen! Ein schwieriges Kapitel. Männer sowieso. Meine Mutter war und ist deshalb für mich schwierig, weil sie das Opfer spielt. Sie spielt heute die sanfte, liebende Mutter, die sich vor Sorge um ihre Tochter so grämt, dass sie nachts nicht schlafen kann. Natürlich bin ich auch an ihrem Herzinfarkt schuld. Den hat sie vor lauter Sorge um mich gekriegt, und nicht etwa, weil sie bei 35 Grad im Schatten Ferien in Italien machen musste, auf die siebzig zugehend. Sie liebt es, mir Schuldgefühle zu machen – bis heute.

Wie anders dagegen deine Großmutter und dein Großvater waren. Und wie anders du mich sahst! Du fandest mein „überspanntes Gerede" unterhaltsam. Sprachst von Arabesken. Mit dir konnte ich wirkliche Gespräche führen. Du fandest, ich sehe „apart" aus! Für mich war das eine Erlösung, damals.

Ich war innerhalb eines Jahres von 1,50 Meter auf 1,70 hochgeschossen. Meine Füße und Hände waren plötzlich riesig. Unversehens, zwischen 13 und 14, veränderte sich mein Aussehen vollkommen. Ich erkannte mich nicht wieder. Plötzlich hatte ich diese Nase, auf der Straße riefen die Kinder „Hexe Kaukau" hinter mir her. Es nutzte nichts, dass ich ihnen nachsetzte, um sie zu verdreschen. Meine Selbstliebe geriet ins Wanken.

Ich war viel allein, wenn es draußen regnete, las viel, tagträumte haltlos und war – und das war vermutlich die Art, wie ich die „Pubertät" erlebte – verwirrt und melancholisch darüber, jetzt dieses Mädchen mit der schlechten Haltung und dem „eigenwilligen Profil" (wie du so reizend schreibst) geworden zu sein. Ich erlebte die Pubertät zunächst als einen wenig verheißungsvollen Zustand. Als einen, der mich mir entfremdete. Das Mädchen, das ich vor dem plötzlichen Wachstum gewesen war, hatte ich geliebt, die arme, dunkelhaarige Krähe, als die ich eines Tages erwachte, verwirrte mich.

Der Junge aus meiner Straße, den ich im Alter von sieben „geheiratet“ hatte und mit dem ich einen Bauernhof in unserem gemeinsamen herbeifantasierten Leben betrieb – in dem meinem Bruder eine Rolle als Knecht gegönnt wurde –, dieser Junge war auch verschwunden, ging aufs Gymnasium, auf das ich gewollt hatte, das mir aber nicht erlaubt wurde: „Mädchen brauchen so was nicht.“

Was ich sagen will: Mich verwirrte in der Pubertät nicht der Busen, da war keiner und kam auch lange nicht. Mich verwirrte auch nicht die Beziehung zum anderen Geschlecht. Ich war immer mit Jungs zusammen gewesen, und der „schönste Junge der Langenberger Schule“ hatte mir zum neidvollen Erstaunen aller Schülerinnen Liebesbriefe geschrieben. Mich verwirrte die Tatsache, dass ich kein Kind mehr war. Und sich eine Leerstelle auftat. Wer war ich? Wer wurde ich?

Da fällt mir zum Thema Spießigkeit ein: Ich war längst verheiratet und auch schon wieder aus der Ehe ausgebrochen, Boris war bei den Großeltern in Portugal – da trafen wir uns irgendwann 1971 in München in der teuren Theatinerstraße in einem Café. Du kamst als Journalistin aus Paris angereist, und ich hatte eine Halbtagsstelle in einer Bank und gerade mit der Schauspielschule begonnen. Richtig! Es ging um den ‚Appell der 374‘, um die ‚Stern‘-Aktion „Ich habe abgetrieben“. Du schildertest mir die Sachlage: Juristinnen machen mit, Ärztinnen, Schauspielerinnen. Freundinnen. Der Paragraf muss weg usw. Und du gingest davon aus, dass ich mitmache.

„Alice, ich arbeite in einer Bank“, stammelte ich. „Das bedeutet Spießrutenlaufen. Noch mehr Mobbing ...“ Du schautest mich an. „Das ist nicht dein Ernst“, sagtest du. „Barbara, ich glaube es nicht!“ Ganz ruhig schautest du. Dein Blick war so klar. Ich wusste, ich würde mir und dir nie mehr in die Augen sehen können, würde dich und mich, würde alle Frauen verraten, wenn ich bei meinem Zögern blieb und der Feigheit nachgab.

Die Feigheit hatte ich mir auf Kinderspielplätzen angewöhnt: in der Rolle der Berufstätigen und Mutter. Mit welchen Frauen ich mich notgedrungen anfreunden musste, damit ihre entzückenden Kinder mit meinem entzückenden Kind spielten! Aber: Zu deiner Fassungslosigkeit zögerte ich, mitzumachen bei der Aktion „Ich habe abgetrieben und fordere das Recht für jede Frau dazu".

Ja. „Der schöhöhne Weeesterwald". Das Landschulheim. Woran ich mich seltsamerweise kaum erinnern kann – saßen wir ab irgendeinem Zeitpunkt in der Handelsschule eigentlich nebeneinander? Oder war dieser Wunsch abschlägig beschieden worden? Wegen zu viel Geflüster und Gekicher? Ich weiß es nicht mehr, wohl aber, dass ich sowohl in der Volksschule als auch in der Handelsschule im „Betragen" gerade mal die Note „ausreichend" schaffte. Nur im Abschlusszeugnis stand „gut", wahrscheinlich um mir keine Steine in den Weg zu legen.

Was war mit der Himmelstreppe? Was? Erinnerst du dich? Alice, übernimm du den Stab.

Alles Liebe, bis bald,
deine Barbara

PS: Frizzi! Gut, dass du die Tierärztin gefunden hast! Hoffentlich findet sie heraus, woran es liegt, dass sie kränkelt!

11. März 2004

Liebste Barbara,

heute Morgen hat der Briefträger, zusammen mit den Tageszeitungen, deinen Brief gebracht. Einen viel versprechenden DIN-A5-Umschlag. Ich habe ihn erst heute Abend gelesen. Denn den ganzen Tag über war Margitta Hösel da. Sie ist meine „rechte Hand" – eine Formulierung, die sie komisch findet – und seit zwanzig Jahren unentbehrlich für mich und ‚Emma'. Jetzt ist sie für einen Tag rausgekommen ins Bergische, in meinen luxuriöserweise zwei Wochen währenden „Arbeitsurlaub", und wir haben diese Riesenberge von Briefen und Anfragen abgearbeitet, die sich seit Wochen, wenn nicht Monaten, auf ihrem Schreibtisch türmen. Als sie vorhin, gegen sieben, ging, habe ich geseufzt: „Na Gott sei Dank, jetzt haben wir wenigstens mal alles erledigt." Da hat Margitta fein gelächelt und geantwortet: „Alice, ich habe nur das Dringendste rausgezogen..." Naja. Ab Montag werde ich wieder an meinem Schreibtisch in der Redaktion sitzen.

Vor ein paar Tagen habe ich in meiner Briefekiste gewühlt – und doch tatsächlich meine Briefe an dich aus den Jahren 1964/65 wiedergefunden. Du erinnerst dich? Du hast sie mir vor rund 30 Jahren zurückgegeben, vermutlich, weil sie dich damals überhaupt nicht mehr interessiert haben. Das war die Zeit, in der du Philosophie bei Margharita von Brentano studiert hast und mir immer sehr gelehrte Vorträge hieltest, die mich völlig einschüchterten. Ich war gerade von Paris nach Deutschland zurückgezogen und in dem damals sehr rigiden Berlin gelandet. Da hattest sogar du deinen Humor verloren.

Bis jetzt konnte ich wg. Arbeitsbergen erst kurz in die Paris-Briefe reingucken. Aber ich habe gleich eine Wahnsinnspassage entdeckt. Da steht unter dem Datum vom 6. Dezember 1964 Folgendes: Bruno, in den ich nun wirklich sehr verliebt war, komme mir manchmal „so unendlich weit weg“ vor, denn: „Seit ich nicht mehr mit dir zusammen bin, suche ich vergebens einen Menschen, bei dem ich das Gefühl habe, verstanden zu werden und ich sein zu können – ohne dass der andere mich irritiert anblinzelt.“

Tja, Barbara. Und 40 Jahre später fragst du mich, ob wir „von vornherein darauf verzichteten, von den Männern verstanden werden zu wollen“. Nein, gewiss nicht, denn unser Männerbild war ja so schlecht nicht. Dennoch haben wir wohl ein Leben lang nach dieser Innigkeit, dieser Nähe, diesem Selbstverständlichichseinkönnen gesucht, das wir miteinander erlebt hatten. Wie wohl viele Frauen mit ihrer „besten Freundin“.

Ich weiß noch, dass ich mich damals, wenn ich irgendeinen Flirt hatte, der wichtig genommen werden wollte, immer innerlich fragte, und zwar wörtlich: „Wenn ich mich entscheiden müsste zwischen ihm und Barbara – wen würde ich nehmen?“ Und mir selbst die beruhigende Antwort gab: „Barbara!“ Damit war alles klar. Die Probleme kamen, als wir so um 20/21 diese Antwort selber so klar nicht mehr geben konnten. Hatte das mit unserer veränderten Gefühlslage zu tun? Mit den Männern, die sich zwischen uns schoben? Oder mit den Erwartungen, die an uns herangetragen wurden?

Das fing ja alles mit 16 an. Eben in der Tanzschule. Ich sehe mich noch da sitzen – nur: Wo warst du?! –, auf einer Stuhlreihe längs der Wand, wie bei Pina Bausch, und höre Herrn und Frau Koch im Duo sagen: „Die Herren fordern auf.“ Bis dahin war es mir eigentlich ziemlich egal gewesen, welcher Junge sich für mich interessierte, mal abgesehen von den wenigen, die mich selber interessierten. Aber dann. Dann kamen sie auf uns zu, ich weiß gar nicht mehr, wie viele es waren und wie sie aussahen, ich weiß nur noch, dass ich dachte: „Oh Gott, hoffentlich fordert mich einer auf!“ Egal wer. Ich wurde aufgefordert. Von Tom, einem großen schlaksigen Blonden mit strahlenden Zähnen und so einem John-Kennedy-Look (lange vor Kennedy). Der Gute. Er forderte mich von nun an jedes Mal auf. Er war mein Mittelball-Herr und mein Schlussball-Herr (so hieß das). Und ich war aus dem Schneider.

Ich weiß noch, wie ich bei uns in der Klasse, in der Stunde von Frau Dr. Sager, das Gruppenfoto von der Tanzschule rumgezeigt und triumphierend gefragt habe: „Was meint ihr, wer ist meiner?“ Der? Oder der? Nein, der! Und der stand strahlend in der Mitte und war eindeutig der Bestaussehende. Was für ein Triumph! Die Pointe an der Geschichte war, dass Tom mich überhaupt nicht interessierte. Er war mein Antityp. Ich stand nicht auf groß, blond und strahlend. Ich stand auf dunkel, kompliziert und intellektuell. Und der Witz war: Auch er hat sich nie auch nur eine Sekunde lang über die Tanzschule hinaus für mich interessiert. Nicht der geringste Flirtversuch. Anscheinend war er in derselben Lage wie ich: Es galt, eine/einen vorzuzeigen und die Sache irgendwie mit Anstand zu überstehen.

Nein, ich erinnere mich nicht, dass du und ich in der Klasse jemals zusammengesessen hätten. Ich glaube, das war ziemlich klar, dass dann Schluss gewesen wäre mit Lernen. Ich vermute, sie haben uns gezielt auseinander gesetzt – und wir haben uns dann Briefchen geschrieben, oder? Denn Soll & Haben und Steno & Englisch haben uns bestimmt nicht ausgelastet – und irgendwoher müssen die vielen Vieren und Fünfen in meinem Zeugnis ja gekommen sein.

Deine Kindheit. Riesig versorgt wurde ich ja auch nicht gerade, aber ich hatte wenigstens keine Geschwister, die ich hätte bemuttern müssen. Auch das mit dem Prügeln kenne ich gar nicht. Ich habe zwar die vielen Wut- und Schreianfälle meiner Großmutter erlebt, aber körperliche Gewalt? Zwei Ohrfeigen in all den Jahren. An beide erinnere ich mich, als wären sie in Flammenschrift an den Himmel geschrieben. Beide von meinem Großvater. Eine, da muss ich fünf gewesen sein, und eine mit etwa zwölf. Beide natürlich total zu Unrecht, wie ich fand, und von ihm rasch riesig bedauert. Das schlechte Gewissen muss ihn viele Tafeln Schokolade gekostet haben.

Und an das Waldbeerpflücken erinnere ich mich genau wie du. Man blieb gleich auf dem Boden sitzen und rutschte mit der Milchkanne von einem Busch zum nächsten. Wo sind die eigentlich alle geblieben, die Waldbeeren? Ich sehe im Wald kaum noch welche.

Deine damaligen Hausfrauenpflichten erklären natürlich schlagartig, warum wir uns in der Schulzeit nicht nachmittags gesehen haben. Du hattest zu tun! Und du hattest auch einiges zu verkraften. Viel mehr, als du mir damals gesagt hast. Dass deine Mutter sich über dich lustig gemacht hat ... So etwas wäre für mich zu Hause unvorstellbar gewesen. Bei allen Problemen: Geliebt und geachtet wurde ich.

Deine Geschichte vom Deutschlandlied und dem Menschen, der schreit: Aufhören!, ist wahnsinnig. Vermutlich ein Naziopfer, vielleicht ein Mensch, der aus dem Exil zurückgekommen ist. Und dass deine Mutter nie darüber reden wollte ... Das alles ist für mich schwer vorstellbar. Solange ich denken kann, war das alles bei uns tagtäglich Thema: die Naziverbrechen, der Blockwart und der Obersturmbandführer, die Kristallnacht und die Zwangsarbeiter. Mit den Anekdoten aus dieser Zeit bin ich aufgewachsen.

Wie Mama, weil sie nicht Heil Hitler sagen wollte, zwölf Jahre lang vor Betreten der Geschäfte immer Hustenanfälle kriegte. Wie sie am Tag nach der Kristallnacht in jedes als jüdisch gebrandmarkte Geschäft einkaufen ging, durch ein Spalier von SS, die die Leute ohrfeigten (sie war, wie gesagt, klein und eher ängstlich). Wie Mutti zur Gestapo vorgeladen wurde, weil sie nicht im BDM war und in der Feuerwerksfabrik, in der sie zwangsverpflichtet war, als 19-Jährige gesagt hatte: „Man sollte in alle braunen Buxen schießen." Wie die französischen Zwangsarbeiter mal an einem der Tage, wo wieder die von meiner Großmutter geschmierten Butterbrote von der Brücke fielen, so laut „Vive la liberté" schrien, dass die Mama ganz schnell rennen musste. Und wie, es muss um 1950 gewesen sein, die Tür unseres Holzhäuschens aufflog, ein Riesenkerl reinkam, seine weißen Zähne blinken ließ, meine kleine Großmutter hochhob, rumwirbelte und auf den Tisch einen Berg von Schokolade und Käse undundund kippte. Das war einer der Zwangsarbeiter, ein Belgier, den sie durchgefüttert und der uns doch tatsächlich Jahre nach dem Krieg aufgespürt hatte.

Also, das war klar bei uns. Und der Schmerz und die Scham um diese Verbrechen und die Opfer waren, glaube ich, ein Grund für mein frühes Gerechtigkeitsempfinden. Aber was meine Familie so gemacht hatte, das empfand ich damals eher als Minimum – und nahm mir schon als Kind vor, später selber nicht „nur zu reden" und

„so ein bisschen zu helfen“, sondern „wirklich zu handeln“! So arrogant ist man, wenn man jung ist. Vor ein paar Jahren traf ich beim 50. Jahrestag der Befreiung der KZs in Ravensbrück Frauen, die für „so ein bisschen“ ins KZ gewandert waren.

All diese Dinge, der Krieg und die Nazizeit, haben unsere Generation doch sehr geprägt, Barbara. Doch haben wir in den 50ern und frühen 60ern auch darüber gesprochen? Miteinander?

Eines haben wir auf jeden Fall im Übermaß getan: gelästert! In meinen Briefen an dich von 1964/65 lästere ich wie Tier über alle, vor allem über unsere geliebten Jugendfreundinnen aus der Clique. An Doris W. bleibt kein gutes Haar (Sie hatte sich einen Persianermantel gekauft, und ich fragte mich, ob sie „verrückt geworden ist“). An Teddy auch nicht (Sie scheint immer Witze zu erzählen, über die wir nicht lachen können, und ist beleidigt, wenn wir ihren Geburtstag vergessen). Vom armen Klopfer – du erinnerst dich? Der Spitzname kam vom Hasen Klopfer aus ‚Bambi‘ – ganz zu schweigen, er wird als „totlangweilig geworden“ ad acta gelegt. Nur Doris, von mir „die Kleine“ genannt, hockt irgendwo im toten Winkel meiner Häme. Waren wir immer so gemein?

Pubertät war für dich also der Schock der Veränderung: vom Kind zum eigenartigen Wesen. Ja, da kann ich mitreden. Vorher habe ich, so wie du und wie wohl unsere ganze Generation, frei draußen und im Wald oder in den Trümmern gespielt. Und plötzlich ging diese ganze Mädchenkacke los. Ich erinnere mich, dass ich mit 14, 15 total daneben aussah – und Fotos beweisen es. Mal hatte ich einen Pferdeschwanz und die Haare so ganz streng zurückgekämmt, was mir überhaupt nicht steht; mal diese Grauen erregende Conny-Froboess-Frisur: kurz gewellt mit so doofen Winkern rein. Da gibt es so ein Schlussball-Foto von mir im blassblauen Tüllkleid – von Finn aus dem Eckschaufenster! – und darüber dieser Kopf mit dem Froboess-Schnitt und dem Nick-Knatterton-Profil. Nein, in der Zeit hätte ich mich am liebsten unter den Tisch gesetzt. Das hat sich dann ein, zwei Jahre später schlagartig geändert – aber hatten die gleichaltrigen Jungs sich auch geändert? Mir dünkt, die sahen immer noch aus wie wir zuvor.

Weißt du noch, wie es in der Zeit quasi Gesetz war, samstags ein Date zu haben? Hieß das damals Verabredung? Mein gnädiges Gedächtnis erinnert sich nur noch bruchstückhaft. An den langen Hockeyspieler mit den XXL-Pullovern, von denen er mir einen schenkte, der mir bis ans Knie ging, was der letzte Schrei war: dicke Männerpullover, vorzugsweise anthrazitfarben, Jeans und oben rauslugend ein weißer Kragenrand. Und dann der, der mal Samstagnachmittag um fünf Uhr vor dem Thalia-Theater auf mich wartete – Paul hieß er und trug grüne Knickerbocker an dem Tag. Nach einer ersten Schrecksekunde habe ich geistesgegenwärtig gesagt: Entschuldige, ich wollte nur sagen, dass ich heute nicht kann – mit dem Resultat, dass er mich, ganz Kavalier, nach Hause begleitet hat: quer durch die ganze Stadt! In grasgrünen Knickerbockern! Und stell dir vor: Ich habe Paul neulich in Berlin getroffen. Auf dem Ludwigkirchplatz, mit seinem Dackel. „Ja, kennst du mich denn nicht mehr?!", hat er trompetet. Mir war spontan danach, gleich wieder zu sagen, ich müsste sofort nach Hause ...

Und dann die Jungs, es waren mehrere, die ich für die Zwangsdates damit bestrafte, dass ich mit einer Plastiktüte voller Taubenfutter zur Verabredung kam und entschieden erklärte: Ich muss erst noch die Tauben füttern. Am Samstagabend. Was damals so unmöglich war wie heute. Denn Tauben galten ja als „Ungeziefer", und Ungeziefer musste vernichtet werden. Na, da hatten sie nicht mit meiner Großmutter und mir gerechnet. Wir fütterten die Tauben – und ich sprang ein, wenn sie nicht konnte, widerwillig, aber doch, und mit Vorliebe, wenn ich eine Verabredung hatte. Das muss der reine Sadismus von mir gewesen sein.

Nur einer fand in dieser Phase Gnade vor meinen Augen: Henrik. Erinnerst du dich? Er war Buchhändler bei Nettesheim und so herrlich schlau und ironisch. Er hatte nur ein Manko: Er war ein paar Zentimeter kleiner als ich. Ich versuchte also immer im Rinnstein zu gehen und ihn auf den Bürgersteig zu bugsieren. So blöd war man damals. Er hat sich von mir abgesetzt, als er mitkriegte, dass ich immer Chris Howland und die Hitparade hörte (Pumpernickel war eine ironische Formulierung von Howland: weil das für den Ex-GI so urdeutsch klang). Ich traf eines Tages Henrik auf der Hochstraße, ich rennend wg. Howland, der gleich im Radio lief. Was ich ihm auch sagte. Er guckte mich gedehnt an. Sehr gedehnt. Das war Henrik viel zu banal. Er war da schon weiter. Und vor ein paar Jahren, stell dir vor, hat er mir mal geschrieben. Er lebt jetzt in Oxford und ist da für die Uni-Bibliothek verantwortlich. Passt.

Nein, feige waren wir damals wirklich nicht. Uns muss der Teufel geritten haben. Darum bin ich bass erstaunt über die Geschichte, die du mir da schreibst mit dem ‚Stern'-Appell („Ich habe abgetrieben – und fordere das Recht für jede Frau dazu"). Habe ich dich wirklich gefragt, ob du mitmachst – und hast du wirklich Nein gesagt? Liebe Barbara, das scheint mir so unvorstellbar, dass ich es glatt vergessen habe. Wie selektiv doch so ein Gedächtnis ist. Vor allem bei Unangenehmem.

Aber Marilyn haben wir uns beide gemerkt. Klar. Weißt du noch, wie wir in dem Film mit ihr und Yves Montand waren, wo sie so eine Tanzszene in schwarzen Strumpfhosen und mit Zopfpullover hatte?

Alice beim Schlussball mit Tanzpartner Tom 1959.

Das war im Thalia-Theater, das so einen dramatischen Treppenaufgang hatte wie ein Hollywood-Theater (ist längst abgerissen: Jetzt steht da eine scheußliche postmoderne Sparkasse). Nach dem Film taumelte ich schier trunken vor Verliebtheit in Marilyn die Treppen runter – und ich weiß noch genau, dass du mir einen sehr gedehnten Blick zugeworfen hast. Wir haben nie darüber geredet, aber ich glaube, du fandest es eigenartig, dass ich mich in solche Zustände brachte – wegen einer Frau.

Ich schlage vor, dass wir ab sofort die langweilige Schule verlassen und in den Ernst des Lebens eintreten: die Lehre, das erste eigene Geld, die Jazzbandballs, dein homosexueller Freund Z., unsere Mädchenclique, unsere Reisen ... Jetzt wird es spannend. – Erinnere du dich doch mal an die Himmelstreppe – und was da geschah!

Schreib ganz schnell zurück!

Es umarmt dich
deine Alice

Alice in ihrem evangelischen Diskussionskreis 1961.

Berlin, 14. März 2004

Liebe Alice,

ja, doch, unsere Erinnerung arbeitet subjektiv-selektiv. Nicht nur meine. Wie ich – in dem Fall – mit einem Aufschrei der Empörung erkennen muss! Was lese ich? Ich hätte dir deine Briefe an mich vor rund 30 Jahren zurückgegeben, weil „sie dich damals vermutlich überhaupt nicht mehr interessiert haben". Im Alter von fünfzehn hätte ich jetzt wahrscheinlich geantwortet: „Ich erblinde!" So aber darf ich dir sanftmütig mitteilen, dass die Sache anders ablief.

Du riefst mich 1979 in meiner Wohnung am Hansaplatz an. Vorher hatte eine ‚Emma'-Redakteurin einmal eine Nacht in dieser großen, aber wenig komfortablen WG verbracht. (Begeistert war sie nicht.) Du sagtest, du wolltest dir mal Zeit nehmen und dich über deine frühe Jugend beugen. Ob ich noch Briefe von dir hätte? Ich hatte. Und ob ich sie dir zurückschicken könnte? Ja, sagte ich. Mache ich. Und ob du mir meine auch zurückschicken könntest? Ich erinnere mich, dass auf deiner Seite ein betretenes Schweigen ausbrach. Ich hörte als Nächstes ein verlegenes Räuspern. Dann bekanntest du, dass du sie bei einem deiner vielen Umzüge vermutlich weggeschmissen hättest. Und wie peinlich dir das jetzt sei. Ich winkte ab und meinte, das sei okay. Ich sei eigentlich nicht wild darauf, sie zu lesen.

Aber es ist verständlich, dass du unser Treffen in der Theatinerstraße in München 1971 wegen der Aktion „Ich habe abgetrieben" vergessen hast. Denn: Selbstverständlich habe ich bei der Aktion mitgemacht! Ich wollte im letzten Brief lediglich wissen, ob du dich an mein kleinliches Zögern erinnerst. Du hast Wochen (oder Tage?) darauf im Rahmen einer Rundfunksendung, die du zum Thema

Abtreibung machtest, im gleichen Café noch ein Interview mit mir gemacht. Ich war eine von mehreren Frauen, die von dir interviewt wurden. Beim Abschied hast du mir noch schnell die Sendezeit (ein paar Tage später) aufgeschrieben, damit ich mir die Sendung anhören kann. Ich sehe noch deutlich das kleine Mikrofon auf dem Tisch stehen, oder den Kassettenrekorder oder was immer es war. Und deinen aufmunternden Blick, bevor du mit den Fragen anfingst. Ich denke mal, du hast diese beiden Begegnungen verdrängt, weil mein armes Gestammel: „Aber ... Alice ... ich arbeite in einer Bank!“, nicht nur dir, sondern auch mir schmerzlich klarmachte, wie weit die beiden ehemals „besten Freundinnen“ auseinander gedriftet waren.

Apropos trügerische Erinnerung: Wahr ist’s, du taumeltest nach „Let’s make love“ die Treppen des Thalia-Theaters (direkt gegenüber der Schwebebahn) runter. Aber ich bin doch sehr erstaunt darüber, dass du meinen gedehnten Blick heute so interpretierst, als hätte ich es eigenartig gefunden, dass man wegen einer Frau in trunkene Zustände der Verliebtheit geraten kann. Wir waren damals doch nicht nur in Elvis und Jimmy verliebt. Unsere Mädchenclique schwärmte von den Frauen auf der Leinwand ebenso glühend, wie die heute Vierzehnjährigen Britney Spears oder Pink oder wen auch immer anhimmeln!

Außerdem: Wer von uns war nicht in Marilyn verliebt? Okay, der Klopfer wahrscheinlich nicht. Und Doris W. auch nicht. Teddy? Schon eher. Und die „kleine Doris“ schmolz mit ihren schönen, grauen, dicht bewimperten Augen dahin und vergaß, an ihrer Zigarette zu ziehen! Und ich war mindestens in Marilyn so verliebt wie du, obschon sie deine Entdeckung war, die du gutmütig mit mir teiltest.

Aber, Alice, was dir in unserer Jugend nicht auffiel, ist, dass all diese Leindwandgöttinnen – selbst Marilyn – in meinen Augen blass gegen dich waren! Du fülltest damals meine ganze Leinwand aus. Du warst intelligent, lustig – jetzt sind wir 17 und du hast dich der Froboess-Perücke entledigt – und auf eine Aufsehen erregende Weise sexy in deinen dreiviertellangen schwarzen Hosen und den weißen Blusen mit angeschnittenem Arm! Und das Bezaubernde daran war, dass dir das vollkommen unbewusst war. Ich erinnere mich, wie ich dich einmal in Timmendorf darauf aufmerksam machte, dass sich alle Männer auf der Straße nach dir umdrehen. „Mir egal“, sagtest du. „Also, hast du verstanden, was ich gerade sagte ...?“

Ich antwortete, das hätte ich, aber ich hätte gerade auch die Kneipe bzw. das Tanzlokal vor mir gesehen, in das wir abends gehen wollten. „Und weißt du, was ich da gesehen habe? Ich habe gesehen, dass ich wieder den ganzen Abend auf deine und meine Handtasche aufpassen werde! Weil du weggehst wie warme Semmeln und ich armes Mädchen wie üblich weinen werde.“ Woraufhin wir natürlich in Gelächter ausbrachen. Wir waren beide immer sehr ironisch – aber nie verletzend, sondern lieb miteinander.

Tatsächlich habe ich in Langenberg noch Tagebuch geführt. Und selbst noch in der Ronsdorfer Straße in Wuppertal bei den grämlichen unverheirateten Schwestern, bei denen ich seit Beginn der Banklehre zur Untermiete wohnte. Leider habe ich es irgendwann in dieser Zeit vernichtet. Zunächst hatte mir der Bruder einen Schock versetzt. Er hatte den Schlüssel zum Tagebuch gefunden, bereitete sich sein Lieblingsgetränk zu, Kakao, stellte seine Lieblingsplätzchen auf den Teewagen (für dessen Anschaffung unsere Mutter einen halben Monat geschuftet hatte) und las und lachte und schlug mit der Faust auf den Teewagen. Mein rotes Tagebuch aufgeschlagen auf den Knien! Das war das Bild, das sich mir bot, als ich vorzeitig aus der Schule heimkam. Meine geheimsten Gefühle und Gedanken! Ich erstarrte.

„Liebes Tagebuch“, flötete er mit mädchenhafter Stimme noch Wochen später, „heute werde ich dir etwas erzählen, was ich noch niemandem erzählt habe. Es ist besser, es bleibt unser Geheimnis. Weißt du, dass ich manchmal beim Aufwachen nicht weiß, wer oder was ich bin? Und dann, nach einer Weile, in der ich mich so frei fühle, frei, obwohl das nicht das richtige Wort ist, fällt mir mein Name ein: Bärbel! Und dann weiß ich plötzlich wieder, dass ich ein Mädchen bin. Und in dieser kleinen Zweizimmerwohnung mit meinem Bruder und mit meiner Mutter wohne. Die Leute würden das verrückt finden, wenn ich es ihnen erzählte.“

Schrieb ich weiter? Ja. Aber nie mehr so rückhaltlos im Hinblick auf „andere Zustände“. Die beiden wissbegierigen Schwestern in

Wuppertal gaben mir dann den Rest. Sie hatten es fertig gebracht, das Schloss mit einer Haarnadel zu öffnen! Und was mussten sie lesen? „Liebes Tagebuch“, schrieb ich, „die neugierigen alten Schachteln machen mich wahnsinnig! Wenn ich aus der Bank nach Hause komme, stehen sie im Korridor und fangen mich ab! Dann muss ich mich zu ihnen an den Küchentisch setzen und Kaffee trinken! Und ihre scheinheiligen Fragen beantworten! Entsetzlich! Und weißt du, was ich glaube, liebes Tagebuch? Ich glaube, sie lesen in meiner Abwesenheit meine Briefe!“ Ja. Und nicht nur die! Sie verplapperten sich einmal.

Was ich nicht wusste, war, dass sie von meiner Mutter beauftragt worden waren, „ein Auge“ auf mich zu haben. Einmal im Monat rief die wieder frisch Verheiratete vom Bodensee an, um sich über „alles“ sachkundig zu machen. Und in der Bank gab es auch einen „kooperativen“ Mitarbeiter. Ein Abteilungsleiter wurde regelmäßig kontaktiert. Das erfuhr ich, als ich Z. im Gefängnis besuchte, in Barmen, wo er wegen „Küssen im Hauseingang mit einem anderen Mann“ einsaß und ich aufflog mit meiner Ausrede, ich müsste zu irgendeinem Wohnungsamt. Der Abteilungsleiter kannte auch Z.s Briefe! Ich war den Tränen nahe. Die ganze Bank wusste davon. Mit Z. habe ich damals, glaube ich, ‚Mädchen in Uniform‘ gesehen – mit diesem so erotischen Kuss zwischen Lehrerin Lilli Palmer und Schülerin Romy Schneider.

Doch meine Mutter konnte auch witzig sein. Lustig. Als wir kleine Kinder waren, erzählte sie Märchen. Und ging im schwarzen, eng taillierten „Schneiderkostüm“ sonntags mit ihren Kindern in den ‚Rosenhof‘ zum Dinner, wo wir die Speisekarte rauf- und runteressen durften. Wofür sie auch eine Woche schuften ging. Das ganze Lokal schaute auf die lebhafte, hübsche, junge Frau, die ein Glas Wein zum Essen trank und sich so charmant und intensiv mit ihren kleinen Kindern unterhielt.

Und wenn sie nicht zu sehr gestresst war, schlüpfte sie gutmütig in die Rolle von Ede Wolf aus den Mickymaus-Heften. Auf Flehen meines Bruders. Und wir gaben die drei bzw. die zwei kleinen Schweinchen, die der große Wolf für seine Pfanne haben will. Sie war sich auch nicht zu schade, in die Rolle von „Onkel Donald“ zu schlüpfen, der seinen Neffen (dem Bruder und mir) vorhält, nachts den Kühlschrank zu plündern, obwohl er ihn im Zustand des Schlafwandelns selbst plündert. Das machte sie sehr komisch: Mit geschlossenen Augen und ausgestreckten Armen strebte sie auf unseren Küchenschrank zu und murmelte: „Ich werde noch zum Sutler-Wirt gehen und eine Kleinigkeit zu mir nehmen.“ Long time ago.

Ja, die Himmelstreppe, die zu deinem Waldhaus führte. Was geschah auf der Himmelstreppe? Wir waren 17 und von einem Tanzvergnügen gekommen. Ich durfte bei dir übernachten. Wir gehen die dunkle Himmelstreppe hinauf. Keine Laterne nirgendwo. Links drängt der Wald heran. Rechts ist ein Gartenzaun. Keine Häuser weit und breit. Es ist stockfinster. Wir unterhalten uns lautstark. In der Mitte der Treppe zwischen der unter uns liegenden Straße und deinem Zuhause sagt plötzlich eine Männerstimme: „Na ...? Habt ihr beiden denn gar keine Angst so allein ...?“ – Es war nichts zu sehen. Aber die Stimme war nah. Zu nah! Während in meinem Kopf noch völlige Leere herrscht, höre ich dich plötzlich mit fester Stimme sagen: „Warum sollen wir denn Angst haben? Wir sind doch zu zweit!“

Stimmt, dachte ich. Und während ich noch überlege, was ich jetzt noch beisteuern könnte, rammst du mir den Ellbogen in die Taille, und ich begreife, dass ich in der kleinen Szene keine Sprechrolle habe. Dafür gibt‘s keine Zeit mehr! Und wir rasen die Treppe hinauf, rasen ins Haus rein. Verrammeln die Tür mit keuchenden Lungen und rasen immer noch weiter, selbst als wir längst im Bett liegen und uns schaudernd vor Augen halten, wie gefährlich die Situation war. Ich erinnere mich aber deutlich, dass wir bald darauf einschliefen. Vollkommen geborgen in dem Waldhaus. Gerettet im Bett liegend! Wir zogen, glaube ich, nicht mal die Vorhänge vors Fenster – es lag eh zu hoch zum Hineinschauen. Und du flüstertest noch, die Hunde würden bei der leisesten Unruhe losbellen. Und dann machten wir „Löffelchen“, nahmen die Bauch-an-Rücken-Schlafhaltung ein, und waren weg.

Ich kann mich nicht erinnern, dass du deinen Großeltern von der Sache erzähltest. Wahrscheinlich haben wir geschwiegen. Ich auf jeden Fall! Damit wir uns kein Ausgehverbot einhandelten? Ich frage mich, wie du nach diesem Schrecken später nach Hause gekommen bist. Gab es da doch noch einen anderen Weg? Tatsache ist, dass wir auch später über die Himmelstreppe zu dir nach Hause gegangen sind. Aber du alleine?

Nein, ich war nicht in der Tanzschule, Alice. Ich durfte nicht. Weil ich zu spät nach Hause gekommen wäre. In der Nacht. Erinnerst du dich, dass ich schließlich eine Gaspistole bekam? Und an die Nacht, in der ich sie in meiner Kostümjacke mit der Hand umklammert hielt, weil... Doch heute nichts mehr davon! Von irgendwelchen Irren, die im Dunkeln lauern.

Unsere Mädchenclique. Ich erinnere mich an eine Szene in der Beletage. Du arbeitest schon bei Gebrüder Happich, ich in der Bank. Von Happich kanntest du auch den Klopfer und die kleine Doris. Teddy und Doris W. kannten wir noch aus der Handelsschule. Teddy war in unserer Klasse gewesen. Doris W. eine Klasse unter uns. Ich weiß noch, dass sie sich durch Frau Lange den traurigen Ruf erworben hatte, das „Mädchen mit den schmutzigen Augen“ zu sein. Weil sie sich ihre Wimpern tuschte. (War auch blöde von der Lange!)

Wir sechs Mädchen hatten uns gesucht und gefunden. Wir redeten immer alle auf einmal. Außer Klopfer, der meistens eine buddhaähnliche Ruhe an den Tag legte (Zigaretten rauchend), die irgendwann mit einem derben Faustschlag auf den Tisch endete. (Deshalb wahrscheinlich Klopfer?) Das absolut Selbstverständliche an unserer Vielsprachigkeit war, dass wir trotz der Simultansprecherei einander zuhörten. Das fand ich an Männern immer so öde, dass sie das nicht konnten! Keinen Spaß daran hatten! Und vor allem kicherten immer alle auf einmal, lachten lauthals, schlimmer: bogen sich vor Lachen.

Bei einem unserer Treffen erzählte ich irgendetwas, während ihr aufmerksam zuhörtet, und beende meine Geschichte damit, dass ich beide Hände hochhebe, als würde ich ein Wolkengebirge hochheben, und sage: „Versteht ihr, in eine höhere Schärpe.“ – Ihr schaut mich verständnislos an. In waaas?? Ich wiederhole den Satz mit der „Schärpe“, wieder die Hände hebend, leicht verunsichert. Du schaust mich sinnend an, das von mir Gesagte in deinem Bewusstsein Revue passieren lassend. Und jäh verstehst du: „Sphäre! Barbara meint Sphäre!“ Der ganze Tisch brach in Lachen aus. Ich schämte mich. Zum ersten und einzigen Mal war mir unwohl in unserer Clique. Aber du sagtest so was wie: „So lustig ist das nun auch wieder nicht. Ein Buchstabenverdreher. Na und? Passiert mir auch!“ Wie dankbar war ich! Und wie stolz auf dich! Meine beste Freundin!

Und erinnerst du dich an den ‚BB-Club‘, den ‚Böse-Buben-Club‘ an der Wupper, zweihundert Meter von meinem Arbeitsplatz entfernt? Dort tanztest du mit Henrik Rock’n’ Roll. Er hatte auch was Besonderes: *wie* er sprach und über was er sprach. Am Anfang war es ein heißer Flirt zwischen euch, natürlich im Rahmen des Schicklichen. Und Doris und Teddy und ich schlürften begleitend unsere Cola, denn dem verruchten Namen zum Trotz war das Etablissement ein braves Teenielokal. Ich erinnerte mich an irgendein Missverständnis zwischen dir und ihm, um irgendwelche Tassen im Schrank. Ein Wortspiel, das er nicht verstanden hatte, das aber in der Folge einen Schatten auf eure Verabredungen warf? Und jetzt muss ich hören, dass es daran lag, dass er Chris Howland peinlich fand!

Das Tanzen hat mir unsere Clique im Friseursalon von Manfred beigebracht. Ihr legtet eine Engelsgeduld an den Tag. Samba. Boogie-Woogie. Und Walzer. Und Blues! Ich sehe noch, wie du mir auf dem Gang zwischen den Kabinen Rumba beibringst. „Du musst zählen, Barbara“, sagtest du. „Mach mal mit ... und eins und zwei und drei und vier.“ Und dann nach einer weiteren Runde triumphierend: „Jetzt hat sie’s! Rumba können wir abhaken!“ Ihr machtet mich fit für die Nachmittagstanztees in Barmen.

Du trugst damals ein Kleid, das du aus unerfindlichen Gründen „Sackkleid“ nanntest. Obschon es deine Formen eigentlich nur mühsam verbarg. Aber der eigentliche Clou war die doppelreihige, lange, silberne Perlenkette mit einem Knoten in der Mitte. Ich erinnere mich: Nach einer Woche hatte die ganze Clique das gleiche Kleid (von C&A!). Und die Halskette.

Nick Knatterton? Ich lese wohl nicht richtig? Schon bei den wenigen Ausflügen nach der Schule in die Rico-Milchbar – wo wir wild diskutierten – fielen mir die starrenden Jungs auf der Straße auf. Und wie sie sich anstießen und dir Bewunderndes zuriefen („He. Kann man dich mal treffen?" Irgend so was). Die „kleine Doris" auf ihren hohen Stöckelabsätzen mit ihrer Farah-Diba-Krone auf dem Kopf lächelte dann anerkennend. Sie selbst war eine kleine Schönheit, und da sie dich sehr mochte und bewunderte, gönnte sie dir deine Erfolge. Sie trippelt durch die Räume meiner Erinnerung wie eine Japanerin. Zierlich, anmutig und liebenswürdig. Und immer rauchend. Während wir noch Bonbons lutschten. Und wie überraschend, wenn sie unversehens in konvulsivisches Lachen ausbrach und sich dann rasch eine wohlerzogene Hand vor den Mund hielt!

Soweit ich mich erinnere, war ich in der Clique die Jüngste. Was euch aber nicht daran hinderte, mich „die graue Eminenz" zu nennen. Wieso eigentlich, habe ich mich kürzlich gefragt. Weißt du's? Hatte es was mit meiner – so theoretischen – „Beraterfunktion" in Liebesangelegenheiten zu tun?

Deine öden Samstage sind mir als öde Sonntage in Erinnerung. Meistens blieb ich zu Hause, weil ich entweder keine Verabredungen hatte oder sie mich langweilten. Ich konnte damals mit den Jungs wenig bis gar nichts anfangen. Zwei-, dreimal traf ich mich mit einem Jungen vom Tanztee und düste mit ihm auf einem Motorroller durch die Gegend. Solange uns der Fahrtwind ins Gesicht blies und die Häuser oder der Wald an uns vorbeisausten, fühlten wir uns wohl. Sobald wir aber den Roller verließen, begann uns ein peinigendes Schweigen zu quälen. Vielleicht quälte es ihn weniger als mich. Dieses verlegene Schweigen. Es breitete sich aus und begann mich aufzuschlürfen. Alles, was ich an Gesprächen einbrachte, wirklich alles, verschwand im Nichts. Als ob ich keinen Ton von mir gegeben hätte. Trotzdem habe ich ihn zu der Langenberger Party eingeladen. In Ermangelung einer Alternative.

Erinnerst du dich an diese Party? In unserer Zweizimmerwohnung (Mutter und Bruder hockten derweil in einem Café, bis es schloss)? Die gesamte Clique war geladen, plus „Verehrern". Und irgendwann drückte die „kleine Doris" mit zierlicher Hand den Lichtschalter. Und eine hemmungslose Küsserei ging los. Für damalige Verhältnisse hemmungslos. Mehr als Küssen und verstohlenes Tasten war ja nicht drin. Noch nicht.

Ach, was? In den Briefen von 64/65 lästerst du „wie Tier" über die Mädchen? Ich glaube, das amüsierte Ablästern war ein Stil, den wir in der Clique alle pflegten. Auch miteinander. Spaßmotschko. Kleine Verrücktheiten mit mehr als einem Korn Wahrheit, denn ganz sicher waren wir alle ziemlich arrogant.

Und erinnerst du dich noch an unsere Karnevalswette: Wer von uns die meisten Jungs küsst? Als der Vorschlag auf dem Tisch lag (von wem?), schrien wir vor Vergnügen! Ich weiß nicht mehr, wer von uns als Siegerin gekrönt wurde, doch noch genau, dass keine von uns es unter 15 Eroberungen belassen hatte! Und deutlich sehe ich mich mit Teddy Arm in Arm in Funke-Mariechen-Manier die Beine schleudern und vor dir – die du weich lächelnd mit einem Jungen auf der Fensterbank hocktest – hertanzen, wozu Teddy und ich sangen: „Das kostet Punkte, Alice!" Und du machtest kleine Handbewegungen, als ob du Mücken verscheuchen wolltest, und musstest deine ganze Selbstbeherrschung aufbringen, um nicht in Lachen auszubrechen ...! Girls are always golden ...

Alles Liebe,
deine Barbara

PS: Stell dir vor: An deine Zeilen über die zeitweiligen Irritationen über Bruno, in den du in der Tat sehr verliebt warst (und er in dich), die vergebliche Suche nach einem Menschen, von dem du dich verstanden fühlst, das Missing von Innigkeit und Nähe thematisierend, erinnere ich mich noch sehr genau. Nach dem Lesen deines Briefes – in der Münchner Wohnung in der Landshuter Allee – verstaute ich ihn im Sekretär, und obwohl mich deine Zeilen betrübten (deinetwegen), trösteten sie mich auch. Mir ging es nicht anders. Ich weiß noch, dass ich dachte: Wenn ich ein Mann wäre, würde ich die Alice heiraten.

20. März 2004

Liebste Barbara,

ha!, ein Glück, dass auch ich dich reingelegt habe! Ich würde mich sonst schwarz ärgern, wie erfolgreich du mich auf die falsche Fährte gelockt hast, das heißt: halb erfolgreich. Dass du bei dem Stern-Appell 1971 nicht mitgemacht hast, stimmt also natürlich nicht (Es war mir ja auch unvorstellbar – nur traue ich meinem armen überfrachteten Kopf inzwischen so einiges zu).

Es stimmt aber auch nicht, dass ich geglaubt habe, du hättest mir meine Briefe aus Desinteresse zurückgegeben. Ich wollte dich nur provozieren, hihi, und wissen, wie und wann es genau war. Ich habe dich also 1979 danach gefragt, angeblich, um mich über mein Leben zu beugen. Vielleicht hatte ich das wirklich vor, aber es kam anders. Mir scheint, ich hatte seither Tag und Nacht mit ‚Emma', der Arbeit und der Politik zu tun; es war einfach so überwältigend viel in der Gegenwart los, dass ich nie dazu gekommen bin, in Ruhe zurückzublicken.

Darum wühlt mich das jetzt auch so auf. Die Zeit verläuft ja nicht linear, wie wir gelernt haben, und unser Gedächtnis schon gar nicht. So kommt es, dass sich, während ich versuche, mir die Jahre zwischen 15 und 21 zu vergegenwärtigen, immer wieder Stimmungen und Bilder aus der Zeit davor und danach dazwischenschieben. Da tut sich ein Abgrund von Erinnerungen auf. In den letzten Tagen habe ich von den einschlägigen Kisten mal die Deckel hochgehoben. Berge von Briefen: an dich, an meine Mutter, an Bruno. Und die Fotos. Jetzt habe ich eine Fotomappe „Barbara" angelegt, quer durch alle Zeiten ...

Ich schicke dir nur dieses eine Foto mit, von unserer Clique, weil ich es doppelt habe. Wir sind, wie ich Frisur und Kleidung entnehme,

18 und haben uns eigentlich schon zu unserem heutigen Typ durchgeschält. Du guckst so ein bisschen ironisch und verlegen und ich so artig-strahlend, wie oft auf posierten Fotos (Meine zweite klassische Pose ist die der „femme fatale“ mit eingezogenen Wangen). Mit auf dem Foto sind: Klopfer (ob der Spitzname aus ‚Bambi‘ auch was mit ihrer Art, die Faust auf den Tisch zu hauen, zu tun hatte, weiß ich nicht), Teddy (die den Spitznamen von mir verpasst gekriegt hatte wegen ihres hellbraunen Teddymantels und wohl auch, weil sie mit ihren braunen Locken was von einem Teddy hatte) und Doris W. (die in ihrer koketten Art heute keinen Deut anders aussieht, nur ein bisschen älter). Die in der Mitte ist, glaube ich, eine der vielen sportlichen Freundinnen von Klopfer, die ja Hockey spielte.

Es fehlt Doris, genannt „die Kleine“. Sie macht vermutlich das Foto. Aber ich sehe sie, ganz wie du, vor mir: Sie war absolut entzückend und scheinbar selbstironisch, zumindest wusste man nie genau: Meint sie es ernst oder nicht? Die Arme hat ja ziemlich bald nach dem Ende unserer Clique, also als wir zwei mit 20 nach München gingen, geheiratet, diesen aufstrebenden Karrieremann, und hat einen Sohn und eine Tochter, ist aber auch schon lange von ihrem Ehemann getrennt.

Wie waren wir eigentlich die Clique geworden? Die Kleine, der Klopfer und der Teddy arbeiteten wie ich bei der Gebrüder Happich GmbH, Autoersatzteile. Happich zeichnete sich dadurch aus, dass nur Männer Sachbearbeiter und Chefs waren und Frauen ausschließlich Sekretärinnen (auch bei gleicher Ausbildung). Tja, damals war die Welt noch in Ordnung. Deswegen war ich in die Buchhaltung gegangen – die einzige Abteilung, in der Frauen auch Sachbearbeiterinnen waren. Und da bearbeitete ich die Eingangsrechnungen von K bis N. Bis heute streift mich so ein Nachgeschmack von Papier und Staub, wenn ich zum Beispiel die Wagen der Spedition Nelles & Quack auf der Autobahn sehe, die steckte als Karteikarte bei mir.

Stell dir vor, als ich vor einigen Jahren den ‚Kulturpreis‘ der Stadt Wuppertal bekommen habe, große Ehre!, da saßen in der Reihe hinter mir unbekannte Menschen, die sich als Familienangehörige oder Nachbarn der Familie Happich outeten und die allen Ernstes behaupteten, ich sei ja schon damals, als ich noch bei Happich eine von hunderten von Angestellten war, eine „ganz und gar auffällige und bemerkenswerte Erscheinung“ gewesen. Sollte mich wundern. Bis auf einen kleinen Zusammenstoß mit Happich senior, den ich – aus welchem Grund auch immer – nach seiner Nazivergangenheit gefragt habe (so waren wir damals!), erinnere ich mich an nichts.

Die Arbeit und die Atmosphäre waren tödlich. Das Wort „Mahlzeit“ kann ich seither nicht mehr hören. Und eines war klar: Ich musste aus all dem raus! Ich wusste nur noch nicht, wie. Der einzige Lichtblick war die Toilette. Die Damentoilette. Da gingen wir hin, um zu quatschen und uns zu schminken (damals waren, wie heute wieder, diese dicken Lidstriche in). Und auf dieser Damentoilette habe ich die Kleine und den Klopfer aufgetan. Teddy und Doris W. hatten wir in der Tat aus der Handelsschule rübergerettet.

Erinnerst du dich? Doris W. hatte so eine raffinierte Art, ihre Verehrer zu sammeln und am Kochen zu halten, und war dadurch auf Tanztees immer umringt. Das hat sich mir besonders eingegraben, als ich einmal auf ihrem Terrain, im Barmer Haus der Jugend, mit ihr war – alle tanzten, nur ich nicht. Nachdem Doris zum dritten Mal von einer stolpernden Kohorte Jungs entführt worden war und nun der Jugendhausvater, der mir uralt schien (vermutlich um die dreißig), mich aufforderte, aus Mitleid, klar, bin ich nach Hause gestürmt – und gehe bis heute nur mit dunklem Blick am Haus der Jugend vorbei, das inzwischen ein Kulturzentrum ist.

Eines hat uns, bei aller Unterschiedlichkeit, damals alle geeint: dass wir unsere Arbeit im Büro so tödlich langweilig fanden und erst nach fünf so richtig auflebten. Auch hatten wir, bis auf Doris W., alle keinen Vater. Was für die Nachkriegsgeneration ja nicht untypisch war. Wir kamen alle nicht aus klassisch patriarchalen Familien. Ihr hattet berufstätige Mütter, ich hatte die Großeltern, und wir hatten alle miteinander relativ viele Freiheiten.

Es ist ja kein Zufall, dass vier von uns sechsen später noch studiert haben, obwohl wir zunächst alle noch nicht mal Abitur hatten: du Philosophie (was niemanden überraschte), Teddy Psychologie (auf der Suche nach den Anfängen), Doris W. politische Wissenschaften (zum Nutzen ihres späteren kommunalpolitischen Engagements) und ich Anfang der 70er an der „roten Fakultät Vincennes" von Paris neben meiner Arbeit als Korrespondentin noch Soziologie und Psychologie. (Unter anderem übrigens bei Foucault. Was mir aber in diesen bewegten Zeiten so wenig bedeutete, dass ich noch nicht mal einen Abschluss gemacht habe.)

Aber erst mal wurde nicht gelernt, sondern gelebt. Ja, diese wahnsinnigen Lachanfälle unserer Clique. Das Gekicher und Getuschel. Und wenn wir dann loszogen: In die Milchbar Beletage oder die Tanzbar BB – die ich übrigens nicht ganz so harmlos in Erinnerung habe wie du: Da verkehrten auch ziemlich schräge „ältere" Typen, also so zwischen zwanzig und vierzig. Oder ins La Boheme, ein fast echter Existenzialistenkeller mit rauen Wänden, Tropfkerzen und Live-Jazz. Und die Beletage, unser Stammcafé, war ja, wie der Name schon sagt, auf dem ersten Stock, mitten auf der Poststraße. Die ganze Milchbar könnte man heute komplett so in ein Designmuseum setzen: den langen glitzernden Bartresen mit den großen gläsernen Milchshakern, die Nierentische und die Schalenstühle. Die begehrtesten Plätze waren, wie du dich erinnern wirst, natürlich die am Fenster. Da konnten wir runterspingsen, wer die Poststraße langflanierte. In der Beletage habe ich übrigens auch bei meinem ersten und letzten Versuch, auf Lunge zu rauchen, einen Hustenanfall bekommen. Und dann die Jazzbandballs und Feten! Wir waren wirklich vergnügungssüchtig. Und weil in Wuppertal nicht genug los war für Mädels wie uns, fingen wir an, die Umgebung unsicher zu machen, bis hin nach Düsseldorf.

Doch bei allem Übermut: An die Karnevalswette, wer die meisten Jungs küsst, erinnere ich mich nicht. Dafür aber minutiös an die Szene, wo du und Teddy vor mir Cancan tanztet, während ich mit einem Jungen auf der Fensterbank in der Stadthalle saß. Oben im ersten Stock, wo die Bälle waren. Er hatte sich – Höhepunkt der Verkleidung – die Haare weiß gepudert und war ganz in Schwarz: schwarze Strumpfhose und schwarzer Rolli; und deklamierte für mich François Villon (Stichwort Erdbeermund und Kinski). Und ich war, wie gewohnt, nicht ganz unbeeindruckt. Ich muss ihn nochmal getroffen haben – denn er hat mir vor einigen Jahren sogar mal geschrieben. Anscheinend ist eure Absicht – den Typen abzuschrecken – in dem einen Fall nicht so ganz gelungen. Obwohl unsere Clique ja berüchtigt war dafür, dass sie wie Pech und Schwefel zusammenhielt – und sich über alle Jungs lustig machte – sogar über die, für die wir ein Faible hatten ...

Wieso du die „graue Eminenz“ genannt wurdest in der Clique? Vermutlich, weil du dich am stärksten bedeckt gehalten hast und gleichzeitig die schärfste Beobachterin warst. Die Struktur war doch so: Du und ich, wir waren ein Paar, in aller Unschuld. Wir haben die Clique dominiert, ebenfalls in aller Unschuld. Die Kleine und der Klopfer waren ebenfalls ein Paar, also „beste Freundinnen“ auch unabhängig von der Clique. Teddy, die es zu Hause gar nicht leicht hatte mit der dominanten Mutter, und Doris W. kamen einzeln dazu. Was uns, glaube ich, alle miteinander verbunden hat, waren Humor und Lebenslust – und die Entschlossenheit, der piefigen Fünfziger-Jahre-Provinz zu entkommen.

Und das sah man uns schon von weitem an! Angesagt waren ganz enge Hosen, schwarze Dreiviertel oder Jeans, die mit Sand auf alt gerubbelt wurden und mit denen wir uns in die Badewanne legten, um sie dann am Körper zu trocknen (kein Wunder, dass ich mit 19 diese Lungenentzündung gekriegt habe). Und gerne Pullover, eine Zeit lang dicke Herrenpullover, oder Rollis und Hemden. Die Röcke endeten knapp überm Knie, waren meist anthrazit und so eng, dass ich mich beim Einsteigen in die Straßenbahn an den Griffen hochziehen musste, weil ich den Schritt auf die Stufen nicht machen konnte.

Und auch Kleider, klar. Richtig, mit 17 mein durchgeknöpftes eng anliegendes „Sackkleid“, das bis an die Wade ging. Der letzte Schrei! Oder mit 19 mein ‚Chanel‘-Kostüm (eine Imitation natürlich) in Pfeffer-Salz mit diesen baumelnden Chanelketten, die in Mode kamen. Vorher waren es, glaube ich, eher Hosen – was wir genossen. Wir hatten ja als kleine Mädchen auch im tiefsten Winter noch Röcke über die Hosen ziehen müssen in der Schule, weil ein anständiges Mädchen keine Hosen trug.

Das Ganze natürlich umweht von einem Hauch Rock'n' Roll und Existenzialismus. So wie unsere Lektüre: die neu erschienene ‚Twen' mit dem schwarzen Cover und den kühnen Themen. Und ich hatte ‚Polska' abonniert, die deutsche Ausgabe einer polnischen Kunstzeitschrift. Damals fing das an, mein Interesse für Kunst. Erinnerst du dich eigentlich, dass ich vor dieser blöden kaufmännischen Lehre Innenarchitektin hatte werden wollen? Ich wollte zu der – damals bestbeleumdeten – Werkkunstschule in Wuppertal und hatte auch schon die dafür vorab nötige Schreinerlehre in der Tasche. Doch dann sagte der Betrieb überraschend wieder ab: Sie hatten kein Damenklo. Wie im feministischen Witz.

Getrieben von dem Gemurmel meiner Großmutter „Sie wird wie ihre Mutter" (ein heikler Satz in meiner Familie), stürzte ich mich in die nächstbeste Lehrstelle: bei einer Autohandlung, wo der Chef kein richtiges Deutsch konnte und ich zu seinem Missfallen immer die diktierten Briefe umformulierte. Und ab und an musste ich für ihn die Urinproben zur Apotheke bringen (was ich sehr demütigend fand) und die ‚HörZu' am Kiosk holen (was ich nicht minder beleidigend fand: Wo ich doch ‚Spiegel'-, ‚Zeit'- und, versteht sich!, ‚Twen'-Leserin war). Schrecklich. Nach ein paar Monaten habe ich mich da mit einem ärztlichen Attest verabschiedet (ich schlief tatsächlich keine Nacht mehr und hörte alle halbe Stunde unsere Kuckucksuhr schlagen). Ich ging zu Happich, wo ich zumindest mehr als nur ein Lehrgeld verdiente.

Du warst ja nicht ganz so übel dran, wenn ich recht erinnere. Du hast wenigstens eine ordentliche Banklehre gemacht (was eigentlich im Zusammenhang mit dir nicht unkomisch ist, ausgerechnet). Und dann gab es da das Fräulein Annette, die Exil-Ungarin, für die du, zu meinem Ärger, so unangemessen geschwärmt hast.

Ich glaube jedoch, nur unser Leben außerhalb dieser Büros hat uns gerettet. Die Filme! Wie hieß noch mal das kleine Filmkunstkino in der Poststraße, wo es das erste Schaschlik gab (eben von diesen Exil-Ungarn) und in dem wir so viele tolle Filme gesehen haben? Den ersten Film von der Varda, ‚Mittwoch zwischen 5 und 7', in dem es doch tatsächlich um eine Frau ging. ‚Bitterer Honig' aus England, in dem eine aus dem Tritt geratene junge Schwangere sich in einen Homosexuellen verliebte. ‚Asche und Diamant' von Wajda, in dem unser Lieblingsheld, der dunkle verstörte Intellektuelle, durch ein existenzialistisches Ambiente irrte. Du sahst in der Zeit aus, als kämst du geradewegs aus einem Jazzkeller in Saint Germain und wärst das Lieblingsmodell von Buffet.

Und du hast natürlich Recht: Wir schwärmten mindestens so für weibliche Stars wie für männliche. Aber dieses Schwärmen für Frauen hatte keine Worte, also keine wirkliche Existenz. Und es war eher narzisstisch geprägt. Das Schwärmen für Männer aber war das Interesse für das „Andere", das Unbekannte, das Angesagte – obwohl wir in der Realität die meisten Jungs von Herzen uninteressant fanden. Oder?

Auch wir, du und ich, haben uns unsere Gefühle füreinander ja nie wirklich klargemacht. Ich zumindest nicht. Du sagst heute, du hättest dir gesagt: Wenn ich ein Mann wäre, würde ich Alice heiraten. Ich habe mir das umgekehrt nie gesagt. Obwohl du der wichtigste Mensch in meinem Leben warst. Gleichzeitig aber haben wir nie eine gemeinsame Zukunft geplant.

Weißt du noch, wie wir so mit 18 mal in unserer Szene in Verdacht gerieten, ein lesbisches Verhältnis zu haben (weil ich auf die Avancen von so einem Typen nicht reagiert hatte und immer mit dir zusammen war)? Wir haben diesen Typen, der das Gerücht gestreut hatte, dann auf einer Party sehr sauer zur Rede gestellt. Es galt schließlich, unseren Ruf zu retten.

Dabei haben wir uns miteinander so wahnsinnig wohl gefühlt und amüsiert. Nie werde ich unser erstes Frauenfest vergessen! Wir müssen 18 gewesen sein (sonst hätte ich Silvester nicht draußen feiern dürfen). Die Mutter der kleinen Doris war verreist, wir hatten sturmfreie Bude in der Zweieinhalb-Zimmer-Wohnung (aus privilegierten Verhältnissen kamen wir alle nicht gerade). Und wir sechs hatten beschlossen, eine eigene Silvesterparty auszurichten: mit Cola-Rum, Salzstangen und Luftschlangen. Ich erinnere mich überhaupt nicht mehr, wen wir eingeladen hatten, ich weiß aber noch sehr genau, dass jede von uns einen einzelnen Jungen extra eingeladen hatte, also keine Clique. Obwohl die Jungs sich natürlich trotzdem untereinander kannten in unserem überschaubaren Elberfeld.

Wir haben die Bude geschmückt, Kartoffelsalat gemacht und uns vor dem dreiteiligen Frisierspiegel im Schlafzimmer gebrasselt. Daran erinnere ich mich genau, denn wir hatten zu Hause nicht so einen Spiegel – und ich hatte noch nie mein Profil gesehen... (Weißt du noch, dass ich wegen meines Kinns in Tränen ausgebrochen bin?) Es wurde acht, es wurde halb neun, es wurde neun. Und dann wurde langsam klar: Die Jungs haben uns versetzt. Alle sechs! Nicht aus Desinteresse, denn unter ihnen waren einige, die für die eine oder andere von uns schwärmten. Nein, um uns einen Denkzettel zu verpassen! Für unsere demonstrative, ironische Distanz zu den Jungs und die ausgelassene Unabhängigkeit unserer Mädchenclique.

Als wir begriffen, dass sie nicht mehr kommen würden, brach bei uns der Übermut aus. Als Erstes haben wir rituell die Kappe des Flirts von der Kleinen verbrannt, die in der Wohnung hing (und haben uns übrigens nie gefragt, wieso die da hing!). Und dann haben wir den ganzen Abend getanzt, getrunken und gekichert. Um zwölf haben wir Wasser aus dem Fenster im zweiten Stock gegossen und das sehr, sehr komisch gefunden. Und ich sehe uns zwei noch wie heute gegen ein Uhr nachts durch den rieselnden Schnee nach Hause gehen, zu dir. Es wäre viel zu heikel gewesen, in der Nacht noch zu mir in mein Waldhaus zu gehen. Bis heute muss ich lachen in Erinnerung an diesen Abend. Es war eines der übermütigsten Feste meines Lebens.

Obwohl wir eigentlich alle sechs recht harmlos waren und alle selbstverständlich auch noch „Jungfrau" – zumindest wir zwei –, hatten wir das Gefühl, uns alle Freiheiten der Welt zu nehmen. Und das war auch damals nicht so ganz ungefährlich für Frauen.

Es stimmt, der Typ, der uns in der Nacht auf der Himmelstreppe angequatscht hat, war nicht der einzige Fall (und ich hatte dich angestoßen, damit er deine Stimme nicht hört und nicht merkt, dass du kein Mann bist). Einmal ist mir jemand nach dem Tanzen nachgeschlichen. Und ich Wahnsinnige bin, obwohl ich es bemerkt hatte, immer weiter Richtung Wald gegangen. Wohl aus Stolz. Und weil man auch vor sich selbst nicht zugeben wollte, dass man Angst hatte.

Und ich kannte auch ursprünglich keine Angst. Ich war ja im Wald aufgewachsen.

Kurz vor dem Waldesrand, auf der Höhe des letzten Hauses, warf er mich zu Boden und wollte mich gerade in aller Ruhe vergewaltigen, als er durch das Licht gestört wurde, das im letzten Haus an der Straße anging. Die hatten mein Geschrei gehört. Er ist dann weggelaufen, nicht ohne noch ein paar Mal nach mir zu treten. Übrigens: Zur Hilfe gekommen ist dann niemand. Ich bin nach einer Weile aufgestanden, habe um Fassung gerungen, meine Kleider geordnet und bin nach Hause – ohne je ein Wort davon meinen Großeltern zu sagen. Erstens aus Scham. Zweitens aus Voraussicht: Ich hätte dann ja nie mehr so spät nach Hause kommen dürfen.

Und weißt du noch unsere Fahrt in unseren zweiten gemeinsamen Urlaub? Wir Wahnsinnigen! Mit 19 sind wir nach Timmendorf getrampt. Um Geld zu sparen und des Abenteuers wegen. Wir Schafe. Erst haben wir stundenlang an einer Stelle gestanden, wo niemand halten konnte: nämlich am Autobahnrand. Dann hielt doch ein Lastwagen mit zwei offensiv finsteren Typen – und wir sind auch noch eingestiegen. Nicht nur, dass wir im Schneckentempo Richtung Hamburg zockelten, nein, es wurde auch ziemlich schnell klar, dass diese Typen sich etwas zu intensiv für uns interessierten. Und als die dann auch noch an einem gottverlassenen Parkplatz hielten und es sich gerade nett mit uns machen wollten – da habe ich mein naivstes Lächeln gemacht und gesäuselt: „Wir vier“ sollten uns doch, wo sie ja in Hamburg wohnten, mal in Timmendorf treffen und zusammen ausgehen. Und dir habe ich mal wieder in die Seite gestoßen. Erinnerst du dich? Da haben diese Trottel doch tatsächlich den Motor wieder angelassen, weil sie sich ein bisschen mehr versprachen als eine schnelle Vergewaltigung auf einem Parkplatz. Und sie sind später auch tatsächlich in Timmendorf aufgekreuzt – wo wir uns kichernd hinter Büschen versteckt hielten.

Das alles aber, Barbara, hat uns nicht gehindert, ein paar Tage später gleich wieder von Timmendorf, wo wir uns immer artig am Familienstrand langweilten, nach Hamburg, Lübeck und Travemünde zu trampen, zum Tanzen. Und nachts zurück. Da sind wir ein zweites Mal sehr knapp von der Schüppe gehüpft. Wahnsinn, wie leichtsinnig wir waren. Aber uns hatte auch niemand wirklich gewarnt. Es war uns zwar vieles verboten worden, aber niemand hatte uns gesagt, warum. Mir zumindest nicht.

Es stimmt, auch ich erinnere mich: Meine Hässliche-Entlein-Phase muss so mit 17 vorbei gewesen sein – plötzlich stand ich hoch im Kurs bei den Männern. Aber ich habe dem in der Tat damals selber keine große Bedeutung beigemessen. Es hat mich, ehrlich gesagt, schon damals nicht sonderlich interessiert, auf dieser Ebene Aufmerksamkeit zu erregen. Ich wollte ja auch nie möglichst vielen Männern gefallen, sondern immer nur den wenigen, die auch mir gefielen. Und wir hatten ja weiß Gott viel zu viele andere Interessen, als nun permanent mit unserer Wirkung auf das andere Geschlecht beschäftigt zu sein.

Ich glaube, darum hat es mein Selbstbewusstsein als Frau auch nicht sonderlich angekratzt, als ich älter wurde: Ich fühle mich heute auch in Bezug auf meine Wirkung auf Menschen eigentlich nicht viel anders als damals. Und du?

Zum Problem wurde das Ganze für mich allerdings, weil ich in der Zeit bei den Jungs gefragter schien als du. Einerseits genoss ich es, zum Tanzen aufgefordert zu werden, andererseits versetzte es mir einen Stich, wenn du sitzen bliebst (was ja keineswegs immer der Fall war!). Es schlich sich plötzlich so eine Ungleichheit ein, die es zwischen uns bisher doch gar nicht gab und die ich auch nicht verstand: Für mich warst du ja schon immer die aparte Person gewesen mit den schönen großen Augen, dem ausdrucksstarken Gesicht und dem eckigen Gazellenkörper. Du warst nicht weniger, sondern anders. Wenn ich es so recht bedenke, war dieser Blick der anderen vielleicht der Anfang unserer Entfremdung?

Zu Hause hatten wir es in der Zeit, glaube ich, beide nicht leicht. Du warst von deiner Mutter – die ja zum Heiraten nach Konstanz gegangen war – in diesem möblierten Zimmer bei den alten Tanten zurückgelassen worden. Ich lebte noch bei den Großeltern, wo es nun langsam wirklich zu eng wurde für ein junges Mädchen, das ja auch mal jemanden mitbringen will. Dein möbliertes Zimmer schien mir für die damaligen Zeiten unerhört und ein Stück Freiheit, sicher aber auch ein Stück Einsamkeit. Haben wir darüber damals eigentlich offen gesprochen? Oder habe ich das nur gespürt?

Und irgendwann kam Z. Zeitweise drohte er zur regelrechten Konkurrenz für mich zu werden. Daran änderte auch die Tatsache nichts, dass er homosexuell war. Und zwar sehr homosexuell! Ganz offen, sehr tuntig und mit jedem gut aussehenden Mann flirtend, auch wenn dessen Freundin danebenstand.

Wie warst du eigentlich an Z. geraten? Und wie war eure Beziehung wirklich? Eigentlich weiß ich wenig davon. Und ich erinnere mich auch nicht, dass er wegen Homosexualität im Gefängnis war. Aber stimmt: Da gab es noch den § 175. Ich erinnere mich nur, dass er Bücher auf Bestellung organisierte, und zwar zumeist sehr hohe Literatur, von Proust bis Joyce. So kamen wir ganz schnell von unserem alten Existenzialisten und jungen Realisten (Salingers ausgeflippten ‚Fänger im Roggen', den ich gerade mit großem Vergnügen in einer sehr lebendigen, neuen Übersetzung wiedergelesen habe) bis zum ‚Mann ohne Eigenschaften'. Ich frage mich, ob wir diese dicken Klassiker der Moderne damals wirklich alle zu Ende gelesen haben?

Was ich im Rückblick bemerkenswert finde: Wir waren damals sehr aufgeschlossene junge Frauen. So aufgeschlossen, dass wir es selbstverständlich fanden, auch homosexuelle Freunde zu haben. Aber: Wir kannten keine einzige homosexuelle Frau. Und ich kann mich auch nicht erinnern, damals ‚Mädchen in Uniform' gesehen zu haben, das habe ich erst sehr, sehr viel später im Zuge meiner Biografie über Romy. Dass du dich an den legendären Kuss erinnerst zwischen Lilli Palmer und Romy Schneider! Die beiden wenigstens wussten vermutlich sehr genau, was sie taten. Aber wir wären doch nie auf den Gedanken gekommen, unsere Zuneigung für Liebe auch im erotischen Sinne zu halten. Ich zumindest nicht.

Bin gespannt auf deine Antwort.

Es umarmt dich
deine Alice

1 Die Clique beim Geburtstagskaffee 1962.
Von links: Barbara, Alice, Tilla, Klopfer, Teddy; dahinter: Doris W.
2 Karnevalsparty. Von links: die Kleine, Klopfer, Alice 1961.
3 Alice und die Kleine im La Boheme in Wuppertal-Barmen 1961.

Berlin, 25. März 2004

Liebe Alice!

Gestern Mittag steckte dein Brief im Briefkasten, den ich nach einer kurzen Kaffeepause bei Boris – aus der acht Stunden Musik pur wurden – dann doch erst am Abend lesen konnte. Vorfreude beflügelte mich! Der Tag hatte was Verheißungsvolles, und Boris hatte ein neues Mikrofon und stellte mir seine neuen Kompositionen und Gesangsaufnahmen vor. Ich war beeindruckt, R & B und House Music, Funk und Pop. Woher hat der Mann das?

Es blieb Boris nicht verborgen, dass meine Blicke immer wieder zu dem neuen Mikrofon wanderten. Und bevor ich damit rausrückte: „Duuu ... kann ich nicht auch mal mit dem neuen Mikrofon ...? Ich wollte doch immer mal den Rap aufnehmen, den ich geschrieben habe?“, meinte er mit Grübchenlächeln: „Hast du Lust, es auszuprobieren?“ – Ich habe schon die Kopfhörer auf dem Kopf und will gerade loslegen, da klingelt es. Es ist einer von Boris’ Musikerfreunden. Ein Komponist, Sänger, Gitarrist, Schlagzeuger undundund, von dem gerade die erste CD erschienen ist. Er brachte neue Aufnahmen mit. Eigene und die von der Gruppe, in der Boris Bass spielt.

Kurz vor meinem Aufbruch brachte ich es dann aber doch noch: „Du, Boris, bevor ich gehe, könnten wir doch schnell noch den Rap aufnehmen?“ – „Was denn? Jetzt?“, fragte Boris. „Du willst jetzt einen Rap bringen?“, echote der andere Musiker, der natürlich weiß, dass ich Boris’ Mutter bin und mit Musik nichts am Hut habe. „Hör mal“, erklärte ich ihm: „Ich habe diesen Rap gemacht, obwohl ich natürlich nicht rappen kann. Schon gar nicht als Frau. Ich versuche erst gar nicht an Missy Elliot oder sonst wen auch nur zu denken! Ich mache den Rap als unbekannter zwanzigjähriger Farbiger. Okay?

Und ihr dürft mir hinterher sagen, ob man hört, dass das kein Mann gemacht hat."

Die beiden Jungs blickten ungläubig. Aber man hat ja gute Manieren. Und schließlich ist sie die Mutter von dem einen. Der Beat geht los, schräg-schrille Synthesizerklänge gesellen sich dazu – und ich war ein farbiger, zwanzigjähriger Rapper, der auf der „sunny side of the street" lebt: I'm living near central park / in a seven-chamber flat / and I share it with a sweet black cat / My girl she said / Are you crazy man? / And I said: I do what I can!

Wir nahmen dreimal auf, um verschiedene Effekte auszuprobieren. Als wir's abhörten, dachte ich, da rappt ein Mann, wollte aber Gewissheit: „Und? Glaubt man, dass das ein Mann bringt?" Boris' Freund schaute überrascht: „Ach so. Ja. Stimmt. Du bist ja eine Frau!" Es war stark.

Aber getoppt wurde das dann noch durch deinen Brief! Stell dir vor, an unsere erste Frauenfete habe ich mich erst in der Mitte deiner Erzählung erinnert! Und das, obwohl ich sie dann als übermütiges Event erinnerte. Das mit der verbrannten Kappe war mir vollkommen entfallen.

Auch die Lastkraftwagenfahrer unserer Timmendorfer Fahrt feierten erst Auferstehung, als ich sie vor meinem inneren Auge plötzlich wieder in Timmendorf in der Einkaufsstraße durch die Zweige irgendwelcher Büsche „fein gemacht" einherwandeln sah! Plötzlich erinnerte ich mich auch an diese Fahrt und ihre dunklen Momente.

Wir hatten die Taktik entwickelt, mit den Männern, die uns per Anhalter mitnahmen, intelligente Gespräche zu führen. Ohne uns je darüber zu verständigen, warum wir das machten. Erstens liebten wir solche Gespräche, zweitens wussten wir, dass sie eine zwischenmenschliche Verbindung aufmachten. Natürlich waren wir wahnsinnig, nach diesem Erlebnis weiter zu trampen. Später sogar nach Paris. Und von dort nonstop mit Klopfer zur Côte d'Azur. Welch bodenloser Leichtsinn!

Ich fuhr noch Anfang dreißig per Anhalter. Allein. Aber es gibt immer ein letztes Mal. Ich studierte damals, hatte Freunde in München besucht und wollte nach Berlin zurücktrampen. Das Stipendium war nicht üppig, der klapprige 2CV wieder mal in der Werkstatt. Ich stand da, im leichten blauen Sommerkleid. Damit ich schneller wegkam. Die Autos hielten prompt, fuhren aber nur die halbe oder eine andere Strecke. Der Fahrer eines alten VWs fuhr direkt nach Berlin. Ich machte den Fehler einzusteigen, obwohl ich bemerkte, dass mit dem Mann irgendwas nicht stimmte.

Ich hielt das Gespräch am Laufen. Er lebte allein. Er war Vertreter. Er hatte viel Demütigendes einzustecken. Die Menschen waren nicht nett zu ihm. Niemand mochte ihn. Irgendwann kam der Parkplatz, der seit zweihundert Kilometern in seinem „Tunnelblick" auf uns wartete. Dort hielt er. Eine Wiese, dahinter der Wald mit Vogelgezwitscher. Ich öffnete die Türe. Er sagte, er habe ein Messer im Handschuhfach. Wir sollten etwas weiter weg auf die Wiese gehen. Dann würde er das Messer im Auto lassen.

Ich schwang ein Bein auf den Asphalt. Er nahm das Messer aus dem Fach. Ich begann über Zahlen zu reden. Sie hatten mich während meiner Banklehre immer müde gemacht. Jetzt elektrisierten sie mich. Es gab so viele Menschen. Wie viel Milliarden? Wusste er es? So viel Tiere. Und so weiter. Zahlen stürzten aus meinem Mund, als wären sie es, die meinem Leben einen Sinn geben. Aus den Augenwinkeln sah ich seine Hände. Die eine hielt das Messer, die andere umkrampfte das Lenkrad. Er war bleich wie ein Leichnam. Dicke Schweißperlen lagen auf seiner Stirn.

Plötzlich fuhr ein Auto an uns vorüber und hielt etwa fünfzig Meter vor uns. Ich hätte rausspringen und rüberlaufen können. Aber meine Reisetasche lag auf dem Rücksitz. „Geben Sie mir das Messer", sagte ich zu ihm. „Ich lege es ins Handschuhfach zurück, und wir fahren weiter. Okay?" Er tat's. Wir fuhren weiter. Wortlos.

Zwanzig Kilometer vor der Grenze sagt er, er setzt mich auf dem letzten Parkplatz ab. Weil ich seine Autonummer kenne. So hätte er wenigstens einen kleinen Zeitvorsprung, bevor ich die Polizei einschalten könne. Ich erklärte ihm, ich würde seine Autonummer nicht kennen, da er direkt neben mir gehalten hätte. Ich würde mit ihm zur Grenze fahren und dort aussteigen. Ich hätte nicht die Absicht, die

Polizei einzuschalten. Er wäre ein netter Mann, der sehr unglücklich und einsam sei. Aber ich hätte gesehen, dass er sich beherrschen könne. Er solle das niemals wieder versuchen. Bei keiner Frau. „Das da auf dem Parkplatz ... das haben Sie doch nicht nötig. Das machen Sie doch nie wieder!? Versprochen?“ – „Danke“, sagte er. „Danke. Für Ihr Vertrauen!“

An der Grenze stieg ich aus, drehte ihm den Rücken zu und winkte mit erhobenen Armen so lange, bis er sich in Sicherheit wusste.

Stimmt! Du hattest mir von dem Mann erzählt, der dich am Waldrand vergewaltigen wollte! Auch das hatte ich vergessen! Offenbar verdränge ich wie viele Frauen solche Erlebnisse (die anderer wie meine eigenen), um den aufrechten Gang beizubehalten. Um nicht als paranoides Nervenbündel durch die Welt zu stolpern. Um sie mir nicht wegnehmen zu lassen!

Timmendorf, Alice! Ich erinnere mich an die Harmlosigkeit dieses Badeortes. Wir waren die Nordsee gewohnt. Mit Ebbe und Flut. Mit hohen grünschwarzen Wellen, und vermissten den ständigen Wind und die Schreie der Möwen. Sanfte Enttäuschung sickerte in uns ein. Wir gestanden einander, dass die adrette, legokastenähnliche Ortschaft eher abstoßend auf uns wirkte.

Der Strand war voller Kinder. Sie buddelten im Sand und paddelten im Rettungsring bunter Plastikenten im Wasser herum. Sie schrien, lärmten und jauchzten. Wir sahen uns an. „Sieh mal“, sagtest du. „Sie sitzen sogar in den Bäumen“, und du zeigtest auf ein paar krüppelige Kiefern, die im kargen Sand ums Überleben kämpften. In der Tat: Sie hingen wie Kürbisse in den Bäumen. Uns war vorher nie aufgefallen, wie viele Kinder es auf der Welt gibt. Mit 19 waren wir unserer eigenen Kindheit noch zu nah, um beim Anblick kreischender Kids feuchte Augen zu kriegen.

Völlig vergessen hatte ich dein späteres Studium in Vincennes, an der „roten“ Fakultät. Die meisten meiner damaligen männlichen Kommilitonen hätten ohne weiteres zehn Jahre ihres Lebens hingegeben, um den großen Foucault zu hören! Und dass du mal Innenarchitektin werden wolltest und die Schreinerlehre schon in der Tasche hattest. Aber stimmt, du hattest immer schon ein Händchen für Räume, Stoffe und Farben. Wie du mit wenig Geld dein Zimmer in der Tannenbergstraße eingerichtet und die Apfelsinenkisten schlingpflanzengrün anmaltest und ihrer neuen Bestimmung als Bücherregal zugeführt hast ...

Doch dass man uns mit 18 ein lesbisches Verhältnis unterstellte, daran erinnere ich mich nur verschwommen. Wahr ist, dass wir nie auf den Gedanken kamen, unsere Zuneigung „für Liebe auch im erotischen Sinn zu halten" (Zitat Alice). Wenngleich ich mich ein Jahrzehnt später (in einer Beziehung mit einem Lover steckend) plötzlich einiger Szenen vor unserem gemeinsamen Einschlafen erinnerte. Wenn wir uns schon vom Tagesbewusstsein verabschiedet hatten und zusammen in einem Bett schliefen. Ich erinnerte mich an ein oder zwei Momente, in denen ich mit gedehnten Blicken deinen blonden Kopf betrachtete (du lagst von mir weggewandt), und irgendwelche Küsse geisterten durch mein Halbbewusstsein, bevor mich der Traum mit sich nahm. Im Wachbewusstsein gab es diese Szenen nicht.

Unseren homosexuellen Freund Z. haben wir gemeinsam auf einer Zugfahrt von Düsseldorf nach Wuppertal kennen gelernt, das heißt, du warst ihm am Vortag schon auf der gleichen Strecke begegnet. Er hatte dich angesprochen und war sehr interessiert an dir. Du erzähltest mir von ihm, warst aber wegen deiner Love-Story mit M. uninteressiert. („Ein Mann reicht mir!") Also richtete Z. seine Aufmerksamkeit auf mich.

Er liebte es, sich mit Frauen ins Nachtleben zu stürzen. Die letzte war ihm abhanden gekommen. Sie hatte geheiratet: „Mich hätte er nehmen sollen", flötete Z. Als Erstes wurden mir die Blue Jeans vergrault: „Nicht, wenn wir ausgehen, Babsi!" Als Zweites wurde Enthaarungscreme gekauft. Er ließ es sich nicht nehmen, mich persönlich von Achselhaaren und Schienbeinhärchen zu befreien! Als Drittes kam „das kleine Schwarze" dran. „Wir müssen deine Schlankheit betonen, Babsi", sagte er. Hierin war er sich mit dir einig. Auch du runzeltest die Stirn, wenn ich in bunt bedruckten, weiten Blusen, die einer Schwangeren im fünften Monat gestanden hätten, zu unseren Verabredungen kam – in der Hoffnung, dadurch fülliger zu erscheinen.

„Du hast einen schönen Rücken“, sagte Z. sinnend, während einer der unzähligen Anproben. „Den werden wir mit einem Rückendekolletee herausarbeiten. Und vorne machen wir einen schlichten U-Boot-Ausschnitt. Denn da haben wir ja so gut wie gar nichts, mit dem wir brillieren können.“ Trällernd machte er sich an die Arbeit. Steckte den Saum höher, steckte ihn tiefer, machte die Taille enger und den Rock schmaler. Und zwischendurch schritt er eine imaginäre Treppe hinunter und sang: „Wer mich küsst, ist verloren und kommt niemals los von mir...“ Das entschädigte mich für die anstrengenden Anproben.

Wie du dich erinnern wirst, war Z. ein Perfektionist. Nicht nur als Schneider. Er hatte eine ausgesprochen strenge Vorstellung von Ordnung, was bald zu Reibereien zwischen uns führte. Er hatte aber auch – und das war sicherlich einer der Gründe, warum ich mit ihm rumzog – ein leidenschaftliches Verhältnis zur Sprache. Wie eine Frau. Sprache als sich mitteilende, suchende, reflektierende und verbindende Sprache; als eine, die zum anderen nicht nur eine Beziehung herstellt, sondern auch verführen will. Er lachte gern. Wir gingen ins Kino. Er war sieben Jahre älter als ich. Er hatte ein paar Jahre Ballettunterricht genommen, drehte Pirouetten auf der Straße und konnte immer noch springen wie Romeo, wenn er auf seinen geliebten Julien trifft.

Er vergötterte Marlene Dietrich und Zarah Leander. Viel später erzählte er mir, er hätte mal eine Zeit lang mit der Fassbinder-Clique zusammengewohnt und gearbeitet. Das muss schon in München gewesen sein. Als Kostümbildner, „Mädchen für alles“ und Komparse. In schmucker Soldatenuniform stand er zwischen anderen Soldaten am Fuß einer endlosen Treppe, die Hanna Schygulla hinunterschritt, während sie die „Lilli Marleen“ singt.

An der Seite von Z. – er im eleganten Jackett und gebügelten Hosen – betrat ich im „Tiffany-Kleid“ die (Halb-)Welt Champagner saufender Überlebenskünstler. Vor dem Eintritt in diese Welt hatte er mich noch einer letzten kritischen Prüfung unterzogen. Der Lippenstift, den ich mitgebracht hatte, um meinen Beitrag zum neuen glamourösen Outfit zu leisten, wurde verworfen. „Wir betonen nur deine Augen“, summte Z. „Kein Schmuck. Nichts!“

Ich erinnere mich an ein Etablissement, in dem eine aufregende Rothaarige mit wenig mehr als ihren Perlen bekleidet auf der Bühne stand und sang. Es waren nicht mehr als eine Hand voll Männer in dem Lokal. Z. und ich saßen an der Bar. Die Sängerin tuschelt irgendwas mit dem Kellner, und der kommt zu mir und fragt, was er mir zu trinken bringen darf. „Sie trinkt nur Coca-Cola", juchzte Z. „Aber zur Feier des Tages darf ein Eiswürfel drin sein. Was meinst du, Babsi?"

Dann flüsterte er mir zu, da hätte ich ja eine irre Eroberung gemacht. Und der Kellner kam nochmal und fragte, ob wir uns nicht an den Tisch direkt vor der Bühne setzen wollten? Die Sängerin würde außerordentlich entzückt darüber sein. Als wir dann da sitzen, kommt die Schöne, beugt sich über mich, nimmt mein Kinn zwischen Daumen und Zeigefinger und hebt mein Gesicht zu sich empor. „Du bist etwas ganz Besonderes, meine Liebe", sagt sie. „Weißt du das?" Ich schaute sie völlig verklärt an, und sie fügt an Z. gewandt hinzu: „Oh Gott, wie entzückend! Jetzt errötet sie auch noch!" – Den nächsten Song singt sie nur für mich, sagte sie. Und während sie sang, sah sie mich mit ihren dunklen Augen unverwandt an.

Wusstest du übrigens, dass Z. eine Buchhändlerlehre gemacht hatte? Deshalb all diese Bücher. Doch, wir lasen den ‚Ulysses' von Joyce zu Ende, wenn auch in einer miserablen Übersetzung.

Barbara und Alice im Zimmer von Alice um 1960.

Barbara und Alice in ihrem ersten gemeinsamen Urlaub auf Norderney 1961.

Flaubert, Sartre, Musil. Und tatsächlich musste Z. für drei Monate in Wuppertal-Barmen ins Gefängnis. Für die Knutscherei mit einem Mann im Hauseingang. Er hatte die Strafe auf Bewährung bekommen, und die wurde rechtskräftig, als man ihn mit Robert Musils ‚Mann ohne Eigenschaften' und einem Gedichtband von Else Lasker-Schüler erwischte.

Ich umarme dich,
deine Barbara

PS: Sag, hast du unter den Szenen, die deine Großmutter anscheinend zu machen pflegte, eigentlich wirklich gelitten?

20. April 2004
(Hitlers Geburtstag, wie es bei uns zu Hause immer sarkastisch hieß.)

Liebste Barbara,

bis gestern hatte ich eine Terminarbeit nach der anderen. Erst ‚Emma'-Redaktionsschluss und dann alles, was sich in der Zeit immer aufstaut und nicht minder dringend erledigt werden musste ... Ganz zuletzt habe ich meine Kolumne geschrieben: über das friedliche Europa und die unfriedliche Welt. Ehrlich gesagt, ich weiß gar nicht, ob solche Kolumnen überhaupt gelesen werden. Und vielleicht sind sie ja auch eine überholte Form. So wie diese wichtigtuerischen Kommentare in Tagesthemen, während deren sicherlich nicht nur ich immer zur Toilette gehe oder zappe.

Jetzt endlich meine Antwort auf deinen Brief vom 25. März – der ja fast schon einen Monat alt ist. Diese Szene im Nachtclub mit Z. erinnert mich fatal an Marlene Dietrich in ‚Marokko'. Du weißt doch: Wo sie die sündige Sängerin im Smoking ist, die plötzlich ihre langen Beine über die Barriere zwischen Bühne und Publikum, das an Tischen versnobt Champagner trinkt, schwingt, das Gesicht der dekolletiertesten Schönen zu sich hochzieht und – sie auf den Mund küsst. Ziemlich lange. Sehr sexy. Und umso abturnender, wenn Marlene am Ende des Films dann barfuß im Kreis der Marketenderinnen, wie die Prostituierten im Krieg so nett heißen, auf den Spuren ihres Legionärs in die Wüste zieht. Auch wenn der Legionär Gary Cooper war (aus dem ich mir noch nie was gemacht habe: zu sportlich).

Habe ich dir bei unseren gemeinsamen Urlauben in Norderney, Timmendorf und St. Tropez (oh ja, wir waren steigerungsfähig!) eigentlich gestanden, dass ich nicht schwimmen konnte? Oder habe ich das sogar vor dir verborgen? Die Sache war irgendwie schändlich, aber wahr. In der Schule hatten wir keinen Schwimmunterricht gehabt, weil die Turnhallen in den 50ern ja oft noch in Trümmern lagen. Und im Freibad – wo wir ja in den Ferien mit geschmierten Broten, Zitronenwasser und Niveacreme hinzockelten – hatten manche Jungs die fiese Angewohnheit, die Mädchen zu „döppen“, also unterzutauchen. Darum hielt ich mich fein fern vom tiefen Wasser. Und den Frauen meiner Familie, meiner Mutter und Großmutter, zu deren Gewohnheiten es ja nicht unbedingt gehörte, mit mir Badeausflüge zu machen, habe ich auf ihre zerstreute Nachfrage vorgeschwindelt: Ich kann schwimmen, klar! Die beiden schwammen nämlich wie die Fische.

Ich war weit über 30, als ich endlich anfing, Schwimmunterricht zu nehmen. Erst bei Freundinnen, dann irgendwann ganz professionell: bei einer Kölner Sportstudentin, immer morgens um acht, vor der ‚Emma‘ und vor dem Publikumsansturm im Agrippabad, zusammen mit unserer damaligen Grafikerin Anne. Anne konnte partout nicht auf dem Rücken schwimmen, und ich nicht auf dem Bauch. Ich glaube, die drahtige Sportstudentin fand uns beiden Mädels nur peinlich. Aber sie musste Geld verdienen.

Inzwischen kann ich sogar ein Schwimmbecken längs durchqueren und auch auf dem Bauch. Und im Meer traue ich mich auch in etwas tiefere Gewässer, aber nie allzu weit entfernt vom sicheren Standbein. Denn sobald Wellen kommen, kriege ich noch immer eine panische, völlig irrationale Angst. Aber das hat weniger mit meinen matten Schwimmkünsten und mehr mit meinem Unfall bei dir in Portugal zu tun. Anno 1966/67, als du noch Mutter und Hausfrau deines portugiesischen Ehemannes warst. Noch heute spüre ich den Schrecken, der mich ergriff, als auf dem Steg die haushohe Atlantikwelle auf Bruno und mich zurollte, mich auf die Steine schlug und um Haaresbreite in das tobende Meer gezogen hätte!

Lass uns das Spiel Wer-erinnert-sich-an-was doch nochmal an den drei Wochen Norderney durchexerzieren, unseren allerersten gemeinsamen Ferien. Das war 1961. Erinnerst du dich? Wie wir hingekommen sind, weiß ich nicht mehr. Vermutlich ganz brav mit dem Zug. Und mit einer Reisegesellschaft, weil die zu Hause das sicherer fanden. Die Ahnungslosen.

Wir wohnten ebenerdig in einer kleinen Pension mitten in Norderney, hatten wie immer wenig Geld, aber einmal am Tag Essensmarken von unserer Reisegesellschaft. Die haben wir dann abends, gleich nach dem Strand und vor dem Tanzengehen, verfressen. Es war ein warmer Sommer, und wir gingen immer in Jeans und barfuß (was mir prompt nach den Ferien die Lungenentzündung eingetragen hat). Im Restaurant hatten wir die Angewohnheit, dass die eine die Füße auf die Füße der anderen stellen durfte. Für zehn Minuten, und dann war Stellungswechsel. Aber du hast oft vergessen, dass du dran warst (oder hast du nur so getan?). Und ich habe dann meine Füße die ganze Zeit sehr vergnügt und gemütlich warm auf deinen Füßen stehen lassen.

In unsere Pension schlendern sehe ich uns eigentlich nur immer gebogen vor Lachen. Ich hatte damals schon die üble Angewohnheit, in die Hose zu machen, wenn ich lache. Und einmal stürzten wir wieder mal geschüttelt vor Lachen ins Haus und rasten auf die Toilette im Flur zu. Aber die war besetzt. Jetzt war's für mich zu spät. Ich stand vor der Toilette – und während die Pensionswirtin mich in eines ihrer zahllosen neugierigen Gespräche verwickelte, rann es mir warm die Jeans runter ... Und du standest fast platzend vor Lachen daneben. Entsetzlich. Auch wenn die Gute nichts gemerkt hat. So ein Jeansstoff ist eben saugfähig. Und die sich langsam vergrößernde Lache um meine nackten Füße rum hat sie übersehen.

Ich erinnere mich auch, dass du – selbst für damalige Verhältnisse – eigenartig prüde warst. Beim Umziehen in unserem gemeinsamen Zimmer pflegtest du die Flügeltüren des gewaltigen Schrankes aufzuklappen und dich hinter diesen Türflügeln, außerhalb meines Blickes, umzuziehen. Ich fand das leicht übertrieben, habe aber nichts gesagt. Im Rückblick finde ich es noch eigenartiger, wenn man die emotionale Intimität unserer Beziehung bedenkt – oder war es gerade deshalb so? War vielleicht die Ambivalenz zu hoch?

Und abends gingen wir tanzen. Klar. Jeden Abend. Unser Lieblingskeller hieß ‚Seebär' oder so ähnlich. Und ein uns damals alt und peinlich scheinender Mann spielte da Schifferklavier und sang Lieder, die oft so zweideutig waren, dass wir uns verpflichtet fühlten, pikiert zu gucken. Aber was anderes gab's nicht auf Norderney.

Du hattest in dem Sommer keinen bestimmten Flirt, mir ist nur so ein Pianist im Haus gegenüber vage im Gedächtnis, der bei offenem Fenster spielte und dich anschmachtete. Aber bei mir tauchte irgendwann dieser Joachim auf. Ein leicht untersetzter Jurastudent aus Norddeutschland, sah aus „wie der junge Orson Welles", befand ich, der seine Semesterferien in der Spülküche eines Restaurants auf Norderney verbrachte. Eigentlich hätte ich mir den sparen können, aber er hatte es geschafft, mich durch seinen scharfen Rock'n' Roll und das Deklamieren von Versen – von wem wohl? – von Boris Vian zu beeindrucken!

Vian hatte ja während des Algerienkrieges der Franzosen das Kult gewordene Lied eines Kriegsdienstverweigerers (worauf damals in Frankreich Gefängnis stand) geschrieben und auch gesungen: „Monsieur le Président, je vous écris une lettre ..." Zehn Jahre später habe ich mich übrigens in Paris mit Michelle, der Frau von Boris Vian, befreundet. Da war der schon tot und sie schon ewig die Geliebte von Sartre. Aber das ist wieder eine andere Geschichte.

Damals war ich auf jeden Fall schon wieder schwer beeindruckt von diesem Boris deklamierenden Joachim. Aber der hatte es auf was ganz anderes abgesehen.

Haben wir damals eigentlich über die Geschichte gelacht, die ich dir todsicher gleich danach en détail erzählt habe? Die Geschichte, wie der mit mir an einem seiner spülfreien Nachmittage mit dem Bus raus zur Weißen Düne gefahren ist. Anscheinend wussten alle, was das heißt, wenn einer mit einem zum FKK-Strand an der Weißen Düne fährt. Nur ich natürlich mal wieder nicht. Also: Dieser Joachim sitzt neben mir an dem ziemlich einsamen FKK-Strand hinter einer Düne, und ich merke angeblich mal wieder gar nichts. Das war ja immer schon meine Tour, mit der ich bis heute eigentlich auch ganz gut durchgekommen bin. Aber diesmal wurde die Lage doch so mulmig, dass ich irgendwann aufstand und um die Düne rumschlenderte – da kommt mir ein nackter Mann entgegen.

Ich sause im Affenzahn zurück zu Joachim, lasse mich neben ihn fallen und stammle entgeistert: E-i-n n-a-c-k-t-e-r M-a-n-n! Da guckt er mich in einer Mischung von genervt und ironisch sein an und sagt, ich erinnere mich wörtlich: „Daran wirst du dich wohl gewöhnen müssen ..." Und dann sind wir wieder in den Bus gestiegen und zurückgefahren. Er hatte vor der Wucht meiner geballten Harmlosigkeit einfach resigniert.

Und ich habe dir vermutlich die ganze Geschichte brühwarm erzählt. Vieles machte man in dem Alter ja auch überhaupt nur, um es der besten Freundin zu erzählen. Aber mit welchem Tenor habe ich dir diese Geschichte erzählt? Selbstironisch? Oder bierernst?

Und weißt du noch, wie wir ein Jahr später auf dem Rückweg von Timmendorf bei eben diesem Joachim in Hamburg Halt gemacht haben? Er hatte ein möbliertes Zimmer in Pöseldorf, wo ich ihn besucht habe. Und du Hundsgutes hast irgendwo in einem Café gewartet. Und dann ist etwas passiert, was mir meinen tollen Vian-Rezitator schlagartig entzaubert hat. Er hatte den ‚Stern' auf dem Tisch liegen, in dem die damals obligatorische Sommerreportage über Saint-Tropez drin war mit den üblichen Yachten und Bikinimädchen an Deck. Und der tolle Joachim zeigt doch tatsächlich auf eine dieser banalen Blondinen und sagt mit stolzgeschwellter Brust: „Die kenne ich persönlich." – Ich habe mich fünf Minuten später unter einem matten Vorwand verabschiedet.

Und wir haben dann noch die Nacht in Hamburg durchgemacht. Zum zweiten Mal. In Jazzkellern und mit Fischsuppe morgens um fünf auf dem Fischmarkt. Das war die Nacht, wo ich den ganzen Abend in einer Ecke hockte, weil du dich kurzfristig in einen Norweger verguckt hattest und nicht mehr vom Blues auf der Tanzfläche zurückkamst.

Liebe Barbara, wenn deine Kommilitonen schon zehn Jahre ihres Lebens für die En-passant-Vorlesungen (bzw. Diskussionen, ganz im 68er-Stil) bei Foucault gegeben hätten – was hätten sie dann nur für mein Interview mit Foucault in dessen Küche gegeben? Tja ... 1971 war das. Er wohnte in so einem seelenlosen Neubaukomplex in der Nähe der Metrostation Grenelle, seine Wohnung sah von innen so aus wie das Haus von außen, zumindest die Küche, die von einem Hauch Ikea durchweht war. Ich saß mit ihm am Küchentisch, und wir redeten über die Reform der Psychiatrie, in der er sich ziemlich aktiv engagiert hatte, und über den so genannten „Mini-Mai“ von 1971. Damals gab es in Frankreich eine zweite, kleinere Studentenrevolte, die die Machthaber aber ziemlich nervös machte, vor allem, weil die in den Fabriken „vor Ort“ arbeitenden Maoisten (du erinnerst dich: die rote Mao-Bibel!) etliche wilde Streiks und Fabrikbesetzungen organisiert hatten. Damit sympathisierte Foucault. Ab 68 hat man ja nie nur geredet bzw. geschrieben, sondern immer auch gehandelt.

Ich war später vor allem von Foucaults Texten über Sexualität angetan, fand sie dann aber bald irritierend wegen ihrer fatalen Verknüpfung von Lust mit Gewalt und Tod. Im Leben war er ein wenig verklemmt, aber freundlich, gehörte jedoch zu der Sorte Homosexueller, bei denen man als Frau das Gefühl hat, Luft zu sein. Was ja immer ärgerlich ist.

Ein Halbsatz in deinem letzten Brief hat mich aufmerken lassen: Ob ich unter den Schreiszenen meiner Großmutter zu Hause denn überhaupt gelitten hätte, fragst du. Ich bin fassungslos, dass du das fragst. Anscheinend habe ich dir zwar vieles gesagt, aber keineswegs alles, und leider auch nicht alles, was für mich wichtig war. Doch vermutlich war das bei dir nicht anders. Denn natürlich war diese destruktive Art meiner Großmutter – die einfach mit ihrem ganzen verdammten Leben als Hausfrau unzufrieden war, um es gelinde zu formulieren, und diesen Frust ungehemmt an meinem so lieben Großvater ausließ – die Hölle. Für uns alle. Mich hat sie zwar geliebt, vielleicht als Einzige, und vor mir hatte sie auch Respekt, aber die anderen ... Und wenn ich mich schützend vor meinen Großvater stellte, kriegte sie noch mehr die Wut – und er musste es ausbaden. Es konnte sehr hart sein.

Und vielleicht ist das ja eines meiner zentralen Motive für meinen Weg. Oder, wie es in der Psychologie heißt: Wahrscheinlich handele ich im (unausgesprochenen) „Auftrag der Mutter“ (die in meinem Fall die Großmutter ist). Weil ich gesehen habe, wie schief das gehen kann, von Frauen zu erwarten, dass sie glückliche Hausfrauen sind – und von Männern, dass sie steile Karrieren machen. Nun ja. Wie schwierig es auch heute für uns und unsere Töchter (und Söhne) sein mag: Das alles ist kein Vergleich mit dem Dilemma, in dem unsere Mütter und Großmütter steckten.

Apropos Sohn: Kann ich die CD mit dem Rap, den du mit Boris aufgenommen hast, nicht haben? Ich bin gespannt, ob du wirklich klingst wie ein Mann – oder ob die Jungs dir nur einen Gefallen tun wollten.

Liebe Barbara, antworte bald. Ich warte.

Deine Alice

PS: Worüber haben wir eigentlich in Timmendorf nochmal so schrecklich gestritten?

Berlin, 28. April 2004

Liebe Alice,

worüber wir in Timmendorf gestritten haben, ist mir entfallen. Aber ich weiß noch, dass du auf dem Höhepunkt unserer Meinungsverschiedenheit so zornige Blitze schleudertest, dass ich es vorzog, unser Zimmer zu verlassen. Als ich die Hand auf die Türklinke lege, schriest du: „Neeeiiin!", und da sauste eine Untertasse (von unserem Frühstückstablett) haarscharf an meinem Kopf vorbei!! Ich drehte mich verblüfft um: „Alice! Die hätte mich fast getroffen?!" – „Na uuund?", riefst du. Und schon kam die zweite! Auch sie verfehlte mich nur um Zentimeter! „Dass du so zielsicher bist, hätte ich nicht vermutet!", sagte ich anerkennend. „Sieh mal, ich hätte tot sein können, aber die verdammten Tassen sind nicht zu Bruch gegangen." – „Gott sei Dank!", säuseltest du plötzlich, weil dir die Reaktion der Pensionswirtin vor Augen stand. Und schon prusteten wir los ...

Kannst du dich denn nicht an die Gründe unserer Auseinandersetzung erinnern? Ich weiß nur noch, dass die Rollenverteilung einer mehr oder weniger zuverlässigen Dramaturgie folgte: Dein Part verlangte von dir empört-zornige Gesten, und ich hatte die kühle Diplomatin zu mimen. Wie bei meiner Mutter. Aber – es gab bei unseren Auseinandersetzungen einen Unterschied: Ab irgendeinem Punkt unserer wilden Diskussionen fielen Bemerkungen, die nicht ganz humorlos waren. Und es fiel uns schwer, unsere heißblütig-kühlen Rollen durchzuziehen. Das Resultat war, dass die eine der anderen nachdrücklich versicherte – nachdem die letzten Wolken verraucht waren –, sie allein trage die Schuld am Desaster!

Ob das etwas Exemplarisches in den Beziehungen zwischen besten Freundinnen ist? Die uneingeschränkte gegenseitige Bejahung? Allen Unterschiedlichkeiten und Differenzen zum Trotz. Was meinst du? Ich erinnere mich jedenfalls nicht, dass wir uns jemals im Streit getrennt hätten. Noch bis in die Münchner Zeit hinein, also bis zwanzig, unterhielt ich mich noch weiter mit dir, selbst wenn wir nicht zusammen waren: Was ich vergessen hatte dir zu sagen oder dich zu fragen oder dir unbedingt erzählen musste. Denn alles war interessanter und auch erträglicher, weil man es miteinander besprechen konnte.

Mir fällt rückblickend auf, dass ich damals über dich nicht in der dritten Person dachte, nicht dachte, ich will sie dieses oder jenes fragen. Du warst du. Alice. Was sonst? Und ich denke mal, dass du mir – ohne es zu beabsichtigen, sondern einfach weil du eben du warst – ein äußerst positives Bild vom Menschen vermittelt hast. Wenn es dich gab, dann konnte die Welt so schlecht nicht sein! Das dürfte auch der Grund dafür sein, warum ich unsere gemeinsamen Jahre zwischen 14 und 21 als eine Zeit der (relativen) Unschuld erinnere.

In die fiel allerdings auch meine zweieinhalbjährige Lehre bei der Bank für Gemeinwirtschaft mit dem Abschluss „Bankkaufmann". So hieß das damals. Ich erröte heute noch, wenn mir der konsternierte Beamte vom Arbeitsamt einfällt, dem ich vor Jahren auf seine Frage, welchen Beruf ich gelernt hätte, mechanisch antwortete: „Bankkaufmann." – Er korrigierte mich kopfschüttelnd: „Sie meinen Bankkauffrau."

Doch zurück zur BfG in Wuppertal: Nach meinem wenig spektakulären Debüt in der Registratur wurde ich in die Devisenabteilung versetzt. Dort erwarb ich mir den Ruf, ein wenig zurückgeblieben zu sein. Man schickte mich zu Annette in die Telefonzentrale. Da konnte ich nichts falsch machen. Annette war Anfang dreißig. Eine temperamentvolle, intelligente Ungarin. Annette mit ihrer umwerfenden Figur, ihrer schwarzen Haartolle über der Stirn und ihren schräg geschnittenen bernsteinfarbenen Augen in ihrem herzförmigen Gesicht half mir auf die Sprünge. Ich solle nicht nach einem „Sinn" hinter den Arbeitsvorgängen suchen. „Es gibt keinen!", sagte sie.

Anders als bei der Firma Happich, in der die Sachbearbeiter in der Regel Männer waren, war es in der BfG geradezu umgekehrt. Sämtliche Abteilungen wurden von Frauen geleitet. Keine Ahnung, warum. Nur der Personalchef war männlich, und natürlich die Chef-Etage, der Olymp im fünften Stock, mit dem Direktor, Stellvertreter und den Herren vom Kreditwesen. Ich wurde nach meiner Lehre als Leiterin der Scheckabteilung „übernommen".

Auch die von mir verehrte Annette hatte zunächst als Leiterin der Wechselabteilung gearbeitet (deine Koketterie im Hinblick auf Eifersüchteleien hab' ich dir nie abgenommen. Du wusstest doch: Du warst außer Konkurrenz). Sie wurde aber durch die Intrige einer Kollegin ausgebootet und landete im Keller in der Telefonzentrale. Bitter war Annette ob der Geschichte nicht geworden. Sie hatte in der Telefonzentrale Zeit, eine Menge Bücher zu lesen und Telefonate zu führen. Sie war von Verehrern umringt, und der schlaksige, gelbäugige Imre hatte mit seinem Liebeswerben auch schon begonnen.

Doch jetzt zu uns! So, so, liebe Alice, du erinnerst dich, dass ich „selbst für damalige Verhältnisse eigenartig prüde war"? Ach was?! Und mich auf Norderney im gemeinsamen Zimmer hinter den Flügeltüren eines gewaltigen Schrankes umzog? Sag mal, hab ich dir nicht vorher noch die Augen verbunden? – Provokation! Ich will jetzt mal einen objektiven Zeugen, den großen Duden, zu Rate ziehen: Prüde (lat.-vulgärlateinisch): in sittlich-erotischer Beziehung sehr empfindlich und engherzig, zimperlich, spröde. Prüderie, Zimperlichkeit, Ziererei. Nun?

Soll ich dir was sagen? Zwar könnte ich heute noch unter tausenden deine Hände und Füße herausfinden, muss mich aber rückwärts gewandt fragen, ob ich dich je ohne einen Fetzen Stoff am Körper gesehen habe? Wenn ich mich messerscharf erinnere, sehe ich dich in Jeans, die – wie durch ein Wunder – plötzlich gegen ein weißes, züchtiges Nachthemd bis zum Kinn vertauscht worden waren.

Ich darf dir ja heute gestehen, dass ich mir damals ein Lachen verkneifen musste, als du mir mit runden Augen von den Nackten hinter der ‚Weißen Düne' erzählt hast! Wir haben die Geschichte allerdings nicht sonderlich lustig gefunden. Du erzähltest sie mit einer Mischung aus Selbstironie, Verwirrung und Empörung (was den Joachim betraf). Ein bisschen Verzweiflung spielte auch hinein.

Verliebt wie du warst, fandest du es „unerträglich, gemein, rücksichtslos und unverschämt“ von ihm, dich unbedingt ins Bett kriegen zu wollen. Erinnerst du dich noch an den Abend, bevor du mit ihm Schluss machtest? Mich hast du als deinen Bodyguard mitgenommen, und das Orson-Welles-Double zog ein langes Gesicht, als er begriff, dass er den Abend zu dritt verbringen würde.

Wir hockten in einem Tanzlokal, und irgendwann zog er eine Karte aus dem Ärmel, mit der er den Stich machen wollte: Er begann mit mir zu flirten, um dich „weich zu klopfen“. Wir tauschten einen Blick – welch armseliges Schauspiel wurde uns geboten! – und drängten auf Aufbruch. Als wir in unserem Pensionszimmer ankamen, warfst du dich schluchzend aufs Bett. Zwischen Schluchzen und Weinen war zu hören, wie primitiv und kindisch und so weiter du ihn finden würdest. Überwältigt von Traurigkeit, gekränktem Stolz und ratloser Empörung. Hilflos fragtest du: „Warum? Warum?“ Fragtest es dich, mich, die Welt. Und ich rannte und holte Tempo-Taschentücher. „Er ist so charakterlos, er ist so ... so ...“, und alles ging erneut in Schluchzen unter. Du sahst sehr rührend aus, wenn du weintest (was eine Seltenheit war).

Deine Barbara

PS: Dein Interview mit Foucault und der Hauch von Ikea in der Küche! Ich war ja nie ein Fan von ihm, eben wegen dieser fatalen Vermischung von Sexualität und Gewalt. Davon wollten die Jungs in der Uni nichts hören, mussten sie aber, obwohl sie nichts unversucht ließen, mich in die Ecke der frustrierten Ziegen zu drängen.

1. Mai 2004

Liebste Barbara,

immer, wenn ich deine Briefe lese, muss ich mich sofort hinsetzen und antworten! Ich bin noch auf dem Land. Vor meinem Fenster ein Meer von Lindenblüten, leicht lädiert durch einen wasserfallartigen Regen gestern. Gleich kommen Gäste, und morgen früh fahre ich auf die Lesereise durch Franken und Bayern. Deinen Brief habe ich gestern bekommen (Deine CD hör ich mir auf der Autofahrt an – bin mal gespannt, ob du wirklich klingst wie ein Mann!).

War ich wirklich so heftig früher, dass ich gleich zweimal eine Untertasse nach dir geworfen habe in Timmendorf? Schande. Ich weiß natürlich, dass ich so war, ich hatte das von meiner Großmutter. Aber ich habe das bei ihr gehasst, weil es so destruktiv war und mein Großvater so darunter gelitten hat. Zum Glück habe ich in dem Punkt nur einen Bruchteil von ihrem Zorn. Sie war, glaube ich, depressiv und ziemlich verhärtet, weil so perspektivlos. Bei mir war die Rage von Anfang an gemildert durch meine durchgehend wohl eher sonnige Art. Und in den Jahren hat es mir sicher auch sehr geholfen, dass es dich gab. Dass ich nicht allein war. Dass ich ein Alter Ego hatte. Dass ich mich verstanden fühlte.

Aber heute kann ich es dir ja verraten: Gerade aus Horror vor der Hemmungslosigkeit meiner Großmutter waren meine Wutanfälle trotz aller Spontaneität gleichzeitig sehr beherrscht. Ich wusste immer genau, was ich tat. Nie hätte ich auf einen Menschen geworfen, sondern immer nur gezielt daneben. Und nie hätte ich teures Porzellan zerdeppert, sondern immer nur billiges. Aber trotzdem: Solche Anna-Magnani-Anfälle – du erinnerst dich an den Teller Spaghetti, den sie ihrer Konkurrentin Ingrid Bergman in einem

Restaurant in Rom ins Gesicht geworfen hat? – sind ja nicht jedermanns Sache.

Es hat übrigens recht lange gedauert, bis ich mir das wirklich ganz abgewöhnt habe. Fast ganz abgewöhnt. Bis ich begriffen hatte, wie das auf andere wirkt: nämlich einschüchternd und erschreckend. Was natürlich nie meine Absicht war. Es ist eher eine innere Explosion, ein heftiger Schmerz, ein Sich-nicht-verstanden-Fühlen, glaube ich.

Vermutlich habe ich mir mit solchen Ausbrüchen früher so manche Aggression zugezogen, ohne zu begreifen, warum. Wie man ja überhaupt im Leben erst mit der Zeit und unter Schmerzen lernt, den wahren Ursachen für das, was man tut, auf die Schliche zu kommen; die Kluft zwischen Selbstwahrnehmung und Fremdwahrnehmung zu erkennen. Ich glaube, ich habe fast 40 werden müssen, bis ich anfing, bewusst über solche Fragen nachzudenken. – Aber du scheinst es mir ja nicht wirklich übel genommen zu haben?

Erinnerst du dich, wie ich direkt nach Norderney eine mysteriöse Krankheit bekam und wochenlang im Krankenhaus lag? Die Alice, eine alte Kindheitsfreundin, der ich in der Zeit geschrieben habe, hat mir jüngst eine Kopie des Briefes geschickt. Meine Schrift ist ganz wirr und krakelig. Wie bei einem alten, verwirrten Menschen. Ich glaube, irgendwie war die Sache knapp. Ich lag in demselben katholischen Krankenhaus, in dem ich im Alter von zehn Jahren beinahe an einem Blinddarmdurchbruch gestorben wäre. Damals hatten sie mich zwei, drei Tage lang ins Badezimmer gelegt, hinter einen Plastikvorhang, zum Sterben. Denn sie konnten mich nicht operieren wegen des hohen Fiebers. Das Einzige, was ich zu mir nahm, war lauwarmer Kamillentee aus so einer widerlichen Schnabeltasse. Seither trinke ich keinen Kamillentee mehr.

Und als ich dann acht Jahre später wieder mit so extrem hohem Fieber da eingeliefert wurde, steckten die mich diesmal zwar nicht ins Badezimmer, aber in ein Einzelzimmer (statt ins übliche Vierbettzimmer). Und andauernd kamen Ärzte und guckten mich nachdenklich an. Und als mich sogar meine Großmutter, die aus Prinzip nie ein Krankenhaus betrat („Da riecht es so komisch“), besuchte, da wusste ich: Es ist ernst. Irgendwann besserte sich dann die Lage, und sie gestanden mir, es hätte Verdacht auf Kinderlähmung bestanden. So knapp geht das manchmal im Leben. Dann wäre ich heute behindert – und Feministin wäre ich vermutlich auch nicht. Zumindest keine öffentliche. Denn der Spruch „Die ist ja nicht normal" ist ja ein absolutes Totschlagargument. Und eine hinkende Alice Schwarzer ... Es hat auch so gereicht!

Aber es war damals nur eine besonders heftige Lungenentzündung. Immerhin waren alle so erleichtert, dass ich unabhängig von den Besucherzeiten Tag und Nacht Besuch haben durfte. Du kamst auch fast jeden Tag.

Haben wir zwei in der Zeit eigentlich viel über Politik geredet? Ich erinnere mich, wie ich damals im Krankenhaus vermutlich alle damit voll getextet habe. Es war Wahlkampf. 1961, als erstmals Willy Brandt Kanzlerkandidat war und Adenauer ihn auf den Wahlplakaten mit der Anzüglichkeit angriff: „Willy Brandt alias Frahm" – anspielend sowohl auf seine uneheliche Herkunft, das war damals noch eine Schande, wie auch auf seine Zeit in der Emigration, wo er den Namen gewechselt hatte. Das war damals auch noch eine Schande. Ich war trotzdem nicht für Brandt.

Ich war flammend davon überzeugt, dass es richtig wäre, die DFU, die Deutsche Friedensunion, zu wählen. Denn die war gegen Wiederaufrüstung, für Frieden, gegen den Adenauermief etc. Aber ich war erst 18 und durfte noch nicht wählen, das durften wir früher ja erst ab 21. Also habe ich alle im Krankenhaus verrückt gemacht: die Oberschwester, eine bildschöne Nonne, die vorher in Bonn gearbeitet hatte und sich vermutlich deshalb so gut in der Politik auskannte; ebenso wie den jungen, lässigen Stationsarzt, der liebend gerne mit mir diskutierte und sich über mich kaputtlachte.

Haben wir zwei auch darüber geredet? Und über Renate Riemeck, die die Vorsitzende der DFU war und – wie man erst viel später erfuhr – die Adoptivmutter von Ulrike Meinhof. Die kam aus der Ecke Bekennende Kirche, die ja in Wuppertal stark verbreitet war und zu der auch mein Konfirmations-Pfarrer Hanusch gehörte. Die DFU war, glaube ich, in der Tat, wie ihre Gegner auch immer behauptet hatten, von der DDR gesponsert. Ob Renate Riemeck das wusste? Als ich sie 30 Jahre später mal für ‚Emma' interviewt habe, habe ich sie direkt gefragt. Und sie hat Nein gesagt. Übrigens: Ulrike Meinhof und ihre ‚konkret' waren von der DDR bezahlt worden, wie wir später erfuhren.

So hehr, wie wir in unserer jugendlichen Naivität glaubten, waren die Motive also nicht immer in der oppositionellen Politik. Und die Wut und die Revolte einer Ulrike Meinhof, die ja irgendwann untertauchte und zur tragischen Madonna der RAF wurde, hat sicherlich viel tiefere Gründe als nur die große Politik. Es war, glaube ich, auch ihr kleines, gedemütigtes Frauenleben, das sie ausflippen ließ.

Wie hast du eigentlich in den 70ern zu dem Phänomen gestanden: RAF, 2. Juni und der ganze antiimperialistische K(r)ampf? Du müsstest eigentlich ziemlich sympathisiert haben, denn in der Zeit hast du doch an der FU studiert und in einer WG in dem wüst-romantischen Abbruchhaus am Tiergarten gewohnt. Ich machte damals schon ‚Emma' und galt ja als „Sympathisantin", obwohl ich das nie war. Ich hatte nur keine Lust, die repressiven Spielchen von Staatsseite im Namen des Kampfes gegen die RAF hinzunehmen und im „deutschen Herbst" anno 1977 täglich gebetsmühlenartig zu wiederholen: Ja, ich stehe auf dem Boden des Grundgesetzes. Obwohl – inzwischen ist unser Grundgesetz einem ja regelrecht ans Herz gewachsen. Und ich bin bereit, es gegen die religiösen Fundamentalisten aller Fronten mit Zähnen und Klauen zu verteidigen. Mehr noch: Ich bin dafür, dass keiner in Deutschland eingebürgert wird, ohne zu erklären: Ich stehe auf dem Boden des Grundgesetzes!

Ja, und dann verbinde ich noch etwas mit diesem Herbst 1961: den Contergan-Skandal. Das war damals gerade bekannt geworden, und der ‚Spiegel' titelte damit. Jedenfalls habe ich im Krankenhaus heimlich all die Tabletten nicht geschluckt, die sie mir in den drei, vier Wochen gegeben haben, weil ich alle Medikamente für gefährlich hielt. Und am letzten Tag, als der nette junge Stationsarzt seine Abschiedsvisite bei mir machte, habe ich triumphierend die Schublade aufgezogen und ihm den Berg Tabletten gezeigt, den ich gesammelt hatte. Er hat gelacht, der Gute. Er war überhaupt sehr milde mit mir. Ich erinnere mich, dass er mich zwei Tage früher als geplant entlassen hat, weil ich unbedingt mit dir und den anderen bei einer Riverboatshuffle auf dem Rhein dabei sein musste! Unbedingt!! Ich habe so lange gequengelt, bis er mich ziehen ließ – nicht ohne mich hoch und heilig versprechen zu lassen, dass ich mich „ganz warm" anziehe.

Überhaupt scheint mir diese Zeit eine Kette von Partys, Jazzbandballs und Riverboatshuffles. Das heißt, auf den Partys war unsere Mädchenclique ja irgendwann nicht mehr so beliebt. Als nämlich aufflog, dass wir uns beim Tanzen mit den Jungs immerzu untereinander zuzwinkerten und hinter ihrem Rücken Grimassen schnitten. Und dass wir uns alles, einfach alles erzählten! Und darüber verdächtig viel zu kichern hatten. Erinnerst du dich, wie schließlich unser Partyterrain in Wuppertal so verbrannt war, dass wir in die Nachbarorte bis nach Essen, Düsseldorf und Köln ausweichen mussten?

Düsseldorf wurde dann ja unser Ausgeh-Mekka. War ja auch nur eine halbe Stunde mit dem Zug entfernt. Und irgendwann hingen wir nur noch in Düsseldorf rum. Aber so weit sind wir noch nicht. Noch flanieren wir durch die Elberfelder Poststraße, wie beim italienischen Corso, immer hin und her, husten bei unseren ersten Zigaretten in unserer Stamm-Milchbar Beletage und fahren in die Gruga-Halle, um sie alle, alle zu hören: Miles Davis, Louis Armstrong, Mahalia Jackson und die göttliche Ella Fitzgerald. Ich erinnere mich, dass ich bei Ella wg. Stimme und Sexappeal (so hieß das ja früher) so ausgeflippt bin, dass ich mir nach dem Konzert die Hände rot getrommelt habe am Rand der Bühne. Sie muss schon so was wie sechzig gewesen sein, war alles andere als schlank oder schick – aber so wahnsinnig sexy! Warst du dabei?

Und dann gab es doch noch das La Boheme in Barmen, so ein Pseudo-Existenzialistenkeller mit Cola-Rum und Tropfkerzen. Im Haus daneben ist heute der Proberaum von Pina Bausch. Und es gab diesen Schuppen in Langerfeld, irgendwo an einer Endstation, in einem schlammigen Gelände. Da wurde Jazz gemacht von Brozmann und Konsorten. Sind später richtig berühmt geworden, die Jungs. Und wir hörten ziemlich beeindruckt zu. Wie sind wir damals eigentlich immer nach Hause gekommen? Ein Auto hatte ja noch niemand, höchstens mal ein Moped. Aber auch das hatten nur die Jungs.

Wo sind wir, Barbara? Im Frühjahr 1961?

Es umarmt dich deine Alice

Alice mit unbekanntem Verehrer auf der Riverboatshuffle 1961.

1 Die Kleine und Klopfer mit Chris 1962.

2 Die Clique auf der Riverboatshuffle 1962.
Von links: Klopfer, die Kleine, Alice und Barbara.

3 Von links: die Kleine, Teddy, Bernd und Alice 1961.

11. Mai 2004

Liebe Barbara,

zurück von einer Reise durch Franken habe ich viel zu erzählen. Stell dir vor, ich bin am Schluss noch nach Stadtlauringen gefahren, in das Städtchen, in dem ich im Alter von ein bis sieben Jahren gelebt habe. Wir wurden ja im Frühling 1943 in Wuppertal ausgebombt, die Großeltern und ich. In Stadtlauringen habe ich nochmal ein ganzes Stück mehr begriffen von dem, was mich geprägt hat.

Es war in der Tat vor allem der Großvater, der mir in den ersten zwei Jahren in Oberlauringen (dem Nachbardorf, wo wir zuerst waren) die Fläschchen gemacht, die Windeln gewechselt (Pampers gab's noch nicht) und mich durchs Dorf getragen hat. Daran erinnert sich auch ein Nachbar. Danach ist er nach Kriegsende wieder nach Wuppertal gegangen, um unseren Rückzug vorzubereiten. Das hat dann aber noch vier lange Jahre gedauert – und in der Zeit habe ich mit meiner Großmutter überwiegend allein gelebt. Auf 40 qm, als Zwangseinquartierte auf einem Bauernhof in Stadtlauringen.

Mama war ja eine sehr scheue Frau, wie du weißt – ich war also für die gesamte Kommunikation mit dem Dorf zuständig, für das wir erstmal die „Saupreußen" waren („und das, wo die Preußen uns besetzt haben", spottete Mama). Und auch noch Protestanten. Was ich wettzumachen versuchte durch besonders eifrige Kirchgänge und Blumenstreuen bei den Prozessionen. Wie ich die anderen um die schönen Kommunionskleidchen beneidete!

Vermutlich hatte die Scheuheit als Wesenszug meiner Großmutter zum einen mit Kindheitserfahrungen zu tun, aber auch mit der Gegenwart: mit ihrem Horror vor den Nazis – und unser Stück Franken war offensichtlich eine richtige braune Hochburg.

Stell dir vor: Oberlauringen hatte eine riesige jüdische Gemeinde, „Landjuden“, wie ein Zeitzeuge sagt, also jüdische Viehhändler und anscheinend auch Bauern. Davon zeugen jetzt nur noch die „Obere Judengasse“ und die „Untere Judengasse“ sowie ein sehr, sehr trauriger, verwahrloster „Israelitischer Friedhof“, draußen auf den Feldern, verborgen hinter Büschen. Ich habe Lust, mich um die ganze Sache zu kümmern. Sozusagen stellvertretend für meine tapfere, verstummte Großmutter.

Dem Bürgermeister – der mich pompös im Rathaus empfangen und auch ein sehr nettes Wiedersehen mit alten Kindergarten- und SchulkameradInnen arrangiert hatte – habe ich schon geschrieben. Ich denke an eine BürgerInnen-Initiative für die Pflege des Friedhofes sowie die Spurensicherung durch Oral History (also die Befragung von Zeitzeugen, den wenigen, die noch leben) und eine Recherche über die Kinder (die anscheinend zum Teil schon früh nach England und Palästina gebracht worden sind, Gott sei Dank). Zur Eröffnung der „Landjuden-Dokumentation“ in der neu geplanten Stadtlauringer Bibliothek könnten die Kinder und Kindeskinder ja dann zu Besuch kommen. Wäre schön.

Mir juckt es schon richtig in den Fingern. Vielleicht arbeite ich mit der nahe gelegenen Uni Würzburg zusammen. Da könnte ein richtig gutes Projekt draus werden. Der Anblick dieses Friedhofes lässt mich einfach nicht mehr los. Und ich merke, dass mich dann nur eines tröstet: handeln. Etwas tun.

Die Leute, die ich schon darauf angesprochen habe, machten einen interessierten Eindruck. Nur wenige haben weggeguckt. Ein Mann sprach von einer „Zeit der Stille“ damals. Beeindruckende Formulierung. Jetzt warte ich erstmal auf die Reaktion des Bürgermeisters. Und dann lege ich los. Das gibt mir gleichzeitig die Gelegenheit, mich auf die Spuren meiner eigenen Kindheit zu begeben. Seit wir uns schreiben, habe ich verstärkt Lust dazu. Und mir hängt das jetzt doch alles sehr, sehr nach ...

Die Lesungen davor waren anstrengend, aber auch herzerwärmend. Wie immer. Überall ausverkaufte Säle. Und in Städten wie Regensburg 500 oder Schwabach sogar 800 Menschen (da war der

Saal größer). Es sind immer zu 80 bis 90 Prozent Frauen, und je kleiner die Stadt ist, umso weniger Männer kommen. Können die sich anscheinend dann gar nicht erlauben, auch wenn sie wollten. In größeren Städten sind es überwiegend jüngere Frauen, in kleineren ältere. Im Crailsheimer Rathaussaal war fast körperlich zu spüren, wie dringlich das mit der Emanzipation noch für die meisten Frauen ist. Und wie bitterernst.

Du musst dir das so vorstellen: Wenn um 20 Uhr die Veranstaltung anfängt, ist ein bis eineinhalb Stunden vorher Ton- und Lichtprobe. Dann gibt es immer mal noch gewaltige Blumensträuße von der Bühne zu räumen oder Omasessel gegen einen sachlichen Stuhl auszuwechseln und Scheinwerfer zu richten. Denn so eine Lesung ist ja auch eine Art Inszenierung. Sodann lese ich 30–40 Minuten und anschließend diskutiere ich noch eine runde Stunde mit den Menschen von der Bühne aus. Danach signieren. Unter einer Stunde komme ich da nie weg. Und dann noch ein Glas mit den Veranstaltern, den Helferinnen, den örtlichen Gleichstellungsbeauftragten. Anstrengend – aber oft auch lehrreich.

Eine total rührende Episode habe ich diesmal nur zufällig mitgekriegt: Bei einer der Veranstaltungen hatte ich mich anschließend noch zu den engagierten Buchhändlerinnen gesetzt, alles Frauen in unserem Alter. Wir kamen ins Gespräch. Jugendwahn. Feldbusch blahblah. Da habe ich dann unter anderem gesagt: „Dabei hat die doch nicht am ganzen Körper, was ihr am kleinen Finger habt.“ War mir ernst. Zwei haben zufrieden gelacht: „Sagen Sie das doch mal unseren Männern, Frau Schwarzer.“ Die dritte war ganz still. Sie wirkte ein wenig resigniert.

Am nächsten Abend, bei der folgenden Veranstaltung etwa 100 Kilometer entfernt, kommt diese dritte Buchhändlerin doch tatsächlich wieder in die Lesung, lässt sich von mir nochmal einen Packen Bücher signieren – und war unübersehbar vorher beim Friseur: Statt der traurig hängenden rausgewachsenen Locken hatte sie einen flotten kurzen Lockenkopf, sah gleich zehn Jahre jünger aus und war sehr wohlgemut. Ist das nicht klasse?!

Ich warte sehnsüchtig auf deine Antwort auf meinen letzten Brief!

Deine Alice

PS: Dein mit Boris aufgenommener Song, Barbara, ich muss dich sehr enttäuschen: Du hörst dich überhaupt nicht an wie ein Mann. Du hörst dich an wie eine Frau, die zwei Flaschen Whiskey getrunken hat. Prost!

Berlin, 23. Mai 2004

Liebste Alice,

deine Frage, Alice, warum ich dir die fliegenden Untertassen eigentlich nicht übel genommen habe, verblüfft mich: Hast du das tatsächlich vergessen (du unsensibles Geschöpf), oder willst du es nur wissen (du raffiniertes Mädchen)? Liebe Alice, es war doch so: Dir war bei deinen Wutausbrüchen immer klar, dass sie mich weder einschüchterten noch erschreckten – ich wiege mich in dem Glauben, dass ich dadurch einen dicken Pluspunkt bei dir hatte! Ich war nicht leicht zu erschrecken. Und mir war immer klar, dass du dich letztlich unter Kontrolle hattest und meine Bemerkung im Hinblick auf deine Zielsicherheit so verstanden hast, wie sie gemeint war: ironisch.

Außerdem hatte auch ich eine cholerische Seite. Die konnte man allerdings nur mit Röntgenaugen ausmachen. Meine Technik hielt „die kochenden Lavamassen" in meinem Inneren „durch eine dicke Eisschicht unten". Das war präzise das Bild, das ich mir damals zum besseren Verständnis meiner Gefühle von dem Geschehen machte. Und die Strategie selbst verdankte sich natürlich den Mutter-Tochter-Auseinandersetzungen. Nur ja nicht in Schreikrämpfe ausbrechen wie sie. Nur ja nicht – wie sie.

Außerdem, Alice, darf ich dich daran erinnern, dass du in unserer Jugend immer sehr stilvoll geschrien hast. Du wurdest nie persönlich, will sagen, ausfallend. Diffamiertest nie. Da war nie ein Runtermachen. Du sagtest nie solche Sachen wie „Du bist doch blöd, hast keine Ahnung" und so weiter. Und häufig – nicht immer – hattest du auch Recht. Du kämpftest um der Sache willen. Das habe ich immer sehr an dir gemocht, geschätzt, geliebt.

Traurigerweise habe ich auch ziemlich lange gebraucht, um zu erkennen und zu verstehen, warum andere durch meine coole Masche bis zur Weißglut gereizt wurden. Ich denke, wir waren während unserer Streitereien wie Feuer und Eis. Während du – wie ich heute deinen Briefen entnehme – die Wutausbrüche deiner Großmutter gehasst hast, reagierte ich auf die von meiner Mutter mit kalter Verachtung. Hass ist ja kein Gefühl, das einen irgendwie erleuchtet. Aber Verachtung ist auch nicht ohne. Das wurde mir erst spät bewusst. Wenn man meint, man habe gute Gründe zu verachten, kommt man schwer dagegen an.

Da fällt mir ein – ein einziges Mal hast du die Regel, nur Billigwurfgeschosse einzusetzen, durchbrochen. In München! Weißt du noch, wie du Napoleon (oder Josephine?) – wie du dich erinnerst, hießen unsere kleinen Holzpuppen-Lieblinge so – gegen mich schleudertest, worauf er/sie sich seinen/ihren spiraligen Hals so verrenkte, dass er/sie fortan nicht mehr in der Lage war, bedächtig mit dem Kopf sein/ihr „Ja" zum Leben zu nicken. Der arme Nap! Die arme Jossie! Und jetzt erst, nach mehr als 43 Jahren, geht mir auch auf, warum du die Regel durchbrochen hast: Das war vermutlich eine dunkle Metapher, war dein Kommentar zu meinem „Verrat" 1963. Doch – das muss warten bis München.

Ich konnte dir deine Wutanfälle nie, niemals (bis auf eben diese Münchner Szene zu dritt mit M. im Jahre 1963) übel nehmen! Es hatte etwas mit deiner inneren Explosion, deinem Schmerz zu tun. Ich konnte seine Wellen spüren. Ich kannte das. Ausgelöst wurde das Ganze durch ein „Ich-bin-allein-unter-Millionen-Gefühl" – wie ich das damals für mich nannte –, das das Gefühl des Nichtverstandenwerdens mit dem Gefühl des Abgelehntwerdens und dem des abgründigen Alleinseins verband. Mein Gott, ich war, glaube ich, fünf, als mir das zum ersten Mal bewusst wurde.

Doch jetzt sind wir im Herbst 1961 und sonnige, freche und vergnügungssüchtige Achtzehnjährige mit achtstündigem Arbeitstag und ungeliebten Jobs. Da brach plötzlich deine mysteriöse Krankheit über dich herein. Man wusste wenig darüber. Besuchen durfte man dich zunächst nicht. Mir kommt es so vor, als hätten wir – die um ein

Mädchen verkleinerte Clique – laut darüber nachgedacht, wie komisch anders es ohne dich ist. Und wenn ich mich richtig erinnere, war es „die kleine Doris“, die diesen Unterschied in dem denkwürdigen Satz zusammenfasste: „Ohne Alice fehlt unserer Clique das Rückgrat.“

Ich sehe noch deutlich das Zimmer und dich in einem dieser weißen Krankenhausnachthemden. Dein Bett stand direkt vor dem Fenster, ein Pulk von Besuchern hing drumrum. Und da warst du glücklicherweise schon wieder höchst lebendig und unverändert begeisterungsfähig und kommentiertest die aktuellen politischen Ereignisse. Doch ich erinnere mich bezeichnenderweise nur daran, wie ich mit dem Rücken am Fenster lehne und mir angesichts der vielen fremden Gesichter staunend aufgeht, mit welch unterschiedlichen Menschen du bekannt und befreundet bist.

Um dein Bett rum standen: die Clique vollzählig, versteht sich; daneben der Sohn von deinem Konfirmationspfarrer Hanusch (hast du nicht so ein bisschen für den geschwärmt – ich meine, für den Sohn?); eine Nachbarin aus der Gartensiedlung und deine Kinderfreundinnen Alice und Ellen, die damals als Näherinnen arbeiteten und komischerweise so hießen wie die Kessler-Zwillinge. Und zu deiner Verlegenheit stand da noch einer aus dem Jazzschuppen in Langerfeld mit einer Schallplatte in der Hand im Türrahmen. Es war ein ziemlich bunter Haufen. Ich vermute, dass das noch heute so ist mit den Menschen in deiner Nähe?

Bei unseren Gesprächen über Politik warst du diejenige, die Informationen und Fakten kolportierte und interpretierte, und ich diejenige, die zuhörte und nachfragte. Ich weiß noch, dass ich manchmal darüber staunte, wie man sich derartig stark für Politisches interessieren kann. Doch je länger ich dir zuhörte, umso plausibler erschien's mir. Ich war – obwohl ich ja auch eine extrovertierte Seite hatte – sicherlich verträumter, introvertierter und indifferenter als du. Oder? Und dann gab's da noch meine melancholische Seite: Die Welt war mir zu wenig und zu viel zugleich. Und mir war auch verschwommen bewusst, dass ich genau dasselbe nicht nur über die Welt, sondern auch über mich dachte. Rückblickend hat das ja was

Erheiterndes, da ich mich diesbezüglich sicher wenig von all den mit Selbstzweifeln bis zum Rand voll gestopften Menschen unterschied, unter denen ich mich als tapfere Außenseiterin erlebte.

Die Politik war das Thema, das eindeutig du in der Clique am Kochen hieltest! Wir wussten, und jede von uns machte da brav ihre Hausaufgaben: An der Politik ging kein Weg vorbei. In dieser Beziehung warst du knallhart. Vermutlich beschlich dich manchmal der nicht abwegige Verdacht, dass deine aufgeweckten Freundinnen bei ihren Treffen ohne dich politische Themen vernachlässigen könnten. Halt – ich erinnere mich, dass es verdienstvollerweise Doris W. während deiner Abwesenheit gelang, unserer Gesprächsrunde ein politisches Profil zu geben. Sie nahm ihre Aufgabe als Stellvertreterin ernst. Und machte sie gut. Von uns hatte keine die Ambition, ihr den Posten streitig zu machen.

Und wo ich schon gerade im Beichtstuhl hocke, muss ich mit dir kurz ins Jahr 1965 sausen: Du kamst aus Paris, ich war schon Ehefrau und Mutter, und wir gingen zusammen in ein Münchner Schwimmbad. Während unserer Trennung war ich zum Fan des stockkonservativen ZDF-Kommentators Löwenthal mutiert. Mich überrascht nicht, dass ich nicht mehr weiß, um welch politisches Ereignis es eigentlich ging. Aber ich fühle noch heute, wie ich plötzlich während des Sprechens ins Stolpern gerate, weil deine Augenbrauen bis zur Stirn wandern und ich einen Blick von dir auffange, in dem Fassungslosigkeit, Entsetzen und Ratlosigkeit miteinander ringen.

Zu diesem Zeitpunkt befand ich mich privat schon in einem ziemlich durchlöcherten, grenzwertdebilen Zustand (eine Formulierung, die ich aus einem Leserbrief aus der letzten ‚Emma' habe). Die Tage dehnten sich ins Endlose: das Kind versorgen, Essen kochen. Die Wohnung aufräumen. Windeln auskochen. Mit dem Kind spielen. Einkaufen, auf den Spielplatz gehen und so weiter. Ich war immer müde und führte meine Mattigkeit auf mein Unvermögen zurück, als Ehefrau und Mutter glücklich zu sein. Ich fühlte mich lebendig begraben. Ich machte meinen egozentrischen Charakter dafür verantwortlich. Denn andere Frauen kannten diese Probleme anscheinend nicht.

Vor vierzig Jahren schauspielerten „wir Mütter“ noch einander vor, 24 Stunden am Tag über die permanente Anwesenheit unseres kleinen Lieblings entzückt zu sein. Im Reich der Mütter herrschte ein Gesetz, dem sich jede Frau – auch ich – wie in Trance unterordnete. Das Hausfrauendasein mit Kind war auf keinen Fall langweilig! Und anstrengend schon gar nicht! Und selbst wenn man mal durchblicken ließ – wenn! –, man habe in der Nacht kein Auge zugemacht, der kleine Schatz musste sich so schmerzhaft hart seinen zweiten Zahn erarbeiten, fügte man sofort hastig hinzu, wie sehr man das süße Kind liebe. Natürlich! Und dass man sich ein Leben „ohne“ nicht vorstellen könne ...

Es war Mahalia, Alice, nicht Ella! Nachdem das Konzert in der riesigen Gruga-Halle vorüber und eine Dreiviertelstunde vergangen war, war sie immer noch voll. Die Leute klatschten wie wahnsinnig. Und dann kam sie nochmal auf die Bühne zurück: Mahalia Jackson! Im seidenen, geblümten Morgenrock und mit hochhackigen Plüschpantöffelchen an den Füßen, und griff sich das Mikrofon: „In the upper room, there is our sweet Lord, yes, in the upper room ...“ – und du, Alice, hast dir am Bühnenrand die Hände wund getrommelt. War da schon M. dabei? Und weißt du eigentlich noch, wie wir ihn kennen gelernt haben? Ich erinnere mich, als wäre es gestern gewesen!

Berlin, 26. Mai. Liebe Alice, ich musste unterbrechen. Gestern hatte ich Geburtstag. Man wird nur einmal sechzehn. Mein selbst ernannter Trainer versüßte mir diesen Tag mit einem langen Tischtennismatch. Meine Vorhand wird allmählich besser. Meine Beziehung zum Ball intimer (sagt er). Mein Schläger und ich stehen im Begriff, ein sicheres Gefühl füreinander zu entwickeln. Ich sehe schon, wie ich im Alter von 90 Inserate aufgebe: Rüstige Rentnerin sucht Tischtennispartner/in.

Doch jetzt zur RTL-Sendung am Montagabend, zu Günther Jauch und dir und dem Millionenspiel! Was für ein herzerwärmendes Ereignis! Man fieberte mit dir. Ein Joker war weg. Und es ging doch um so viel! Um das Projekt der Streetworkerinnen, die an der deutsch-tschechischen Grenze all die jungen Mädchen, die Kinder, selbst

Babies von der Straße holen! Und für die musstest du so viel Geld wie möglich machen. Wie war nochmal die Frage? „Der Name eines Tieres, das man nach einem Teil seines Körpers auf Englisch wie nennt? Skipper? Oder Flipper? Oder Lassie?“ Du konntest es nicht glauben. „Erst eine Fußballfrage, und jetzt auch noch Englisch.“ Und überhaupt. Was war mit der breiten, nun ja, irgendwie phallischen Krawatte von Herrn Jauch? Und wieso hatte er was an deinen Schuhen auszusetzen? Zum Schreien!

Es war wie bei Becketts ‚Warten auf Godot‘, als du dann aufstandest („Ich muss mich mal bewegen“) und der Jauch mit dir umherwanderte: „Diese frische Luft hier. Ja. Der deutsche Wald.“ – Und wir alle waren, glaube ich, einem Schlaganfall nahe, nachdem du dich wieder hinsetztest und dem Publikum zuriefst: „Seid doch ruhig. Ihr wisst es doch auch nicht! Keine Ahnung habt ihr!“ Und dass du 125.000 Euro für das Projekt holen konntest – traumhaft!

Dass du den kleinen jüdischen Friedhof in Oberlauringen jetzt unter deine Fittiche nimmst, finde ich auch sehr schön. Und ich stelle mir vor, dass deiner „Mama“ irgendwo da oben (in der Welt über dieser Welt) für sie untypische Tränen in den Augen stehen, dass Alice „ihren Auftrag“ nicht vergessen hat ...

Ich wollte dich noch was fragen, jetzt, wo ich die Biografie über dich von Anna Dünnebier und Gert v. Paczensky gelesen habe: Wie hast du eigentlich diese Schlammschlachten, dieses Schießen aus allen Rohren auf dich verkraften können?

Der Brief muss zur Post. Ich muss eilen.

Herzlichst, deine Barbara

Pfingstsonntag, 30. Mai 2004

Liebste Barbara,

du hast mich gefragt, wie ich die heftigen Angriffe, die ja zunächst gegen meine Attraktivität als Frau und später gegen meine Integrität als Feministin zielten, eigentlich ausgehalten habe. Tja, ich bin das in den letzten Jahren schon so oft gefragt worden, dass mir nichts anderes übrig geblieben ist, als auch selber darüber nachzudenken.

Als Mitte der 70er Jahre, nach meinem Streitgespräch mit Esther Vilar im Fernsehen und der Veröffentlichung vom ‚Kleinen Unterschied', die Hatz losging, da war ich zwar überrascht – aber wiederum auch nicht. Das hatte zwei Gründe: Erstens war ich zu der Zeit ja bereits seit fünf Jahren eine bewusste und auch belesene Feministin. Ich wusste also, dass die schärfste Waffe gegen unsereins nicht die Sachkritik ist (ganz einfach, weil wir Recht haben), sondern die persönliche Diffamierung. Das war schon bei den Suffragetten so. Mit immer dem gleichen Tenor: Der hängen nur die Trauben zu hoch, die hat ja nur keinen mitgekriegt, die ist sowieso lesbisch. Denn eine echte Feministin erkühnt sich ja, sich von der Beurteilung und dem Begehren der Männer unabhängig zu machen – und genau das soll so durchgekreuzt werden.

Zweitens war ich zu dem Zeitpunkt ja schon 33 Jahre alt und hatte ein gerüttelt Maß an Lebenserfahrung. Und es traf sich, dass genau das, was sie mir da zu unterstellen versuchten – dass ich ein frustriertes Mauerblümchen sei –, so gar nicht meinen Lebenserfahrungen entsprach. Darum war ich in meinem Selbstwertgefühl als Frau nicht so leicht zu erschüttern.

Dennoch ... dennoch ... Als nach der Vilar-Diskussion im Februar 1975 in der Bildzeitung stand, ich hätte „mit stechendem Blick wie eine Hexe“ durch die Brille geguckt, da habe ich erstmal öffentlich eine Zeit lang wieder nur Kontaktlinsen getragen – um irgendwann genau ins Gegenteil zu kippen: immer mit Brille. Aus Trotz.

Seit einiger Zeit nun nehme ich mir wieder die Freiheit, es öffentlich mit Brille und Linsen so zu halten, wie mir gerade zumute ist. Das tue ich privat schließlich schon, seit ich 19 bin: Damals habe ich mir die ersten Kontaktlinsen in Düsseldorf geholt (das waren so ganz harte aus Amerika). Denn natürlich bin auch ich nicht gerade begeistert darüber, dass ich eine Brille tragen muss. Zu gut erinnern wir alle uns noch an das böse Wort von der „Brillenschlange“.

Aber wer weiß das besser als du. Schließlich warst du ja live dabei, als mir mit 15 die erste Brille verpasst wurde – was nicht hieß, dass ich sie auch immer aufsetzte. Erinnerst du dich noch an mein kokett brillenloses, halb blindes Zwinkern – à la Marilyn in ‚Blondinen bevorzugt‘ (wie ich hoffte) – bei den diversen Tanztees? Einmal hast du mich ganz fies reingelegt. Du hast mir zugewispert: Guck mal der da drüben. Ja, der am dritten Tisch! Der guckt schon die ganze Zeit zu dir rüber – und sieht total süüüüß aus, wie Anthony Perkins. Ich blinzelte also zurück – woraufhin der sich aufgefordert fühlte. Er kam – und sah aus der Nähe überhaupt nicht wie Anthony aus, sondern eher wie Anton.

Ich habe brav mit ihm getanzt – und wir zwei haben uns anschließend ausgeschüttet vor Lachen über deinen Streich.

Man denkt es nicht – aber wir sind ganz schön vernünftig geworden mit den Jahren. „Liebe Alice“, „Liebe Barbara“, so tönt es heute – das klang ganz anders vor 40 Jahren, als ich dir, nach meinem Abgang nach Paris, geschrieben habe: „Geliebter Minni“, „Adorable Barbara“, „Liebster Hamster“, „Geliebtes Möpschen“, „Ma chère“. So lauteten die gängigen Anreden. Sicher, da steckt auch noch viel von unserem alten Micky-Maus-Speak drin, in dem wir mit 15/16 komplette Konversationen und Korrespondenzen geführt haben: kicher, kicher; lach, lach; stöhn, stöhn ... Zu schade, dass wir diese Briefe nicht mehr haben. Aber ich habe wenigstens die Briefe aus meiner ersten Pariszeit, die du dankenswerterweise aufbewahrt und mir zurückgegeben hast – im Gegensatz zu mir.

Du bist also gespannt, ob ich noch weiß, wie ich bzw. wir M. kennen gelernt haben, den „ersten Mann in meinem Leben“, wie es so nett heißt – und der Mann, der das Ende unserer Gemeinschaft beschleunigt hat. Und ob ich das weiß! Du wirst hoffentlich beschämt sein von meinen sehr genauen, zu genauen!, Erinnerungen. Es war Anfang 1962. Ich arbeitete seit Jahresanfang bei dem Marktforschungsinstitut Intermarket in Düsseldorf. Das war damals noch was ganz Avantgardistisches: Marktforschung, kam frisch aus Amerika. Die Leute, die da arbeiteten, waren lässig, auf dem Sprung und modern. Schien mir. Der Chef, so ein Charles-Laughton-Typ, fuhr einen Citroën. Du erinnerst dich? Das Modell, das sie aus einem im warmen Windkanal geschmolzenen Eisblock entwickelt hatten, mit so einer flachen Schnauze. Den habe ich mir 15 Jahre später auch mal gekauft, gebraucht. Inzwischen sehen die Autos ja alle gleich aus, leider. Ich habe mich jetzt zum Rover geflüchtet. Der hat noch ein bisschen Charakter. Zumindest im Design, und das beeindruckt mich Technikbanausin am meisten.

Also, Intermarket. Ich war Zuarbeiterin für einen sympathischen Egg-Head, für den ich eine leichte Schwäche hatte, glaube ich. Der war aber gut verheiratet. Immer, wenn ich ihm meine getippten Briefe oder Manuskripte vorlegte, stöhnte der: „Schwarzer, tu mir den Gefallen und geh endlich auf die Werbeschule!“ Das hat er gesagt, weil er mich begabt fand – aber auch, weil er nicht immer diese Briefe mit den tausend Tippfehlern, notdürfig korrigiert mit Tipp-Ex, unterschreiben wollte. Ich interessierte mich aber nicht für die Werbeschule. Ich wollte höher raus. Irgendwie.

Von dem Wechsel von der Wuppertaler Autoersatzteil-Firma zu dem Düsseldorfer Marktforschungsinstitut hatte ich mir einen Schritt in die weite Welt versprochen; hatte die Hoffnung, dass meine Arbeit nun spannender würde. Aber Pustekuchen. Ich hing, ganz wie du, weiterhin im Bürokram: Statistiken, Korrespondenzen, Ablage ... Wobei ich zugeben muss: Die Erfahrungen mit den Statistiken und die Grundlagen der Marktforschung nutzen mir noch heute, als ‚Emma‘-Verlegerin. Aber damals musste ich eben vor allem tippen – was ich hasste.

Also in der Zeit – im Februar 1962? – lernten wir M. kennen. Es war im Down-Town in der Düsseldorfer Altstadt, genauer gesagt in der Bolkerstraße; in einem von diesen Jazzkellern, wo wir verkehrten. Und er trat so auf, wie wir es damals mochten: schwarzer Rollkragenpulli, schlaksig, dunkel, cool, ironisch. Er hat sich dann, glaube ich, gleich auf mich kapriziert, und ich habe mich mit ihm verabredet. Aber: Nach der ersten Verabredung – Ausgehen in der Altstadt, Alt und Tee (ich) trinken – wollte ich ihn nicht wiedersehen. Ich erinnere mich genau. Der Grund: Ich fand ihn nicht uninteressant, aber er war mir zu schweigsam und langweilig gewesen. Aber du. Du hast mich mit quasi vorgehaltener Pistole gezwungen, zur nächsten Verabredung mit ihm zu gehen. Sozusagen stellvertretend für dich, scheint mir. Denn, so dein Argument: „Der sieht so gut aus. Den kannst du doch nicht einfach versetzen." Also trabte ich wieder hin, und das Schicksal nahm seinen Lauf ...

Mir scheint im Rückblick, dass diese frühen Beziehungen zu Männern, in der Teeniezeit, eigentlich vor allem eingegangen wurden, um der Freundin zu imponieren, sie zu ärgern, ihr einen Gefallen zu tun – um mit der „besten Freundin" darüber zu reden. Das waren sozusagen stellvertretende Flirts, die ihren wahren Drive erst kriegten, wenn man ihr davon erzählte.

Mein großer Schweiger war fünf Jahre älter und ziemlich rasch entschlossen, mich für die Liebe seines Lebens zu halten. Und nach den ersten stürmischen, aber vergeblichen Eroberungsversuchen – wir waren ja alle noch Jungfrauen, klar! – stellte er sich auf eine, für seine zukünftige Ehefrau angemessene Langzeitstrategie ein, die ich dann abrupt durchkreuzt habe, aber das später. Denn nach Ehe war mir natürlich überhaupt nicht. Erstens an sich. Zweitens war ich erst 19, er aber schon 24 und ein bisschen verloren nach dem frühen Tod der Mutter, dem Zurückbleiben mit einem hartherzigen Vater und dem frühen Weggehen von zu Hause.

Barbara, und nun halt dich fest: Vor ein paar Wochen habe ich M. getroffen! Ich habe, als ich eine Lesung hatte, eine Nacht bei ihm und seiner zweiten Frau gewohnt. Zweite, weil die erste sich hat scheiden lassen. Anrührenderweise hat er bis heute ein stark emotionales

Verhältnis zu mir. Er ist lässig und cool, wie eh und je. Und stell dir vor: Er hat seine schönen dunklen Haare verloren, der Arme. Und sich entschlossen, das Haupthaar konsequent ganz abzurasieren. So Beckham-mäßig. Gar keine schlechte Lösung.

Wir hatten ja nie den Kontakt so ganz verloren, auch wenn nach meinem harten Abgang nach Paris erstmal Funkstille war und uns eigentlich nichts mehr verbindet – außer ein paar turbulente Erinnerungen.

Er hat mich damals ja von Anfang an zu emanzipiert gefunden, oder zu „eigenwillig", wie das früher hieß. Gleichzeitig aber hat genau das ihm an mir gefallen, oder? Das ist überhaupt eine durchgängige Erfahrung von mir: dass den Männern mein Temperament und meine Eigenständigkeit gefielen – und es ihnen gleichzeitig zu viel war, sie versuchten, mich einzuengen. Eine ziemlich schizophrene Angelegenheit. Vor allem für die Männer (und Frauen) unserer Generation.

Eigentlich musst du doch eifersüchtig gewesen sein auf ihn? (Obwohl du mich da reingerissen hast!) Denn schließlich war ich nun nicht mehr ganz so verfügbar, weil oft mit ihm verabredet. Obwohl wir zwei gleichzeitig weiterhin sehr eng miteinander blieben. Ich erinnere mich, dass M. ziemliche Gamaschen vor dir hatte. Auch wenn er dir, wie allen, meist sarkastisch begegnet ist. Aber das ist seine Art. Das hatte uns ja auch an Rhett Butler so gefallen. Fatalerweise.

Wir konnten auf jeden Fall froh sein, dass wir unsere Mädchen-Clique hatten! Ich erinnere mich an wunderbar ausgelassene Geburtstagsfeiern, Konzerte und Partys ohne Ende. Einmal war ich mit der kleinen Doris in Essen auf einer unserer zahlreichen River-Boat-Shuffles (auf dem Baldeney-See). Wo du warst, weiß ich nicht, vermutlich mit Z. in der Unterwelt. Wir zwei tanzten wie üblich so lange, bis der letzte Zug weg war – und ließen uns dann von einem Studenten und dessen Freund mit auf seine Bude schleppen. Ein bisschen Abenteuerlust mag auch mitgespielt haben, aber vor allem ging es darum, die Stunden bis zum ersten Zug totzuschlagen.

Dass wir damals so gar keine Angst hatten, mit uns unbekannten Männern in deren Wohnung zu gehen, wundert mich rückblickend.

Aber bei so einer Gelegenheit ist uns, oh Wunder, noch nie etwas passiert. In Essen auf jeden Fall legten die Jungs einschlägige Platten auf, dämpften das Licht – und auf Knopfdruck fiel plötzlich ein Vorhang mitten im Raum runter, der daraus zwei intime Séparées machte. Da mussten wir so lachen, Doris und ich, dass denen alles verging. Das Ganze endete dann so, dass wir zwei die Stunden zwischen drei und fünf Uhr nachts auf einem zugigen Bahnsteig Richtung Wuppertal verbrachten.

Oder die Party, wo ich wieder mal zu Hause erzählt hatte: Ich schlafe bei Barbara. Aber in Wahrheit haben wir ja immer bis zwei, drei Uhr nachts getanzt – und versucht, den Rest der Nacht irgendwie passabel hinter uns zu bringen. Du bist bestimmt dann in dein möbliertes Zimmer geschlüpft, deine beiden Zimmerwirtinnen schliefen ja. Aber ich? An dem Morgen hockte ich jedenfalls, ich harmloses Geschöpf, mit diesem Hockeyspieler morgens um fünf im Elberfelder Wartesaal. Da kreuzt plötzlich die Mutter von Teddy auf (unter der der arme Teddy ja ziemlich gelitten hat). Ausgerechnet die. Sie fuhr in Urlaub. Ein vernichtender Blick auf mich – und sehr viel Ärger danach. Die Frau hatte einfach zu viel Fantasie (oder selbst eine Vergangenheit). Jedenfalls sollte Teddy ab sofort nicht mehr mit einem verdorbenen Geschöpf wie mir verkehren, fanden die anderen Mütter (bei mir zu Hause landete das Ganze gar nicht erst – oder stieß auf taube Ohren).

Unsere Clique hatte einen Höllenruf – und war doch so harmlos.

Vor allem: Die Mädels konnten auch so lieb sein. Ich erinnere mich, wie wir alle sechs zusammen an einem Sommerwochenende 1962 die Wohnung in der Tannenbergstraße geputzt haben. Die hatte ich ja für meine Mutter und mich gemietet und eingerichtet (die war mal wieder, wie so oft, auf Vertreterreise). Und ich bin dann ja auch noch für ein halbes Jahr da eingezogen: raus aus dem Hexenhaus am Waldrand mit den Großeltern, zwei Hunden und fünf Katzen – und rein in die 60-qm-Neubau-Wohnung in der Tannenbergstraße. Ein Zimmer für sie, mit Schlafcouch; ein Zimmer für mich, mit den dunkelgrün gestrichenen Apfelsinenkisten (die dir so gefallen haben). Fand ich damals passender. Dabei war es in Wahrheit natürlich viel schöner und wilder am Waldrand gewesen. Nur, es war eben ein bisschen zu chaotisch für ein junges Mädchen, das auch mal eine Freundin oder einen Verehrer mit nach Hause bringen wollte.

Hätte mich jemand gefragt, hätte ich immer geschworen, dass dieser Auszug aus dem Haus meiner Großeltern – also der erste Schritt in die Eigenständigkeit – ganz und gar problemlos gelaufen ist. Aber ein Blick in die Briefe an meine Mutter belehrt mich eines Besseren. Unter dem Datum vom 10.6.1962 schrieb ich ihr da: „Hier passieren die letzten Sachen! Gestern Abend bin ich gegen ein Uhr nach Hause gekommen. Wer sitzt am Wohnzimmertisch und wartet auf mich? Mama!“ Die hatte, wie üblich, in meinem Zimmer geschnüffelt und Briefe gelesen – und bei der Gelegenheit den bis dahin geheim gehaltenen Plan meines Umzuges in die Tannenbergstraße entdeckt. Ich war ihre Schnüffeleien gewohnt und bin bis heute Meisterin im Verstecken und Fallenstellen. Wir gingen bei allem Ärger ja gleichzeitig sehr ironisch damit um. Ich pflegte riesige Zettel zwischen meine Sachen zu legen mit der Aufschrift: „Mama, du sollst doch nicht schnüffeln!“

Den „armen Papa hatte sie schon den ganzen Tag bearbeitet“, schrieb ich weiter. „Er ist tiefsauer auf sie und hat Streit mit ihr.“ Ja, er hat nicht nur zu mir gehalten, sondern meiner Mutter, die ja immer chronisch pleite war, auch noch Geld für den Einzug in die neue Wohnung gegeben (dabei hatte er selber keines). Er war echt chic. Und so generös.

Aber, was ich noch sagen wollte: Die ganze Clique, du inbegriffen, hat mir ein Wochenende lang geholfen, die Wohnung in der Tannenbergstraße vor dem Einzug zu schrubben. Und das zeigt doch, dass wir sechs Nachkriegs-Fräuleins nicht nur Freud, sondern auch Leid miteinander teilten.

Was du über die frühen Jahre deiner Mutterschaft schreibst, ist wirklich bedrückend. In meinen Briefen aus Paris aus den Jahren 1964/65 frage ich dich in den Monaten nach der Geburt von Boris übrigens immer wieder, wie es dir denn jetzt so ergehe als Mutter. Vergebens. Du antwortest mir nie auf diese Fragen, abgesehen von ein paar Floskeln. Jetzt, Barbara, 40 Jahre später, also das Geständnis:

Es ging dir beschissen! So wie den meisten Müttern, die mit diesem 24-Stunden-Job schlicht überfordert sind. Die Polemik in ‚Emma' von der Autorin, die wegen der „Kampfmütter" weggezogen ist vom Prenzlauer Berg, hat übrigens eine Wahnsinnsdebatte ausgelöst.

Und ich sehe es ja auch an den Freundinnen, die Kinder haben. Dörte zum Beispiel, eine sehr erfolgreiche Architektin, die sich mit dem Vater ihrer beiden Kinder Büro und Familienarbeit teilt – und dafür von ihren Kolleginnen kolossal beneidet wird –, ist dennoch auf eine ganz andere Art als der Vater zerrissen zwischen Beruf und Kindern. Jedes zweite Gespräch zwischen uns geht um diesen scheinbar unlösbaren Konflikt und ihr schlummerndes schlechtes Gewissen.

Seit der Erfindung des Handys sind die lieben Kleinen sowieso immer mit von der Partie: Dörte und ich sitzen noch nicht ganz im Restaurant, da ruft auch schon mein munteres Patenkind Charlotte an. Irgendein Problem findet sich ja immer. Natürlich ist die Tochter auch eifersüchtig, wenn die Mutter sich mit der Freundin trifft, wo sie doch eh schon „so wenig Zeit" hat ...

Das Thema fehlende Ganztagsschulen darf man bei Dörte gar nicht erwähnen – dann flippt sie aus. Das ist aber auch wirklich ein Skandal in Deutschland, dass es keine Ganztagsbetreuung gibt und von den Müttern heutzutage mehr denn je eine 24-Stunden-Präsenz erwartet wird. Und viele Hausfrauen machen das auch noch mit – und hängen so auch die Messlatte der Kinder berufstätiger Mütter hoch und höher. Es ist wirklich eine Krux. Solange das nicht gelöst ist, können die Deutschen es vergessen mit den höheren Geburtenraten (die sinken übrigens weiterhin unaufhaltsam).

Bei dem Thema scheinen allen Frauen die Nerven blank zu liegen. Aber ich habe da gut reden: Ich habe ja kein schreiendes Kind auf dem Schoß. Wobei ich allerdings manchmal denke: Die ‚Emma' ist mehr als ein Kind – das sind Sechslinge!

Liebste Barbara, es ist schon spät. Ich bin heute Abend mit Bettina bei Franziska und ihrem amerikanischen Freund zum Pfingstessen eingeladen. Du bist doch so ein Fan der Cartoons von Franziska Becker in ‚Emma'. Weißt du eigentlich, dass sie auch malt und Ausstellungen macht? Eigentlich ist das ja keine große Überraschung, denn ihre Cartoons sind ja auch sehr malerisch. Aber so riesige Bilder sind natürlich nochmal was anderes ... Und neuerdings spielen Engel immer eine große Rolle. Sie ist eben, Anarchismus hin und her, doch auch Katholikin. Müsste dir gefallen.

Franziska gibt sich immer solche Mühe mit dem Kochen. Ich muss pünktlich sein.

Auf ganz bald!
Deine Alice

Barbara in Wuppertal 1962.

PS: Ich schicke dir mit gleicher Post die ‚Memoiren einer Tochter aus gutem Hause' von Simone de Beauvoir. Zum Wiederlesen. Ein zentrales Thema: Simone und Jugendfreundin Zaza.

Alice in Wuppertal 1962.

Berlin, 14. Juni 2004

Allerliebste Alice,

wir sollten nicht allzu nachdenklich über unsere alte/neue Vernünftigkeit werden, schließlich liegen zwischen unseren damaligen Briefen („Geliebter Minni“) und den heutigen über 40 Jahre! Und nach dem 27sten Lebensjahr dürften wir uns alles in allem höchstens zehn Mal getroffen haben; Treffen, über die wir beide nicht besonders glücklich waren, obwohl wir uns von Herzen bemühten. Wo war der Strom geblieben, all das, was uns vorher miteinander verbunden und uns aneinander entzückt hatte? Man kroch nach Hause. Schrecklich. Alles dahin.

Bei Einbruch der Nacht griff ich nach den ‚Memoiren einer Tochter aus gutem Hause‘, die du mir geschickt hast. Ich stelle fest, von der ersten Lektüre mit Mitte 20 ist wenig hängen geblieben. An die intellektuelle Seite der Beauvoir erinnerte ich mich gut. Ich nannte sie damals – in der Schauspielschule – etwas respektlos „Simone die Zitrone“. Sie kam mir bei aller Bewunderung ein wenig humorlos vor, was mich nicht daran hinderte, mich glühend mit ihr zu identifizieren.

Vergessen hatte ich die Wonnen, die sie als junges Mädchen und fromme Katholikin „durch ihre leuchtende Seele“ erfuhr; Ekstasen, die sie dann recht schnell und endgültig gegen „das Licht der Vernunft“ eintauschte. Auch dass sie Tiere nicht liebte (oder wahrscheinlich nur auf dem Teller, wie so viele). Nicht mal, wie sie bekennt, Freude daran hatte, „ihr Fell zu streicheln“. Offenbar waren Tiere für die Philosophin nicht beseelt, und ich vermute mal, es dürfte ihr nie aufgefallen sein, dass sie damit einer philosophischen Sichtweise (und Tradition) verhaftet blieb, in der das Tier als niedriges Lebewesen und nicht als „ein anderes“ begriffen wird.

Wenn ich mich recht erinnere, warst du mit ihr und Sartre befreundet? Ich könnte mir vorstellen, dass sie im Umgang nicht immer „pflegeleicht" war? (Mein Gott, die Werbung! Welcher Ausdrucksmöglichkeiten wären wir beraubt ohne sie!)

M.? Ich glaube es nicht – du hast ihn wieder getroffen! Mir war nicht klar, dass ihr noch Kontakt hattet – nach allem, was passiert ist. Aber du bist ja immer so treu ... Und er hat jetzt eine Glatze?! Das ist die Rache von Mutter Natur für die Herren der Schöpfung. Aber es ist wahr: Wenn er wollte, konnte er sehr charmant und verführerisch sein. Altersmäßig hatte er einen gewissen Vorsprung. Und erotisch sowieso.

Neu war mir, dass ich dich 1962 praktisch mit vorgehaltener Pistole zum Rendezvous mit M. gezwungen haben soll, sozusagen stellvertretend für mich. Weil er so gut aussah. Nein, Alice! Meine Motive – ja, Plural – waren von ganz anderer Art. Zum einen musste ich dir zu dem Date mit ihm raten, obwohl es mir aus egoistischen Gründen besser gefallen hätte, wenn du nicht gegangen wärst. Dann hätte ich mit dir einen Tag verbringen können! Das aber verbot mir meine ethische Grundhaltung. Ich war in jenen Jahren so. Ich war davon überzeugt, nicht eingreifen zu dürfen, um dir nicht deinen Freiheitsraum zu nehmen und dich nicht in Entscheidungen zu beeinflussen, die erstlich und letztlich du zu treffen hattest. Er war dein Freund, nicht meiner!

Hinzu kam die Überlegung, dass du noch gereizt sein könntest, weil er durch sein Werben um dich an dem Abend im Jazzkeller verhindert hatte, dass du den Mann kennen lernen konntest, der dich am besagten Abend „eigentlich" interessierte. Erinnerst du dich? Er sah irgendwie französisch aus, und dunkle Haarsträhnen fielen ihm in die Stirn! Und einen schwarzen Rollkragenpullover trug er auch! Und ich tanzte neben dir, als du mit M. tanztest, und sah, wie du über seine Schulter spähtest, um einen Blick auf den geheimnisvollen Fremden werfen zu können. Und was musste ich sehen? Wie du dem armen M. einen leichten Klaps auf seine Finger gabst, nur, weil er sich erlaubt hatte, deinen roten Seidenschal (der zu deinem Chanel-Kostüm gehörte) zwischen Daumen und Zeigefinger zu nehmen. In

Wahrheit aber, weil du leicht gereizt darüber warst, dass er dich permanent zum Tanzen aufforderte, und zu höflich, um ihn abzuwimmeln!

Ich merkte schnell, dass M. die Tendenz hatte, dich – neben Liebe und Verlangen oder was er dafür hielt – klein zu machen. Das war in euren bald einsetzenden Streitereien unübersehbar. Und ich denke mal, dass er immer auch „die Versöhnung im Bett" vor Augen hatte, denn er war ein ziemlich sinnlicher Mann. Nun ja, wir wissen spätestens seit den frauenbewegten Jahren, dass Männer Schwierigkeiten haben, eine selbstbewusste Frau zu bejahen, weil eine jahrtausendealte Tradition von ihnen verlangt, sie in eine hirnlose Baba zu verwandeln. Auf diesem Gebiet hat sich mittlerweile viel getan.

Wir sind dann im darauf folgenden Sommer aber trotzdem, und obwohl du schon mit M. liiert warst, wie gewohnt zu zweit in Urlaub gefahren, eben nach Timmendorf. Bei einer unserer Fahrten per Tramp zu einem Tanzschiff in Lübeck hatte uns ein Kleinunternehmer mitgenommen, der einen nagelneuen Mercedes fuhr. Das Gespräch kam auf Literatur und hakte dann bei Hemingway ein. Unser stolzer Firmenbesitzer outete sich als glühender Fan dieses Autors. Eigentlich hatte er vorgehabt, uns nur bis zur nächsten Tankstelle mitzunehmen, aber nachdem du ihm klargemacht hast, dass das Verabscheuungswürdige an Hemingway „dieses Heroische im Untergang" sei, und dass das schlichtweg fatal wäre („Bei Ihnen als Unternehmer erstaunlich, diese Sicht auf die Dinge"), fuhr er uns schließlich zu unserem Ziel und bedankte sich überschwänglich für „die interessante Unterhaltung".

Ich hatte auf dem Rücksitz Gelegenheit gehabt, die einzelnen Stadien seiner Metamorphose genauestens mitzuverfolgen: Zunächst den väterlich wohlwollenden Gesichtsausdruck, mit dem er deine Argumente hinnahm; dann ein nachdenkliches Stirnrunzeln bei deinem Argument, Literatur habe schließlich auch was mit dem Leben zu tun; und dann schließlich die Schweißperlen auf seiner Stirn.

Du glaubst, mein möbliertes Zimmer wäre ein Stück Freiheit gewesen? Liebe Alice, mein Zimmer in der Ronsdorfer Straße war eine Katastrophe! Von wegen Freiheit! Nicht nur der beiden alten

Damen wegen und nicht nur wegen ihrem krankhaften Hang zum Geschwätz. Und zum Spionieren. Nachgerade glaube ich, du hast es nie zu Gesicht bekommen. Wahrscheinlich wollte ich dir diesen Anblick ersparen: Auf der linken Seite hockte ein riesiger dunkler Kleiderschrank, auf der rechten ein riesiges Bett, unter dessen dickem deutschen Federbett ich Nacht für Nacht mit Erstickungsanfällen rang – zu feige, es gegen ein leichteres auszutauschen. Tüllgardinen vor den Fenstern. In der Mitte ein Tisch mit einem Wachstuch, dessen geblümte Farben irgendwie an Erbrochenes erinnerten. Ich hatte Mühe, an diesem Tisch für die Berufsschule zu arbeiten, zu lesen oder Tagebuchaufzeichnungen zu machen. Wann immer ich konnte, floh ich nach draußen.

Mir ist aufgefallen, dass ich nur noch von zwei der Jungs, mit denen ich mich traf, die Namen weiß. Der eine hieß Behi. Ich hatte ihn in einem Elberfelder Jazzkeller kennen gelernt und mich mit ihm verabredet, nicht zuletzt, um auch was „zum Erzählen" zu haben. Behi war ein persischer Student mit dunkler Braue, der Betriebswirtschaft studierte und zu meinem großen Vergnügen irgendetwas in mir sah, was ich selbst nie gesehen hatte. „Eine große Tiefe" – versicherte er mir.

Mir ist ein Picknick mit ihm in Erinnerung, das das Ende unserer zarten Beziehung einläutete. Er hatte mich an einem Sonntag mit seinem klapprigen VW abgeholt, und wir fuhren übers Land. Wie liebevoll hatte er einen Korb mit Brot und Käse und Wurst und einer Flasche Wein zusammengestellt! Wir entschieden uns nach einigem Umherfahren, in einem lichtgesprenkelten Wald zu rasten. Die Sonne schien, die Decke war ausgebreitet, die Vögel sangen, zu unseren Füßen lag eine malerische Schlucht. Diese Stille! Herrlich. Kein Mensch weit und breit.

Der reizende Junge packt gerade die Sachen aus, da kommt mir plötzlich der Gedanke ... Bin ich wahnsinnig? Ich kenne den Mann doch gar nicht! Und wenn er jetzt ... niemand hört meine Hilferufe ... niemand ... und dann liege ich tot in der Schlucht ... Ich hielt den Atem an und starrte auf die Decke – und tat dann so, als sei alles normal, aber denk dir: Er hatte es bemerkt. Ganz verständig meinte er, er wollte nichts von mir, und wenn ich jetzt nicht mehr picknicken wolle, könnten wir auch zurück nach Hause fahren. „Zurück ... nach Hause ...“, flüsterte ich bleich. Klar, danach haben wir uns nicht mehr getroffen. Es lag nicht an ihm, ich war es, die über diesen Augenblick abgründigen Misstrauens nicht hinwegkam.

Na, das war zehn Jahre später alles ja ganz anders ... Du fragst mich nach der RAF und den Siebzigern an der Uni. Klar. Wir Studenten sympathisierten damals mit Baader-Meinhof-Ensslin. Es gab große Versammlungen im Audimax. Es gab Demonstrationen. Der Kapitalismus war ein scheiß ausbeuterisches System, und unter Demokratie stellten wir uns was anderes vor. (Ganz falsch haben wir nicht gelegen. Wenn man zum Beispiel an die Kriege denkt, die vom Volk nicht gewollt, von den „Staatenlenkern“ aber gemacht werden. Oder wenn man an das Gehalt von Herrn Ackermann denkt und es mit dem von Frau Müller vergleicht.) Die Polizei durfte auf „unseren Campus“ und prügelte brutal auf alles ein, was sich bewegte. Obwohl wir uns alle ganz friedlich verhielten. Ich wäre einmal von einem Polizeiwagen ganz einfach überrollt worden, hätte mich nicht in letzter Sekunde ein Kommilitone unter ihm hervorgezogen. Naiv wie ich war, glaubte ich, der würde es nicht wagen, über einen Menschen zu fahren ...

Die Meinhof und ihre Artikel hatten uns beeindruckt. Der Baader war mir von Anfang an suspekt, obwohl ich damals nicht wusste, was für ein schießbegeisterter überheblicher Macho er war. Niemand wusste Näheres. Als dann aber der erste Tote dalag, der Wachmann, bröckelten unsere Sympathien ...

Alles Liebe, Alice, ich rase zum Briefkasten, bis bald,
deine Barbara

21. Juni 2004 – ein eiskalter Sommeranfang!

Liebe Barbara,

einiges war sehr komisch für mich in deinem letzten Brief. Die Story mit Hemingway. Habe ich wirklich so geredet? Ich würde es ja heute Wort für Wort genauso sagen! Der hat mich gerade schon wieder so genervt. In Paris. Ich war kurz da, weil Bettinas Fotobuch über die Europäerinnen auf Französisch erschienen ist und ich ja die Texte dazu geschrieben habe. Wir haben also Interviews gegeben, begleitet von einer bemühten Dame von der Presseabteilung und befragt von sehr, sehr lässigen Interviewern. Angenehm war für mich, dass es ja in Frankreich gar keine Vorstellungen von Schwarzer gibt (da kennen mich nur Eingeweihte als Autorin) und ich sehr unbefangen befragt werde. Das genieße ich richtig.

Aber damit hatten wir nur kurz zu tun. Dann sind wir lange ausgegangen. Zum Beispiel in meine Lieblingsbar, die von der Closerie des Lilas am Montparnasse. Da haben in den letzten achtzig Jahren alle verkehrt, einfach alle, von der Boheme der Rive Gauche der 20er und 30er über die Existenzialisten der 40er und 50er bis hin zur heutigen Intelligenzia (und Möchtegern-Intelligenzia). Aber von wem hängen mal wieder massenhaft Fotos an der Wand und Sprüche? Von Hemingway! Der hat Konjunktur in diesen verunsicherten Zeiten. Verunsichert in jeder Beziehung.

„Papa" (wie Marlene Dietrich ihn genannt hat) ist ja in Wahrheit eine Schwulenikone. Ein „echter" Mann für Möchtegern-Männer. Da gehört es dazu, dass er eigentlich lebenslang eine Frau sein wollte und heimlich Frauenkleider trug, wie uns sein Biograf verraten hat. Vermutlich ist das meistens so, wenn Männer so forciert Männer spielen: dass sie eigentlich eben beunruhigend „unmännlich" sind, beunruhigend aus ihrer eigenen Sicht. Und vermutlich gilt dasselbe für Frauen, die Frauen spielen.

Gerade höre ich von einer Bekannten, die mir noch nie wg. übertriebener Weiblichkeit aufgefallen war, dass sie sich umoperieren lassen will zum Mann. Im zarten Alter von Mitte vierzig. Früher, als man noch nicht so operieren konnte, haben solche Frauen dann einfach als Mann gelebt – und vice versa. Aber heute wird gemetzelt. Es gibt ja die Theorie einer amerikanischen Feministin, dass diese ganzen Transsexuellen-OPs das Experimentierfeld der Schönheitsindustrie für das Milliarden-Geschäft Schönheits-Operationen sind. Nun, wie auch immer, so groß ist das subjektive Leid und der objektive Druck, dass ein weiblicher Mensch sich die Brüste abnehmen und die Vagina zunähen lassen muss, um sich „männliche" Freiheiten nehmen zu können. – Wie ist das eigentlich bei dir: Hast du dich immer wohl gefühlt in deiner Frauenhaut?

Vor der Reise nach Paris habe ich übrigens am letzten Redaktionsschluss-Wochenende noch über die folternden Soldatinnen von Abu Graib geschrieben. Sicher, ich hatte vorher kaum Zeit. Dennoch: Ich habe es immer wieder rausgezögert. Bis mir dann schließlich nichts anderes übrig blieb. Und nun ist etwas dabei herausgekommen, das mich selber überrascht. Ich bin gespannt, was du dazu sagst.

Wie immer, wenn ich in Paris bin, war ich auch am Grab von Simone de Beauvoir und Sartre, Cimetière du Montparnasse. Ich verdanke es unter anderem ihr, nie daran gezweifelt zu haben, dass Frauen nicht von Geburt die besseren Menschen sind (und Männer nicht die schlechteren). Beauvoir humorlos? Viel Sinn für Ironie und Sarkasmus hatte sie auf jeden Fall, was ja auch eine nicht zu unterschätzende Spielart des Humors ist. Lies die Einleitung von ‚Das andere Geschlecht' nochmal! Du wirst sehen: Kaum zu fassen, wie polemisch sie war. Jede deutsche Gender-Studies-Studentin würde sich mit Aplomb distanzieren von einem solchen Ton, wg. „Unwissenschaftlichkeit".

Ja, ich war befreundet mit ihr. Genauer gesagt: mit beiden, mit ihr und Sartre. Und das war wirklich eine große Bereicherung und Freude für mich. Beide waren sehr bescheiden. Sie hätten sich nie irgendetwas darauf eingebildet, Beauvoir und Sartre zu sein. Sie waren jeden

Tag bereit, sich neu dem Leben zu stellen. Sehr offen, vor allem für junge Leute, bei denen noch nichts festgelegt war – bis hin zur Idealisierung der Jugend. Erst im Nachhinein stelle ich mir die Frage, ob sie wohl versucht hätten, mich in eines ihrer gewohnten Trios zu integrieren, wenn sie nicht schon zu alt dafür gewesen wären (Anfang der 70er) – und ich zu störrisch.

Aber die Tiere. Da hast du Recht. Das ist auch für mich das einzig Befremdende bei Beauvoir. Sie hatte doch für die Menschen eine so tiefe Empathiefähigkeit. Während des Algerienkrieges zum Beispiel, als die Franzosen ihre Kolonie nicht loslassen wollten und munter drauflosfolterten – so ähnlich wie die Amerikaner heute im Irak –, da hat sie nachts durchgeweint vor Beschämung und Mitgefühl (siehe ihre Memoiren). Aber die Tiere. Die schienen für sie eine Sache zu sein, keine Lebewesen. Steht sie damit nicht ganz und gar in der Tradition von Descartes und der Aufklärung? Ist es nicht vor allem die Aufklärung, die den Menschen an die erste Stelle, weit über alle anderen Wesen, gestellt hat? Und das Christentum? Du hast doch Philosophie und Religionswissenschaften studiert. Du musst das doch genau wissen!

Doch sag mal: War es für dich wirklich so eindeutig, dass M. von Anfang an an mir rumgekrittelt hat? Und warum hast du mir damals nicht gesagt, was du davon hieltest? Warst du wirklich aus Edelmut so zurückhaltend mit deiner Meinung? Oder aus Unsicherheit?

Ich war und bin ja genau das Gegenteil in diesem Punkt: Ich mische mich immer ein, wenn es mir wichtig scheint. Auch wenn es den anderen nicht passt. Bestimmt hättest du bei mir offene Türen eingerannt, wenn du mir deine Meinung gesagt hättest. Doch ist es nicht auch so gewesen, dass so eine beginnende Liebschaft in unseren Augen damals einfach Priorität hatte? Und dass die „beste Freundin“ eigentlich gar nicht das Recht hatte, das zu durchkreuzen?

Denn ich vermute, dass unsere Beziehung schon darunter gelitten hat, schließlich habe ich ihn ab da sehr oft getroffen, in Düsseldorf, Wuppertal oder auch in Köln. Einmal hatte ich M. am Kölner Hauptbahnhof verpasst. Zum Glück. Ich bin zurückgefahren. Als ich zu Hause ankam, in der Tannenbergstraße, sagte meine Mutter zu mir noch im Flur: Der Papa ist todkrank.

Das muss im Winter gewesen sein. Es war schon dunkel und es lag Schnee. Ich bin in Panik raufgelaufen, zum Häuschen am Waldrand. Das war ja nur eine Viertelstunde entfernt. Und da lag er tatsächlich: röchelnd und halb tot. Meine Großmutter saß hilflos im Wohnzimmer.

Wie eine Verrückte bin ich durch den Wald zur Telefonzelle gerast, privat gab's ja damals noch kaum Telefone, und habe den Krankenwagen geordert. Eine Stunde später hatte ich ihn im Krankenhaus. Und am nächsten Tag hat die Ärztin zu mir gesagt: Sie haben ihm das Leben gerettet – wenige Stunden später wäre er tot gewesen.

Zehn Jahre später habe ich übrigens versucht, dieses Wunder zu wiederholen. Da bin ich von Paris angerast. Aber ich habe ihn nicht mehr retten können. Niemand konnte ihn noch retten. Lungenkrebs. Vielleicht habe ich auch deswegen nie geraucht. Weil ich immer gesehen habe, wie nervös er an der Zigarette zog. Vor allem bei Familienstreitereien. Schien mir nie lustvoll, das Rauchen. Und gesund schon gar nicht.

Aber was ich mich frage, Barbara: Wie weit habe ich dir davon erzählt? Von meiner tiefen Liebe zu ihm – und von meiner Verzweiflung, dass ich ihn nicht genug vor seiner rasenden Frau schützen konnte? Das ist jetzt Jahrzehnte her, aber mir zieht sich noch immer das Herz zusammen, wenn ich nur darüber rede. Und wie weit hast du mir eigentlich von Dingen, die dir das Herz zusammenzogen, erzählt? Mir, deiner besten Freundin?

Wie nah du mir warst – viel näher als jeder Mann! –, sieht man ja auch am Verlauf meiner „ersten Nacht". Du erinnerst dich sicherlich. Nachdem M. mich monatelang bestürmt hatte, hatte er erstmal eine Pause eingelegt – und genau in dieser Pause hatte ich es mir überlegt: Einmal muss es ja sein. Und wir Mädels waren ja eh überfällig.

Also habe ich alles geplant – aber hatte ich vorher mit dir darüber geredet? 32. Tag nach Periodenbeginn (ich hatte sie immer etwas später). Zu Hause erzählt, ich würde bei dir schlafen. Mit euch allen auf einer Fete gewesen, wo immer „Non, je ne regrette rien" von der Piaf georgelt wurde. Und dann zu ihm gesagt: Okay, heute Nacht.

Doch – der Gute. Er hatte gar nicht mehr damit gerechnet und sich ein Hotelzimmer in der Nähe der Kirche am Kolk genommen, um länger mit mir feiern zu können. Ins Hotel gehen mit einem Mann, ohne verheiratet zu sein – das war ja damals undenkbar. Und der erste Zug nach Köln fuhr erst gegen fünf Uhr morgens. Aber er war so begeistert, mich endlich einverstanden zu sehen, dass er mich beschwatzte, den ersten Zug zu nehmen. Geplant, getan. Wir landeten in seiner möblierten Bude. Er war nett, stellte aber viel später doch mal die Frage, ob ich denn wirklich Jungfrau gewesen sei – oder nicht vielleicht doch vorher schon mal mit diesem Joachim ...? Denn: Da war kein Blut. Zum Glück war ich keine Muslimin im 21. Jahrhundert. Dann hätte mich das das Leben kosten können.

Alles in allem: Sehr undramatisch die Sache. Obwohl er sich wirklich Mühe gegeben hat – und vermutlich mit seinen 24 ein guter Liebhaber war. Beurteilen konnte ich das damals noch nicht wirklich, dafür war ich viel zu unerfahren. Auf dem Rückweg von Köln nach Wuppertal saß ich ihm dann im Zug gegenüber und machte so ein Gesicht, dass er mich einfühlsam fragte: Ist was? Bist du enttäuscht? Daraufhin platzte ich raus mit dem Satz: „Und darum macht man so ein Theater?!" – Da hat er angefangen zu lachen. Was für ihn spricht.

Und in der Tat, es lagen ja Welten zwischen dem, was sie uns so in Romanen und Filmen und hinter der Hand erzählten, und dem, was dann wirklich geschah. Inzwischen haben die Frauen Tacheles geredet – und werden die Debütantinnen hoffentlich nicht mehr ganz so enttäuscht sein wie wir beim ersten Mal. Wobei: Dieses pseudo-lockere Geplappere in ‚Sex and the City' übers „Ficken" halte ich eher für Tuntentalk als für Frauenspeach. Tut mir Leid: So reden Frauen nicht. Auch junge nicht.

Aber nun kommt's: Kaum in Wuppertal angekommen, bin ich zu dir in die Ronsdorfer Straße gerast. War ja nur fünf Minuten vom Bahnhof entfernt. Ich habe geklingelt, du hast die Tür aufgemacht, mich angeguckt und, ohne ein Wort zu fragen, gesagt: Du hast es getan!

Endlich war sie da, die Dramatik, die ich zuvor so vermisst hatte. Ja, ich hatte es getan.

Es grüßt dich herzlich
deine Alice

Berlin, 28. Juni 2004

Liebste Alice!

Ja. „Du hast es getan!“, sagte ich, als du plötzlich im Türrahmen standest. Ja. Viel Lärm um nichts, in diese Richtung ging dein Kommentar über die erste Liebesnacht deines Lebens. Doch warst du gut gelaunt, vermutlich, da du nun zu „den Eingeweihten“ gehörtest.

Gesprochen haben wir damals auch über Sexuelles. Allerdings in der Tat nicht im Jargon von ‚Sex and the City‘. Soweit ich mich erinnere, hast du über Empfindungen oder auch Nichtempfindungen gesprochen, doch niemals so, dass man mit dir und deinem Geliebten das Bett teilen musste. Details wurden diskret ausgespart, Körpergerüche oder die Größe von Gliedmaßen waren kein Thema. Ich denke, das hatte wenig mit Schamhaftigkeit oder Prüderie zu tun, sondern eher was mit Rücksichtnahme deinem großen Schweiger gegenüber und wohl auch was mit unserer Auffassung von Diskretion und Intimität.

Die Girls unserer Clique erzählten ihre Liebesgeschichten in großen Zügen; ob jemand toll küsste, solche Sachen. Doch hauptsächlich redeten wir darüber, was „er“ gesagt hatte oder nicht. Und ob das großartig oder völlig daneben gewesen war. Nein, wir waren nicht prüde! Und auch nicht zimperlich! Die Zeiten waren andere. Erinnere dich doch nur mal daran, welch ein Aufschrei der Empörung durch die damalige Republik ging, als man zum ersten Mal in einem Ingmar-Bergman-Film, ich glaube in ‚Das Schweigen‘, den nackten Rücken einer Frau sehen konnte, die vermutlich, aber ganz sicher war’s nicht, den unter ihr liegenden, aber für uns Zuschauer unsichtbaren Liebhaber mit der Entschlossenheit einer Amazone ritt. Die Leute schäumten! Oder denk an die Bücher! Nirgendwo eine Sex-Szene. Weder bei

Hemingway, Faulkner, Steinbeck, Tennessee Williams noch bei James Joyce. Bei Letzterem kommt im ‚Ulysses' immerhin ein Feuerwerk vor, das einen Onanierakt der Hauptperson nach ihrer Wanderung durch Dublin metaphorisch beschreibt und literarisch verklärt. Ob wir das bei unserer damaligen Lektüre begriffen haben, bezweifle ich.

Und Genet? Der stand auf dem Index und wurde nur unter dem Ladentisch gehandelt. Wir gehörten ja zu den wenigen Menschen in Wuppertal, die trotzdem ‚Querelle de Brest' und ‚Notre-Dame des Fleurs' gelesen hatten, weil mein teurer Z. uns diese „Meisterwerke" in die Hände drückte. Ich bin mir aber ziemlich sicher, dass ich die „heißen Stellen" als solche nicht erkannt habe. Einmal mag's an der durchaus poetischen Sprache Genets gelegen haben (heute kann ich seine Bücher nicht mehr lesen), zum anderen an mangelnder Erfahrung, heiße Szenen betreffend.

Was du mir über deine Bekannte erzählst, die sich jetzt zum Mann umoperieren lässt, sprich Brüste abnehmen und die Vagina zunähen, hat in mir eine ambivalente Reaktion ausgelöst. Da ist einerseits das Verständnis für den Druck, der auf einer Frau (oder einem Mann) liegt, die als „letzten" Ausweg aus der Qual nach der Geschlechtsumwandlung greift. Vor zwanzig Jahren habe ich einen jungen Automechaniker, der blendend aussah, aber jeden weiteren Tag als Mann mit massiven Selbstmordgedanken verbrachte (und auch schon einige missglückte Versuche hinter sich hatte), gegen meine persönliche Überzeugung darin bestärkt, die Operation zu wagen, zu der die Ärzte ihre Zustimmung gegeben hatten. Tatsächlich war er später als Frau ein ausgeglichener, zufriedener Mensch.

Andererseits ist da der unabweisbare Gedanke, dass man/frau sein/ihr Ich nicht mit dem Körper verwechseln sollte; sich nicht vom Geschlecht diktieren lassen sollte, wie wir was und wie denken ... Meines Erachtens ist das Bewusstsein in der Lage, den als „falsch" empfundenen Körper als einen „richtigen" zu erfahren. Dazu gehört sicherlich eine Menge „Umwertung" der Werte, will sagen, eine Menge Bewusstseins- und Gefühlsarbeit und wohl auch eine große Portion Willensstärke, die die Betroffenen vielleicht nicht mehr leisten können oder wollen.

Doch wenn ich auch den Geschlechtsumwandlungen etwas zwiespältig gegenüberstehe, so lehne ich strikt diesen Wahn ab, der jetzt schon junge Mädchen zum Silikon-Busen greifen lässt! Sind diese Mädels noch bei Verstand? Wenn sie schon größere Brüste haben wollen, warum machen sie nicht täglich ein paar Minuten Brustgymnastik? Brüste operieren! Bäuche! Nasen! Hüften! Hintern! Für wen machen die das?

Ich habe nie ernsthaft darüber nachgegrübelt, ob ich glücklicher wäre, wenn ich ein Mann wäre. Irgendwann habe ich wohl realisiert, dass ich geistig und wohl auch psychisch neben der Weiblichkeit auch was Männliches habe, was ich stärker ausbauen sollte ... Mit beiden Seiten lebt es sich leichter, man ist stärker und sitzt nicht jedem Rollenklischee auf. Es hilft, finde ich, sowohl die Frauen als auch die Männer besser zu verstehen. Und natürlich auch das eigene Ich.

Ich habe nur so lästige Sachen wie Empfängnisverhütung bzw. Pille verabscheut und mir aus diesem Grund mit dreißig die Eierstöcke verlöten lassen. Nie wieder schwanger! Ja, und dann fand ich noch die monatliche Periode überflüssig. Wer sich das ausgedacht hat! Und natürlich das Ausgehen in der Nacht... Ich werde irgendwann einen Karatekurs machen, habe ich mir immer wieder vorgenommen.

Ich mochte meinen Körper, er war schnell und ist es noch, und er war leicht und ist es noch, und in den wilden Jahren der ersten und zweiten Jugend war er auch ein Quell sinnlichen Vergnügens. Wie hast *du* dich eigentlich in deiner Frauenhaut gefühlt?

Ich möchte zu dir und deinem Papa noch was sagen! Zu deinem Schmerz und deiner Trauer, dass du ihn nicht immer vor den wilden Ausbrüchen deiner Großmutter schützen konntest: Aber, Alice! Du *hast* ihn vor ihr geschützt! Nicht nur, indem du dich vor ihn stelltest. Du hast ihn auch in der Auffassung bestärkt, wie ungerechtfertigt ihre Attacken waren und dass sie sich im Grunde ihrem Frust verdankten. Doch das Ausschlaggebende war, denke ich, dass dein warmherziger und humorvoller Papa wusste – wusste! –, dass du ihn liebst. Deine Zuneigung machte ihn stark! Gleichgültig, welche Flammen sein kleiner tyrannischer Hausdrachen auch speien mochte ...

Ich sehe mich bei irgendeinem Besuch an einem längst vergangenen Nachmittag in eurem Wohnzimmer schräg hinter dem Sessel deiner Mama stehen, in dem sie wie üblich mit sittsam gesenkten Blicken thronte. Sie gab irgendetwas Ironisches von sich, was ich nicht ganz mitbekam, doch dein Papa schien plötzlich ratlos. „Hör nicht auf sie, Papa!“, riefst du ihm zu und strahltest ihn an, und er lächelte sein halb nach innen gewandtes Lächeln. Anschließend entspann sich zwischen euch ein zwischen Küche und Wohnzimmer hin und her wandernder Dialog, den die kleine Monarchin mit missmutigem Füßescharren kommentierte.

Du hattest mir zwar viel erzählt, aber auf diese gegenseitige Achtung war ich nicht gefasst gewesen, auf die Zärtlichkeit, die ihr hinter familiären Scherzen, ironischen Bemerkungen und – von deiner Seite hinter viel mädchenhaftem Gekicher – heroisch voreinander verborgen hieltet, ohne sie freilich zu verbergen. Wenn du deinem Papa etwas Gutes tun willst, lass ihn in deinen Erinnerungen und Gefühlen auch glücklich sein. Denn das war er ganz sicher auch. Schließlich hat er, glaube ich, alles getan, was er tun konnte, damit du ein zuversichtlicher, glücklicher Mensch wirst.

Nicht zufällig haben kürzlich noch über 13 Millionen Fernsehzuschauer bei deinem Auftritt bei Jauch geschrien vor Lachen. Das hatten dein Papa und deine etwas schwierige Mama jahrelang täglich live. Denn – ja, doch! – du warst damals schon so. Die Clique lag am Boden vor Lachen über dich.

Stell dir vor: Drei meiner kleinen gefiederten Freunde sind krank. Zwei haben Gicht, müssen gefangen werden, was nur bei Nacht geht und beim ersten Griff klappen muss, sonst fliegt die ganze Bande auf und prallt gegen Wände und Decken und bricht sich das Genick. Homöopathische Medizin muss in kleine Schnäbel geträufelt werden, die sie nicht schlucken wollen, kleine Füße müssen zum Gehen gebracht werden, die nicht gehen wollen, weil’s wehtut. Aber allen die Show gestohlen hat Happy, der glücklichste und teuerste Vogel der Welt: Erst fielen ihr die Federn vom Kopf, wie im Herbst die Blätter von den Bäumen fallen, dann hatte sie eine bakterielle Entzündung, gefolgt von Schnupfen, und gestern ist es ihr gelungen, sich am Kopf so zu verletzen, dass sie fast verblutet wäre. Wenn ich nicht zufällig den Raum betreten hätte und wenn die Tierärztin nicht glücklicherweise gleich um die Ecke ihre Praxis hätte...

Bis bald, deine Barbara

PS: Dein Artikel in der letzten ‚Emma', „Foltern Frauen wie Männer?", der die Folterfotos von Abu Graib und die Machenschaften des Militärs unter die Lupe nimmt, lässt an schöner Deutlichkeit nichts zu wünschen übrig. Du hast ganz Recht: Die Abu-Graib-Folterszenen-Fotos liegen unübersehbar auf einer Ebene mit Szenen, die wir aus Pasolini-Filmen kennen, die an die pornografischen Schriften des Marquis de Sade erinnern, an die hechelnden Hundefotos und die Nackten von Newton, auf dessen Nachlass Berlin so stolz ist. Soweit ich sehe, hat das keine andere Zeitschrift, kein anderes Magazin thematisiert als ‚Emma'.

2. Juli 2004

Liebe Barbara,

was du mir über meinen Großvater schreibst, ist für mich sehr, sehr tröstlich. Ja, du hast ganz Recht: Natürlich habe ich ihn beschützen können und war ihm eine große Hilfe in seinem Leben (wie er mir) – aber eben nicht genug. Nur, genug schützen vor seiner destruktiven Frau hätte er sich nur selber können – doch das hat er eben weder gekonnt noch gewollt. Sie war ja auch nicht nur destruktiv, sondern auch sehr interessant. Und ich glaube, er hat sie wirklich geliebt. Trotz alledem.

Wir zwei haben tapfer zusammengehalten und viel miteinander gelacht. Auch über sie (wobei ich mindestens genauso viel mit ihr gelacht und gealbert habe). Als ich noch klein war, hat er mir abends im Bett, neben seinen lehrreich-grotesken Köpenikaden aus dem 1. Weltkrieg, immer selbst erfundene Kasper-Geschichten erzählt. In denen spielte mit schöner Regelmäßigkeit eine böse, keifende Großmutter eine tragende Rolle.

Viel später habe ich ja nicht zufällig ein Buch über so ein Paar geschrieben: über Petra Kelly und Gert Bastian. Nur der General, der war eben nicht wirklich so sanft wie mein Großvater. Er hat sie irgendwann im Schlaf erschossen – und dann sich selber. Auch keine Lösung. Es gab unheimlich viele Gemeinsamkeiten zwischen den beiden und meinen beiden: bei ihr der Gerechtigkeitssinn und die Leidenschaft für Politik, bei ihm die Silhouette und der Charme. Aber es gab, zum Glück, auch Unterschiede. Kelly war im Gegensatz zu meiner Großmutter leider ganz und gar humorlos und reichlich männerfixiert (obwohl doch auch sie bei einer starken Großmutter aufgewachsen war). Bastian war im Gegensatz zu meinem Großvater ein echter Soldat und nicht, wie er, ein halber Deserteur. Er polierte einmal die Woche seine drei Knarren. Mein Großvater hasste Waffen. Das ist, glaube ich, auch besser so: Männer, die nicht schießen. Und gesünder auf jeden Fall, nicht nur für Frauen.

Dennoch: Die Parallelen waren bedrückend, aber ermutigend zugleich. Mein Großvater hat meine Großmutter eben nicht umgebracht – er hat sie respektiert. Ich habe dieses Buch 1993 innerhalb von fünf Wochen geschrieben, manchmal schon morgens ab sechs, ohne Kaffee zu trinken (wo ich sonst ohne die Augen gar nicht aufkriege). Das Herausfordernde war für mich dabei, dass der Täter mir näher war als das Opfer – ich aber dennoch Gerechtigkeit walten lassen musste. Schließlich kann auf Hysterie nicht die Todesstrafe stehen. Komisch nur, dass die LeserInnen meine Ambivalenz sehr wohl gespürt haben – und gerade das spannend fanden –, die Kritik aber darüber nie ein Wort verloren hat.

Das wird übrigens immer schlimmer mit der Kritik. Früher gab es wenigstens noch ab und an inhaltliche oder literarische Analysen. Heute jedoch geht es nur noch um Entertainment. Über Bücher wird nur noch geschrieben, wenn sie im Fernsehen erwähnt werden oder über die AutorIn getratscht werden kann. Mal abgesehen von der ganz „hohen" Literatur im Feuilleton. Es gibt ja saubere Einteilungen in Deutschland in E und U (und ich liege ja dazu bei meinen Büchern noch zwischen Sachbuch und Literatur. Faction nennen die Amerikaner das).

Du fragst mich, wie ich mich im Leben so in meiner „Frauenhaut" gefühlt hätte. Da fällt mir auf, dass wir uns früher so eine Frage nie gestellt hätten. Wir wussten zwar, dass Frauen Frauen sind und Männer Männer und dass das eine Menge bedeutet – aber wir hatten keine Worte dafür. Wir haben es schicksalhaft hingenommen.

Du bist ja eigentlich eher ein Garçon manqué. Bei mir ist das anders. Ich bin kein verpasster Junge, sondern immer das starke Mädchen gewesen. Ein Mädchen, dessen Familie nicht nur vergessen hatte, ihm beizubringen, dass es „nur" ein Mädchen ist, sondern schlimmer noch: Schon in meinen frühesten Kinderjahren waren Mama wie Papa besonders stolz darauf, wenn ich klug oder mutig war. Eigenständigkeit, Courage und Intelligenz wurden bei mir von den ersten Gehversuchen an belobigt und bestärkt. Dadurch war bei mir das fatale Missverständnis entstanden, Frauen dürften „so" sein – und darum war dann ja auch mein Erstaunen und meine Empörung groß, als ich eine Frau wurde und überall an Geschlechter-Grenzen stieß. Meine Empörung darüber hat bis heute angehalten.

In Sachen Sexualität waren wir, glaube ich, beide reichlich naiv, auch wenn wir rein theoretisch dank Filmen und Büchern schon einen gewissen – manchmal verwirrenden – Kenntnisstand hatten.

Du schreibst von gewagten Stellungen in Bergmans ‚Schweigen'. Aber war die berüchtigte Szene nicht die, in der die spröde Thulin masturbiert hat? Und war das nicht das allergrößte Tabu?! Onanie – und dann auch noch die einer Frau. Ich erinnere mich beim besten Willen nicht, dass wir als junge Mädchen oder Frauen jemals über Masturbation gesprochen hätten. Und, ehrlich gesagt, war das Thema für mich auch ein unbeschriebenes Blatt – bis ich in die Frauenbewegung geriet. Da war Selbstbefriedigung in diesen frühen „Bewusstwerdungsgruppen", in denen alle über alles redeten, *das* Thema. Ich kriegte schon schier Komplexe, weil ich so gar nichts dazu beitragen konnte ...

Du hast recht: In Sachen öffentlicher Sexspeak hat sich in den letzten vierzig Jahren sehr viel getan. Ob sich auch unter vier Augen so viel geändert hat, das sei dahingestellt ... Und wir zwei waren in der Tat damals ziemlich zurückhaltend, haben uns zwar unsere Gefühle, nicht aber unbedingt auch Fakten und Positionen mitgeteilt. Auch aus Rücksicht Dritten gegenüber. Stimmt. Wobei wir in Wahrheit auch noch gar nicht so viel Anlass hatten, Rücksicht zu nehmen.

Liebe Barbara, bevor wir jetzt im Frühling 1963 zusammen von Wuppertal nach Swinging München ziehen und in der Schwabinger Konradstraße 12 ein Zimmer teilen, sollten wir noch ein letztes Mal den Herbst und Winter 1962/63 Revue passieren lassen. Ab wann und wie haben wir eigentlich unseren Abgang nach München geplant? Haben wir von Anfang an zu Hause offen darüber gesprochen? Haben wir es mit der Clique diskutiert? Den Jungs haben wir es ja auf jeden Fall verheimlicht, weil der Umzug mit meiner –

ersten! – Trennung von M. verknüpft war. Aber wieso wohnte der dann kurz darauf auch in München? Und Z. nicht minder – oder kam der erst später?

Es scheint so gewesen zu sein, dass diese Männer andauernd hinter uns herzogen. Wie ich überhaupt die Erfahrung gemacht habe, dass Männer viel mehr aufs Heiraten versessen sind als Frauen. Die haben ja auch mehr davon. Ich habe gelesen, dass verheiratete Männer nicht nur gesünder sind als unverheiratete, sondern auch länger leben. Dank der guten Pflege. Aber genau danach stand uns ja nicht der Sinn: eine gute Haus- und Pflegefrau zu werden! Darum sind wir abgehauen.

Doch zunächst waren wir noch in Wuppertal. Du immer bei deiner Bank für Gemeinwirtschaft, ich immerhin schon bei meinem Meinungsforschungsinstitut, für das ich jeden verdammten Morgen gegen sieben auf Gleis 1 den Zug nach Düsseldorf nahm. Ich sehe mich noch wie gestern an einem der verschlafenen Montagmorgen die Bahnhofstreppe in Düsseldorf runtergehen – und plötzlich hängt am Kiosk der Schocktitel vom ‚Spiegel': Augstein verhaftet! Weil Strauß und Adenauer nicht gepasst hatte, was der ‚Spiegel' so ausgeplaudert hat an „Staatsgeheimnissen". Einen „Abgrund an Landesverrat" witterte damals unser Kanzler. Und Rudolf Augstein im Knast. Ich glaube, zwei, drei Monate lang. Das waren noch Zeiten! Irgendwie habe ich diese heroischen Jahre nie vergessen können und ein lebenslanges Faible für Augstein behalten (der ja auch ein ausgezeichneter Journalist und Blattmacher war – wenn auch ein alter Zyniker).

Ja, über so was konnte man bei meiner neuen Firma, der Intermarket, wenigstens reden. Das war ein gewisser Trost. Genügte aber nicht. Schließlich musste ich immer noch diese doofen Statistiken tippen, die ich aber bis heute hochprofessionell interpretieren kann.

Doch stand mir – und dir – der Sinn nach neuen Ufern. Aber was hat eigentlich unsere Clique zu unserem Abgang gesagt? Und wann sind uns Teddy und Doris W. hinterhergezogen? Die waren dann ja auch irgendwann in München. Vor allem aber: Was hast du in diesem letzten Wuppertaler Jahr gemacht? Vertue ich mich – oder zögerst du, darüber zu schreiben? Warst du eigentlich in Z. verliebt? Wäre ja keine Schande. Du wärst schließlich nicht die erste Frau, die einerseits einen „Homo“ (wie das früher hieß) retten will – und andererseits froh ist, dass er „nichts von mir will“.

Ja, du erinnerst dich richtig, dass ich bei unserem dramatischsten Streit in München „Nappi“, eines unserer beiden Holzpuppenkinder, an die Wand geworfen habe. Aus Wut. Auf dich. Und weißt du was? Nappi steht heute vor mir! Samt seinem noch immer schiefen Kopf auf der Spirale. Es ist mir nie gelungen, ihn wieder gerade zu biegen – aber er begleitet mich seit über vierzig Jahren.

Erinnerst du dich eigentlich, warum wir die beiden Napoleon (Nappi) und Josephine (Josi) genannt haben? Vermutlich hatten wir gerade einen einschlägigen Film gesehen oder ein Buch gelesen. Wo aber, Barbara, ist Josi?! Ich habe Nappi mit aufs Land genommen, wo er das Prunkstück meines Sammelsurium-Regals ist, mit objektiv wertlosen, aber subjektiv wertvollen Preziosen. Und auf diesem Land hocke ich gerade mal wieder, im Juli – mit sibirischen Temperaturen. Ich habe die Heizung an! Anscheinend müssen wir in diesem Jahr für den heißen Sommer vom letzten Jahr büßen.

Macht aber nichts: Die 400 Jahre alte mächtige Linde vor meinem Haus blüht trotzdem, und die Bienen darin machen einen Lärm wie eine sechsspurige Autobahn. Beim geringsten Sonnenstrahl schleppe ich meine Manuskripte und die Haufen noch zu lesender Zeitungen raus – immer auf dem Sprung, schnell reinzusausen, sobald wieder der erste Tropfen fällt. Hier draußen bleibt mir wenigstens das Gegröle von der Fußballweltmeisterschaft erspart. Obwohl: Das frühe Ausscheiden „unserer“ Jungs hat sich ja ziemlich dämpfend ausgewirkt ...

Gerade habe ich gelesen, dass ein Wissenschaftler auf einem englischen Shakespeare-Kongress ernsthaft die These vertreten hat, Shakespeare sei eine Frau gewesen. Nämlich in Wahrheit die Countess von Pembroke, die unter dem Pseudonym des zeitgenössischen Theaterleiters veröffentlicht hätte. Weißt du etwas darüber? Wäre ja wirklich saukomisch, wo doch Shakespeare einer der Kronzeugen dafür ist, dass angeblich alle große Kultur von Männern erschaffen wurde: von Shakespeare bis Einstein ...

Doch schweifen wir nicht ab. Spuck's aus, Barbara, was du 1962/63 getrieben hast, bis wir weggingen aus Wuppertal! Und lass uns endlich nach München ziehen.

Bis dahin umarmt dich
deine Alice

PS: Das mit deinen Wellensittichen habe ich mir schon so ähnlich gedacht, Barbara. Ich persönlich bin ja innerhalb meiner vier Wände bei den Felltieren stehen geblieben. Aber ich erinnere mich mit Schaudern an die beiden Wellensittiche meiner Mutter – der schöne Tati und die krumme Tita –, die ich ihr geschenkt hatte in dem Glauben, Vögel seien pflegeleicht. Mit dem Resultat, dass die Gutherzige sie meist frei fliegen ließ und die reizenden Geschöpfe alles zerfetzten und zerschissen. You remember? Das können sie ja bei dir nicht machen, da du Vorausschauende gleich dein ganzes Wohnzimmer in eine Voliere verwandelt hast – da kannst höchstens du noch stören.

Berlin, 4. Juli 2004

Liebe Alice,

bevor wir nach München aufbrechen bzw. uns auf unsere erste Wochenendreise per Anhalter dorthin begeben, um unser Zimmer zu mieten, noch was zu Wuppertal. „Non, je ne regrette rien ..." legte an jenem bedeutungsschwangeren Abend auf der Party ich auf. Die Girls unserer Clique waren alle mit Freunden oder Lovern oder zukünftigen Lovern gekommen. Nur ich war solo. Die Rolle des DJ passte mir wie angegossen. Und „Non, je ne regrette ..." war mein musikalischer Kommentar zu deiner bevorstehenden „Nacht der Nächte" – zu dir und M., mit dem du Schläfe an Schläfe auf der Tanzfläche standest.

Irgendwann setzte sich ein Junge mit fast schon obszön langen Wimpern neben mich auf den Fußboden: „Warum tanzt du denn nicht?" – „Ich hasse es zu tanzen!" – „Aber Musik auflegen magst du?" – „Ich liebe das!" Schweigen. Dann sagt er: „Hat dir schon mal jemand gesagt, dass du im Profil der Nofretete ähnlich siehst?" – „Nein." – „Ja, dann, ich muss gehen ..." Ich nickte mürrisch. Wer war Nofretete? Die kleine Doris klärte mich auf dem Heimweg auf, so dass ich mich für Nanosekunden in eine geheimnisvolle Ägypterin verwandeln durfte, während du mit M. Blues tanztest.

Z. hatte mir einen Band Frauenlyrik von der Antike bis zur Gegenwart geschenkt. Sappho machte mit ihrem Aphrodite-Gedicht den Auftakt: „Auf buntem Thron, Unsterbliche, Aphrodite, Zeus' Tochter, Listenspinnerin, ich flehe zu dir: Lähm mir mit Trübsinn nicht und Überdrüssen, Herrin, den Mut ..." Diesen roten Lederband presste ich mit verklärten Blicken in meinem Zimmer in der Ronsdorferstraße an meine Brust. Die Widmung ist auf April 63 datiert: „Jaja, wir Klassefrauen ... wohl immer irgendwie dein Z." Mir ist in Erinnerung, immer wieder Z.s Lieblingsgedicht von der Lasker-Schüler aufgeschlagen zu haben. Ich kann's heute noch auswendig: „Ich suche allerlanden eine Stadt, die einen Engel vor der Pforte hat ..."

Wenn Z. aus diesem Gedicht seinen Lieblingsvers zitierte – mit feucht schimmernden Augen und der Hand auf dem Herzen: „Ich habe Liebe in die Welt gebracht, dass blau zu blühen jedes Herz vermag, und hab ein Leben müde mich gewacht, in Gott gehüllt den dunklen Atemschlag ..." –, geriet ich in einen Zustand der Verzückung, der mich vergessen ließ, dass ja nicht er das Gedicht geschrieben hatte. Z. fühlte sich geschmeichelt, aber so viel Verzückung machte ihn auch unruhig. Prompt schlüpfte er in die Rolle einer Frau, wiegte sich in den Hüften und scherzte so lange herum, bis ich in Lachen ausbrach: „Siehst du, Babsi, so hab ich dich gern. Wohl?", sagte er. „Wenn du klar und verständig bist!" (Letzteres unübersehbar erleichtert, denn eine „beste Freundin", die sich in ihn verliebt, konnte er nicht gebrauchen.)

Nein, retten wollte ich ihn nicht ... und als Schande empfand ich meine einsetzende Verliebtheit auch nicht. Ich fand das ostentativ Schwule frech und aufregend in einer Zeit, in der Homosexuelle noch bei Nacht und Nebel um Häuserecken huschen mussten ... Hinzu kam, dass die Girls unserer Clique alle verliebt waren. Ich glaubte vermutlich, da müsse ich nachziehen. Gruppendruck heißt das ja. In Wirklichkeit hatte ich natürlich nur eine zweite „beste Freundin" hinzugewonnen, mit der ich am Wochenende in Düsseldorf ausging.

Doch Z. hatte Seiten, die mir ferner waren als die Andromeda-Galaxie, die, las ich kürzlich irgendwo, mit irrsinniger Geschwindigkeit auf unsere kleine Galaxie zuhält und in zirka vier Milliarden Jahren mit ihr kollidieren wird. Erinnerst du dich an die Fotos? Den Stapel Fotos mit nackten Männern, den Z. eines Tages ranschleppte? Man sah von den Männern nur ein paar Zentimeter Fleisch unterhalb des Bauchnabels, darunter den Stolz des Mannes, und noch ein paar Zentimeter Oberschenkel.

„Na? Was sagst du?", kicherte Z. – „Na ja, ich weiß nicht ..." – „Sieh mal, der hier! Sieht der denn nicht wie ein kleiner, krummer, türkischer Dolch aus?" – „Nun, ich ..." – „Oder der hier? Ein richtiger Knüppel! Was meinst du? Den kann ich mir gut in der Hose eines Polizisten vorstellen!" – „Nun, ich ..." – Und Z.: „Fühlst du was, Babsi? Bist du erregt?" Ich war sprachlos, überrascht. „Erregt?" Z. versuchte es andersherum: „Nun sag schon! Welcher gefällt dir am besten?" – „Wie soll ich das wissen?", fragte ich. „Man sieht doch keine Köpfe ..." Das war einer der wenigen Momente, in denen Z. wirklich wütend wurde. Er stampfte mit dem Fuß auf und schrie: „Köpfe interessieren hier nicht!"

Ich fand das Ganze nur absurd, grotesk, aber natürlich fand ich toll, dass er mich als eine „Klassefrau" begriff oder begreifen wollte. *Ich* sah mich eher als ein Mädchen, das ein Junge ist, der ein Mädchen spielt.

Habe ich dir eigentlich damals von unserer Nacht der Nächte erzählt? Die Clique wusste Bescheid: Barbara stellt mit Z. den Film ‚Bitterer Honig' nach ... Das war die Reaktion unserer lieben Freundinnen, für die wir ja durchs Feuer gegangen wären – und zwar für jede Einzelne.

Z. und ich waren Ende 62, Anfang 63 für einige Tage in Frankfurt. Er sollte für irgendwelche Interessenten Antiquitäten kaufen. Er erbleichte vor Entzücken, wenn er eine Jugendstilvase in den Händen hielt, eine Jugendstilschale, eine Kachel, einen Kerzenständer. Irgendwas, Hauptsache Jugendstil. Tagsüber eilte er durch die Geschäfte, ich saß in Cafés rum, las und ging ins Kino und spazieren. Auf der Rückfahrt nach Wuppertal erreichten wir per Anhalter ein Dorf, in dem er irgendeine Jugendstilkanne abholen musste. Es war spät geworden. Der einzige Gasthof des Ortes hatte nur noch ein Doppelzimmer. „Heut Nacht passiert's", trällerte Z., während wir eine steile Treppe zu unserem Zimmer hinaufsteigen. „Das Schicksal will es so."

Im Zimmer stand ein riesiges Ehebett, ein Kleiderschrank und ein Waschbecken mit tropfendem Wasserhahn ... Ich muss sagen, trotz aller Verliebtheit hatte ich mir nie vorgestellt, mit ihm in einem Bett zu liegen ... Ich stand noch unschlüssig in meiner schwarzen, gerippten Schießerunterwäsche vor dem Waschbecken – schwarz! Der

Inbegriff von Laster –, mit der Frage beschäftigt: Zähne putzen oder nicht?, als Z. schon unter dem Federbettenberg verschwunden war. Nach dem Zähneputzen lag ich schließlich neben ihm. Wir kicherten.

Z. stützte den Arm auf und schaute mich an und erzählte irgendwas, was wirklich interessant war, was ich wirklich hören wollte, aber ... ich fiel augenblicklich in Tiefschlaf. Am nächsten Morgen jubelte er: „Das geht zu weit, Babsi! Du bist von einer Sekunde zur anderen eingeschlafen. Und hast geschnarcht wie ein Holzfäller! In unserer Hochzeitsnacht!“

Indeed! Indeed! Unsere kleinen Holzpuppen bekamen ihre Namen, nachdem wir Marlon Brando – babyhaft verfettet als Napoleon – und Jean Simmons als Josephine in ‚Desirée‘ gesehen hatten. Marlon mit Stirnlocke und weißen, knielangen Strumpfhosen; die Simmons betupfte als Josephine dauernd ihre Augen mit einem Taschentuch. Eine schreckliche Heulsuse. Weshalb wir beide Nappi haben wollten! Nach viel Hin und Her mit handfesten Argumenten wie: „Sieh mal, Nappi passt doch viel besser zu mir!“ (Du). Oder ich: „Du darfst Josi haben. Ich verzichte. Sie ist dir irgendwie ähnlich“ und so weiter. Nach zähen Verhandlungen einigten wir uns darauf, die beiden wöchentlich auszutauschen ...

Aber – woher hatten wir sie? Meiner Erinnerung nach erstanden wir sie in unserer ersten Münchner Woche. Auf der Kitsch- und Kunstmeile in Schwabing, auf der Leopoldstraße. Oder? Ich sehe uns jedenfalls in unserem sonnenüberfluteten Zimmer in der Konradstraße stehen, und die Holzpuppen auf dem Schreibtisch.

Aber – wo ist Josephine? Ich meine, sie zum letzten Mal 1974 in der Grunewaldstraße gesehen zu haben. Du wohntest damals in Berlin, irgendwo am Breitenbachplatz. Sollte es möglich sein, dass ich Josi nach einem unserer warmherzig-anstrengenden kurzen Wiedersehen (gelacht wurde ja nicht mehr) – deinen Wurf mit mehr als zehnjähriger Verspätung beantwortend – wutentbrannt gegen die Wand ...?

Eine Masturbationsszene mit der Thulin in ‚Das Schweigen‘? Die habe ich garantiert nicht als solche erkannt. Und: Du kannst diese Szene auch nicht verstanden haben! Denn ich erinnere mich genau, dass wir mit der Clique in der Beletage lebhaft über den Film diskutierten, ohne diese Szene auch nur mit einem Satz zu streifen. Mit anderen Worten: Liebe Alice, wir waren in dieser Hinsicht vollkommen unbedarfte Lämmer. Da hilft auch kein rückwärtsgewandter, verruchter Lidaufschlag ...

Aber erinnerst du dich an den Abend, an dem wir den Bergman-Film ‚Wie in einem Spiegel' sahen? Danach gingen wir zu dir in die Tannenbergstraße. Der Film hatte uns beeindruckt. Ich weiß nur noch, dass er auf einer kargen kleinen Insel spielte. Dort hatte sich ein Liebes- oder Ehepaar häuslich niedergelassen. Anfänglich eilt die junge Frau noch dynamisch durchs Haus, derweil ihr Geliebter Pfeife rauchend in seinem Arbeitszimmer am Schreibtisch hockt. Später dann sieht man sie melancholisch auf Felsen sitzen und mit leerem Blick auf die spröde See starren. Da betet sie schon viel. In der letzten Einstellung hockt sie in einer Ecke, und über ihr kreist ein Hubschrauber, und ihr Geliebter kann ihr auch nicht mehr helfen.

Du und ich tranken gemütlich Tee, dann hielt ich es nicht länger aus: „Alice, das Ende des Films habe ich nicht verstanden! Warum sitzt sie denn zum Schluss in einer Ecke und kreischt beim Anblick des Hubschraubers, als ob sie wahnsinnig wäre?" – „Barbara, sie ist wahnsinnig!" – „Aber ... wieso denn?" – „Sie hat einen religiösen Wahn!" – „Einen religiösen Wahn?" – „Ja doch. Und als der Hubschrauber kommt, um sie abzuholen, da hört sie im Getöse der rotierenden Propellerblätter die Stimme Gottes, und Grauen und Entsetzen überwältigen sie!" – „Sie hört die Stimme Gottes ...?" – „Wenn ich es sage", sagtest du. „Bergman zeigt diese Szene vollkommen aus ihrer Perspektive. Das Tosen des Motors, die wirbelnden Propellerblätter über ihr ... Ist Gott vielleicht ein Insekt? Oder ein Hubschrauber ...?"

Anschließend unterhielten wir uns noch lange darüber, was wir eigentlich unter Wahnsinn verstehen. Und später lagen wir im Bett und flüsterten vergnügt ... wohl auch, weil wir das trübe Schicksal der Bergman-Heldin nicht teilen mussten. Es war ja nur ein Film ...

Wirklich interessant finde ich, was du im letzten Brief über Shakespeare und die Countess geschrieben hast. Shakespeare eine Frau? Wenn ich es recht bedenke, deutet vieles in seinen Dramen und vor allem in den Komödien darauf hin. Er hat erstaunlich viele Frauen in Hosenrollen gesteckt und einen unübersehbaren Spaß am Verwirrspiel zwischen den Geschlechterrollen gehabt. Ich finde, ‚Emma' sollte das unbedingt verfolgen und mehr und Genaueres darüber berichten. Wäre wirklich lustig ...

Stell dir vor, Alice, letzte Woche stand die Frage im Raum, was mit meinem türkischen Nachbarn zwei Stockwerke unter mir ist. Du weißt schon, der, bei dem ich, nach Wochen durch Deutschlands Ämter – erst wegen Sozialhilfe, dann Arbeitslosengeld und zuletzt, um seine Rente durchzukriegen –, plötzlich gereizt wurde: „Herr Özen, das heißt nicht Juro! Das heißt Euro!" Eine Nachbarin, die entzückende Vanessa, fragte, ob mir auch dieser seltsame Geruch im Treppenhaus ...? Tatsächlich. Ein Klopfen und Rufen. Zur Tochter gerannt. Hat vielleicht einen zweiten Schlüssel. Tochter unauffindbar. Mit der Hausbesitzerin telefoniert. Immer wieder gerufen.

Dann am Dienstag die traurige Gewissheit. Immerhin scheint er friedlich im Schlaf gestorben zu sein. Trotzdem mache ich mir Vorwürfe. Hätte ich nicht mehr für ihn tun können? Nicht nur geldmäßig und so? Hätte ich nicht ab und an neben ihm auf der Couch fernsehen sollen? Mein Gott, er sprach ganze drei Worte Deutsch, eins davon war „Scheise" (mit weichem S), und er war ein schrecklicher Pascha. Nun ja. Friede seiner Seele.

Unser Aufbruch nach München! Ich bin sicher, der Vorschlag kam von dir. Und ich war sofort Feuer und Flamme! Nichts wie raus aus Wuppertal und der Bank! Nichts wie weg von Z. und M. Wir wurden in Gegenwart der Jungs zunehmend melancholischer, gestanden wir einander ...

Unserer Clique stand der Sinn nach Aufbruch. Wir wollten alle nach Paris – aber wir durften nicht. Zumindest wir zwei nicht. Und da wir noch keine 21 und nach den damaligen Gesetzen noch nicht volljährig waren, konnten sie es uns verbieten. Wir beschlossen also, nach München zu gehen – dem Mekka Nr. 2 der frühen 60er Jahre. Klopfer und Doris, die schon volljährig waren, packten gemeinerweise ihre Koffer für Paris … aber dann passierte denen das Gleiche in Paris wie uns in München. Doch das später.

Alles musste auf jeden Fall topsecret bleiben. Zumindest, was uns zwei anging. Denn M. würde dich nicht ziehen lassen. Das war klar. Du hattest ja schon mehrere Ausbrüche versucht. Nur deine Großeltern und deine Mutter wurden eingeweiht. Deine Mama hätte dich zwar lieber dabehalten, aber dein Papa bestärkte dich in deinem Plan. Und meine Mutter legte mir keine Steine in den Weg ... Wir fuhren für ein Wochenende nach München, wo wir das entzückende Zimmer in der Konradstraße 12 fanden und mieteten. In meiner Erinnerung ist es immer sonnenüberflutet und riesengroß. Doch wahrscheinlich hatte es gerade mal 25 Quadratmeter. Hast du noch die Einrichtung vor Augen?

Nur zwei Monate später kamen Teddy und Doris W. nach München hinterhergezogen. In meinem Taschenkalender habe ich am 29. Juni 1963 notiert: Ankunft Teddy. Ich Herzensgute habe dann mit ihr zusammen ein Zimmer für sie und Doris gesucht. Doris W. kam prompt wenige Tage später in München an. Die beiden haben, glaube ich, ein, zwei Jahre zusammengewohnt – nicht immer ganz ohne Spannungen, wenn ich mich recht erinnere. War das nicht die Zeit, in der Teddy dieses komplizierte Verhältnis mit dem Science-Fiction-Autor anfing? Und Doris W. energisch Kurs nahm auf ihre berufliche Zukunft?

Und wir zwei brachen nach München auf. Du, ohne dich vom ahnungslosen M., und ich, ohne mich von meiner zweiten besten Freundin zu verabschieden. Wir waren gerettet ... Ein neues aufregendes Leben hielt auf uns zu. Niemand konnte mehr mit uns quengeln, schluchzen oder drohen oder versuchen, uns zurückzuhalten. Denn niemand kannte unsere neue Adresse! Wirklich niemand?

It's your turn, Alice,

herzlich,
deine Barbara

9. Juli 2004

Liebste Barbara,

eben habe ich deinen Brief aus meinem Berliner Briefkasten gefischt – und kann es kaum erwarten, dir zu antworten. Sicher, du bist nur zehn Autominuten von mir entfernt. Aber wir haben uns ja geschworen, uns erst wieder zu sehen, wenn unsere Korrespondenz am Turning Point angelangt ist: am 28. April 1964, der das Ende unserer Jugendfreundschaft – oder sollten wir sagen: Jugendliebe? – markiert. Ja, wohl das Ende unserer Jugend überhaupt.

Du wirst Recht haben, wahrscheinlich hatte ich den Umzug angeregt. Meine Sehnsucht nach der weiten Welt und die permanenten Ausbrüche und Aufbrüche sind ja unübersehbar. Aber warum München? Weil wir nach Paris nicht durften! Ich höre noch den spöttischen Kommentar meiner Großmutter: „Du möchtest wohl unter den Brücken von Paris schlafen ...?" Und Swinging Schwabing war ja auch super-in. Wir versprachen uns von dem Umzug an die Isar so einiges – und sollten auch nicht enttäuscht werden.

Dass wir zwei im Frühling 1963 schon vorab nach München gefahren waren, um uns ein Zimmer zu suchen, hatte ich vergessen. Haben wir dieses Traumzimmer in der Konradstraße 12 denn auf Anhieb gefunden? Es lag im ersten Stock, war in der Tat groß und licht, ging auf einen Hinterhof mit Bäumen raus und wurde als Doppelzimmer vermietet. Das Los entschied: Mein Bett war das vorne links am Fenster und deines das hinten rechts von der Türe. Unser Zimmer war der hinterste Raum in der riesigen Altbauwohnung, in der die gute Frau Fischinger zwei, drei Zimmer untervermietet hatte. Damals gab es ja noch keine WGs, die kamen erst Ende der Sechziger mit der Studentenbewegung auf. Der Gipfel der Unabhängigkeit war ein möbliertes Zimmer – zu dem fast immer eine wachsame Zimmerwirtin gehörte. Herrenbesuch im Zimmer? Selbstverständlich ganz und gar undenkbar.

Stell dir vor: Vor einigen Jahren hat mich bei einer hochromantischen Hochzeit am Ammersee – sie mit Blumen im Haar und im Dirndl, er mit Lockenkopf und Jankerl, und beide auch schon wieder geschieden – eine Frau angesprochen und sich als die Tochter von Frau Fischinger geoutet. Zu meiner Fassungslosigkeit erinnerte sie sich im Detail an uns. Obwohl wir doch nur knappe fünf Monate in der Konradstraße gewohnt haben und das Ganze zu der Zeit auch schon über 30 Jahre her war. Sie war überzeugt, wir wären Studentinnen gewesen (was leider nicht der Fall war). Wir müssen wohl total auffällig gewesen sein: sehr lebhaft, sehr komisch und sehr politisch interessiert. Eben der Knaller. Das fanden wir selber damals ja auch irgendwie – doch dass die anderen das ebenfalls so gesehen haben, ist im Nachhinein beruhigend.

Hatten wir uns vor dem Umzug auch eine Stelle gesucht? Vermutlich nicht. In den 60ern fand man ja eine Stelle leichter als ein Zimmer, da gab es noch keine Arbeitslosigkeit. Und wir waren ja auch nicht wegen der Arbeit nach München gegangen, sondern wegen der Stadt. Jetzt waren wir da, wo wir hinwollten: im Herzen von Schwabing. Unser Zimmer war zwei Fußminuten von der Leopoldstraße, fünf vom Englischen Garten und drei vom In-Café ‚Schwabinger Nest' entfernt. Wir verloren keine Zeit.

Es muss einer der ersten, wenn nicht sogar der erste Abend in München gewesen sein, an dem wir barfuß und in Jeans in den Englischen Garten schlenderten, in der Hand eine dickbauchige Rotweinflasche, außen Strohflechtwerk, innen schlechter Wein, aber das machte uns nichts. Wir haben es vermutlich noch nicht mal gemerkt. Unsere Wonnen waren nicht materieller Natur. Stundenlang hockten wir am Rand von diesem kleinen Tempel (Monopterus), redeten und tranken und schauten in die Sterne. Wir waren frei. Endlich. Die Welt stand uns offen. Es galt nur noch, ein paar kleine Probleme zu bewältigen.

Problem Nr. 1: M. Mit dem bis zuletzt vor allen geheim gehaltenen Umzug nach München hatte ich ja meine (dritte?) Trennung von M. verbunden. Denn der konnte einerseits nicht ohne mich sein, andererseits aber auch nicht mit mir. Diese ewigen Kämpfe fingen an, mich ernsthaft zu bedrücken. Auch hatte ich so gar keine Lust, mich schon zu binden. Aus Sicherheitsgründen hatten wir also tatsächlich noch nicht mal unserer geliebten Clique die Adresse gegeben.

Problem Nr. 2: Der Beruf. Wolltest du schon damals Schauspielerin werden? Und ich? Ich habe damals etwas für Frauen sehr Typisches gemacht: Ich habe immerzu die Branche gewechselt – in der Hoffnung, damit die Tätigkeit zu wechseln. Ich bin aber immer wieder an der verdammten Schreibmaschine gelandet (die ich heute so liebe, weil ich alle meine Artikel und Bücher auf ihr schreibe).

Nach dem Marktforschungsinstitut in Düsseldorf also jetzt ein Verlag in München. Ein richtiger Literaturverlag. Der Chef hatte mich persönlich eingestellt, an einem Samstagnachmittag. Niemand anders hatte mich beim Einstellungsgespräch zu Gesicht bekommen, was seine Frau, die auch im Verlag arbeitete, gar nicht komisch fand. Erst im Nachhinein habe ich chronisch Harmlose begriffen, warum. Auf jeden Fall wurde ich nicht als Mitarbeiterin in der Werbeabteilung eingesetzt, wie mit dem Herrn Verleger abgemacht, sondern ließ mich die Frau Verlegerin ein ganzes Gartenlexikon tippen. Ein Gartenlexikon! Über Wochen. Du erinnerst dich bestimmt daran, weil ich dir todsicher jeden Abend mit meinem Gejammer über diese nervtötende Arbeit in den Ohren gelegen habe.

Um diesen Sinnlosigkeiten zu entfliehen, stürzten wir uns also Abend für Abend ins Getümmel. In den Briefen an meine Mutter aus dieser Zeit berichte ich glühend: vom neuesten Theaterstück von Ionesco, vom klassischen Konzert, vom neuesten Film von Alain Resnais (‚Hiroshima mon amour'). Von Arbeit ist nicht die Rede. Doch wie ich meinen Unterlagen der Bundesversicherungsanstalt entnehme, haben wir unsere Arbeitsstellen am 15. Mai 1963 angetreten. Haben wir schon vorher in der ‚Nachteule' gejobbt – oder hat erst Doris W., die uns zwei Monate später nach München folgte und bald darauf in der ‚Nachteule' mit den berüchtigten Wimpern klimperte, uns die Jobs vermittelt?

Wie auch immer, irgendwann waren wir im ‚Nachteulen'-Einsatz: Du hast bedient und ich war „Empfangsdame". Da gab ich die kühle Blonde, natürlich immer im Rock oder Kostüm, und begleitete die Gäste an die Tische. Das war ein schicker Job mit Stil und Prestige – aber ohne Trinkgeld. Also habe ich manchmal auch bedient.

Weißt du noch? Links war, wenn man reinkam, die Garderobe mit diesem Archetyp einer Garderobiere namens „Mutti". Mutti wusste alles, verstand alles und nähte einem auch schon mal einen Knopf an oder einen Saum um. Rechts ging es rein in die Boheme-Stuben: rau verputzte Wände, Katakombencharakter, Tropfkerzen in Weinflaschen auf den Tischen. Und linker Hand die Bar, die über Jahre zum Königinnenreich der tüchtigen Doris W. wurde. Sie arbeitete doch tatsächlich tagsüber noch als Buchhalterin und jobbte abends hinter der Bar in der ‚Nachteule'. Einmal bin ich für sie eingesprungen – ein voller Reinfall. Ich konnte es einfach nicht. Ich konnte nicht lächeln, wenn die Typen Scheiße erzählten oder einen anmachten. Heute könnte ich das, glaube ich. Doch das ist ja jetzt nicht mehr die Frage.

Das Schönste in der ‚Nachteule' aber waren die nächtlichen Abrechnungen hinten in der Küche mit den drei jiddelnden Brüdern. David, Nathan und ...? Wenn ich mich recht erinnere, waren sie auf dem Weg von Osteuropa nach Israel in München hängen geblieben, wie so viele. Und wahrscheinlich waren sie KZ-Überlebende. Haben wir sie darauf eigentlich mal angesprochen – oder haben wir das nicht gewagt? Auf jeden Fall waren die drei unsere ganze Freude, vor allem, wenn sie deutsch-jiddisch radebrechend an uns rumkrittelten oder uns gar im Verdacht hatten, nicht ordentlich abgerechnet zu haben. Das war dann immer so ein Geschiebe auf dem Holztisch mit den Münz-Stapeln. Na, wir hätten eher zu viel abgerechnet bei den so rührend-komischen Brüdern als zu wenig!

Vor etwa einem Jahr habe ich übrigens Doris W. in München getroffen. Sie ist ja die Einzige von uns, die dageblieben ist. Wir haben beide gleich wieder in den seligen Erinnerungen an die ‚Nachteule' geschwelgt. Sie hängt auch irgendwie an dem Trio – und die anscheinend an ihr. Stell dir vor: Einer der Brüder war vor einiger Zeit mal in einer der Boutiquen von Doris. Die war aber nicht da, sondern nur ihre Verkäuferin. Er hat nach ihr gefragt – aber zu ihrem großen, großen Bedauern keine Adresse hinterlassen. Inzwischen sind die drei vermutlich tot. Oder meinst du, es lebt noch einer? Ich würde sie zu gerne wiedersehen!

Waren wir tatsächlich aus Wuppertal verschwunden, ohne ein Wort zu sagen? Du Z. und ich M. nicht? Stimmt, deine Beziehung zu Z. hatte, auch ohne Sexualität, so quälende Formen angenommen wie meine zu M. Aber was bedeutet deine anzügliche Frage: Kannte „wirklich niemand" unsere Adresse? Ich vermute, dass es meine Mutter war, die sie M. gegeben hatte – weil er ihr „so Leid" tat. Oder willst du etwa andeuten, ich sei so dämlich gewesen, sie dem M ...? Nein, das will ich nicht glauben!

Doch wie auch immer: Unser Glück zu zweit in Swinging München währte nur wenige Wochen. Und dann ging das Telefon. Es stand in der Konradstraße im Flur, gleich neben der kleinen Kammer von dieser neugierigen Dauerstudentin, die immer die Ohren spitzte. Dran war M.s bester Freund. Und er wusste Schreckliches zu berichten: M. liege sterbenskrank darnieder, und zwar 15 Straßenbahn-Minuten von uns entfernt. Und ich sollte ihm doch den Herzenswunsch erfüllen und noch einmal an sein Sterbebett eilen ...

Barbara, uns beiden war sofort klar, dass es eine Finte war! Er war mir nachgezogen und versuchte wieder mal, mich umzustimmen. Und ich erinnere mich, als wäre es gestern gewesen, dass ich eigentlich nicht hingehen wollte – und dass ich dir die Entscheidung überließ. Ich habe dich gefragt: Was soll ich tun, Barbara, hingehen oder nicht? Und du hast geantwortet: Der arme M. – hingehen! Und ich ging hin. Und alles fing wieder von vorne an ... Er hat mich ja schrecklich geliebt – und alle waren auch immer wieder sehr gerührt darüber, du inbegriffen – aber gleichzeitig konnte er mich nicht nehmen, wie ich war. Immerzu musste an mir rumerzogen werden. Sodass ich nach kürzester Zeit wieder nur ein Bedürfnis hatte: Raus hier! Frei sein! Ich sein!

Rückblickend glaube ich, dass solche Konstellationen alles andere als ungewöhnlich waren. Die Männer fühlten sich in der Zeit noch quasi verpflichtet, überlegen zu sein, sonst waren sie keine richtigen Männer. Und selbst ein Mann wie M., der gelassen genug war, sich für selbstbewusste Frauen zu interessieren, selbst so einer konnte sich dem nicht entziehen. Er musste den dicken Mecki mimen. Es war eben für die Männer damals einfach unvorstellbar, eine Beziehung mit einer Frau auf Augenhöhe zu haben. Und wir aufmüpfigen Frauen hatten zwar dieses allgegenwärtige Gefühl des Unbehagens und der Auflehnung – ich sage nicht: Revolte, das hätte ein Bewusstsein vorausgesetzt –, aber wir hatten keine Worte dafür.

Und wer keine Worte hat, schreitet zur Tat. Du warst doch dabei – bei der Szene mitten auf der Leopoldstraße vor dem ‚Schwabinger Nest'? Wo ich vor Wut meine Handtasche auf den Boden geworfen und dem M. eine geknallt habe! Warum ... das weiß ich nicht mehr. Er hat mich nur blass und strafend angeguckt. Er war mir ja körperlich weit überlegen, was meine Ohrfeige fast zum symbolischen Akt schrumpfen ließ.

In diesen Münchner Wochen hat meine „Versöhnung" mit M. uns zwar nicht ganz erschüttern können, wir waren weiterhin ein wildes Duo – aber wir waren von nun an oft auch zu dritt. Was uns manchmal doch auch Spaß gemacht hat, oder? Erinnerst du dich, wie M. eine Meisterschaft in dem Streichholzspiel aus dem Resnais-Film ‚Letztes Jahr in Marienbad' entwickelt hat? Und wir vergeblich versuchten, es ihm nachzumachen? Mit der Hauptdarstellerin aus dem Film, Delphine Seyrig, habe ich mich übrigens zehn Jahre später in Paris angefreundet. Sie war wie ich aktiv im MLF (Mouvement de libération des femmes). Und ich werde nie vergessen, wie wir einmal zusammen bis in die späte Nacht in ihrer Wohnung am Place des Vosges einen öffentlichen Brief an Brigitte Bardot verfasst haben (den ich dann auch noch persönlich bei ihrem Dienstmädchen abgegeben habe).

Bardot hatte, wie es so ihre Art ist, mal wieder öffentlich Grobheiten losgelassen, unter anderem über „die frustrierten Feministinnen". Das fanden wir schade, wir hätten sie eigentlich gerne an unserer Seite gehabt. Ist aber nichts draus geworden, bis heute nicht. Das besonders Pikante an unserem Brief war, dass Brigitte die Vorgängerin von Delphine bei Sami Frey gewesen war – der an dem langen Abend im Zimmer nebenan saß. Long time ago.

Jaja, Z. Das mit den Nacktfotos hast du mir nie erzählt! War uns vermutlich damals peinlich. Mit ihrer Schwanzfixiertheit geht diese Art von schwulen Männern mir bis heute auf die Nerven. Homosexualität zwischen Männern ist eben im schlimmsten Fall: Mann hoch Mann; also Genitalfixiertheit, Leistungsdenken, Männlichkeitsgeprotze. Und Homosexualität zwischen Frauen ist im ödesten Fall: Frau hoch Frau; also Rüschengardinen und trautes Heim. Der erotische Weg liegt in der Mitte: von beiden Seiten nur das Beste. Das wissen wir heute. Aber damals!

Komisch, deine so verschreckt unschuldige Nacht mit Z. – der sicherlich nicht minder ambivalent war wie du. Sie ist mir nicht im Gedächtnis. Wenn der Rest der Clique auf dem Laufenden war, muss doch auch ich es gewusst haben?! Oder hast du es ausgerechnet deiner besten Freundin verheimlicht – und wenn ja, warum? Und dass der gute Z. Lasker-Schüler so schätzte – sie ist ja auch meine Lieblingsdichterin! Kennst du ihren hinreißenden Briefwechsel auf Wuppertaler Platt mit einem Freund aus Barmen?

Sieh an, du hast also Josephine nicht mehr ... Das ist ja sehr aufschlussreich! Wie dir klar ist, und auch deinen zu Recht verlegenen Windungen zu entnehmen, wiegt das mindestens so schwer wie mein Verlust deiner Briefe. Ich sage: mindestens! Schließlich waren diese beiden Holzpuppen mit ihrem Kugelkopf auf der Spirale sozusagen unsere Kinder in den Münchner Tagen. Sie standen, du erinnerst richtig, auf dem Schreibtisch vor dem Fenster. Und immer, wenn wir nach Hause kamen, tippten wir beide auf die Holzköpfe von Josi und Nappi. Das war ein Ritual. Dass sie ihre Namen von diesem dämlichen Ausstattungsschinken mit Marlon Brando hatten, hatte ich vergessen. War wirklich der reine Hohn von uns – und ja auch so gemeint. Die Ironie scheint ein durchgängiges Element unserer Kommunikation gewesen zu sein.

An unser zweites Ritual erinnerst du dich auch? Das Auflegen von Lotte Lenya, die Weill und Brecht singt. Stell dir vor: Auch die

Platte ist noch immer in meinem Besitz, arg verschrammelt, aber auch arg geliebt. Wir konnten alle Lieder auswendig. Surabay Johnny ... Und: Jaaaa, das Meeer ist blauau so blauau ...

Du bist dran!

Herzlich! Alice

Berlin, 14. Juli 2004

Liebste Alice,

nachdem ich deinen letzten Brief gelesen hatte, wollte ich mich gleich an den Schreibtisch setzen, um dir zu antworten, allein ... Aus unerfindlichen Gründen mag meine kranke Happy, der zutraulichste von meinen gefiederten Freunden, nichts essen. Wahrscheinlich hat sie den winzigen Käfig satt, in dem sie sitzen muss, damit sie sich nicht wieder und wieder ihr verkrustetes Köpfchen aufreißt. Ich stecke Apfelstücke zwischen die Gitterstäbe, Salatblätter, hänge Hirse auf etc. Wenn die Sonne scheint, eile ich, um sie ans Fenster zu stellen, damit sie draußen die Spatzen in der Birke beobachten kann. Das liebt sie. Dann isst sie ein paar Körner ...

Erinnerst du dich? Bevor wir mit der Zeitmaschine Anfang Mai 63 in München landeten, machten wir einen Zwischenstopp am Bodensee. Ich bin sicher, dass du dich noch an die Szene erinnerst, wie wir da an den Ufern auf dem steinigen Sand in der Sonne lagen. Wir hatten Ferien, wir waren beide wie befreit, die Wellen glitzerten, am Himmel zogen Kraniche vorüber. „Sieh mal", riefst du, „Kraniche!" Ich weiß noch, wie ich krähte: „Du, Alice! Sieh dir mal den letzten im Schwarm genauer an! Das ist kein Kranich ... das ist M.!" In unserem unbändigen Lachen schwang noch die Erleichterung nach, dass es nur ein kleiner Scherz gewesen war. Wir glaubten M. endgültig abgehängt. Wir Ahnungslosen ...

Und erinnerst du dich an den hoch gewachsenen, blauäugigen, schwarzhaarigen Römer, den wir in einem Konstanzer Tanzlokal kennen lernten? Er hieß tatsächlich Romano, hatte irgendeine Stelle in der Schweiz und thematisierte schon beim ersten Tanz die tiefe Verwandtschaft zwischen seiner und meiner Seele. Wir liebten dieselben Bücher, dieselbe Musik. Wir weinten beim Anblick leidender Menschen und Tiere ...

Mein Gott, er war sooo gut aussehend, und ich fühlte mich nach dem obsessiven Sexgeplapper von Z. wie in Seide gehüllt! Wir tauschten noch bis Anfang November melancholisch-heitere Briefe, die ich jüngst in irgendeiner Kiste entdeckte und irgendwann nochmal lesen werde. Seinen letzten Brief beantwortete ich nicht mehr, im Glauben, von Jorge schwanger zu sein. Das glaubte ein Arzt irgendwo am Sendlinger Tor erkannt zu haben. Meine Periode war seit über zwei Monaten ausgeblieben, und seine Untersuchung plus Test bestätigten meine schlimmsten Befürchtungen. Wie sich herausstellte, befand er sich im Irrtum und schuf dadurch idiotischerweise überhaupt erst die Situation, die mir dann zur Schwangerschaft verhalf! Nun, man ist immer selbst verantwortlich.

Wieso fragst du, ob ich glaube, du habest M. unsere Münchner Adresse gegeben? Er hat doch später gestanden – wenn auch erst, nachdem du ihm die Pistole auf die Brust gesetzt hattest –, dass deine Mutter es war, die sie rausgerückt hatte. Weil er ihr „so Leid" tat! (Du bzw. wir haben ihr offenbar nicht Leid getan.) Die Gute hatte ihn schwören lassen, sie nicht zu verraten.

Erinnerst du dich an den bewussten Abend in der Konradstraße? Wir hatten es uns beide gerade gemütlich gemacht, hockten auf unseren Betten und lasen. Und was müssen wir da plötzlich hören? Es macht klick. Und nochmal: klick, klick. Und immer weiter klick, klick, klick. Ein Blick und wir hatten verstanden. Da warf jemand Steine gegen unser Fenster. Wortlos waren wir uns einig: Licht ausmachen und zum Fenster schleichen. Und was mussten unsere verblüfften Augen da erblicken? Auf dem Flachdach des ebenerdigen Schuppens im Hinterhof saß M. und warf Steinchen gegen das Fenster unseres Zimmers im ersten Stock.

Noch nie, Alice, waren wir so schnell in den Schuhen. Das Licht haben wir gleich ausgelassen und uns leise davongeschlichen. Einmal draußen, sind wir losgerannt, um die Ecke der Konradstraße Richtung Leopoldstraße. Erst in sicherer Entfernung haben wir einen Lachanfall gekriegt. Und dann hast du mich beruhigt: Du kannst sicher sein, Barbara, er wird es nicht wagen, vor unserer Türe zu stehen!

Als wir Stunden später zurück zur Konradstraße schlenderten, sahen wir ihn im Straßencafé auf der anderen Seite sitzen: ins Gespräch vertieft mit dieser neugierigen Studentin, die bei uns in dem kleinen Zimmer gleich neben dem Etageneingang wohnte. Und ich erinnere mich noch, wie sie uns am nächsten Morgen in der Küche vorwurfsvoll erzählt hat, der Arme hätte sich beim Runterspringen vom Dach den Fuß verstaucht. Na, sie scheint ihn jedenfalls gerne getröstet zu haben.

Es vergingen zwei, drei Tage. Und dann kam der Anruf. M.s bester Freund erzählte uns die Story vom sterbenden M. Wir beide wussten, dass es ein elender Trick war. Ich habe damals nur eins gedacht: Alice, geh nicht hin! Tu's nicht! Als du dann aber die Entscheidung an mich delegiertest, sagte ich nur: „Alice, geh hin und überzeuge dich, dass der Mann putzmunter ist!" Ich kannte ja dein mitleidiges Herz. Hinzu kam, dass ich in Bruchteilen von Sekunden die Zeit vor Augen hatte, die folgen würde, falls er doch – mit einer Wahrscheinlichkeit von 0,00000001 Prozent – im Begriff stand, sich von unserer schaurig-schönen Welt zu verabschieden. Was würde dann sein ...? Dann würde in deinen Augen geschrieben stehen, dass ich es war, die dich von einer letzten, schönen, barmherzigen Geste abgehalten hatte. Was ich glaubte, war: Du gehst hin, überzeugst dich mit eigenen Augen, dass er dich mit diesem Trick nur hat einfangen wollen, sagst ihm „So nicht, mein Lieber" – und kehrst aufgeräumt in die Konradstraße zurück. Wo wir gemeinsam über so viel Kitsch tadelnd die Köpfe schütteln würden.

Nun, du kehrtest wirklich aufgeräumt zurück, doch erst am Nachmittag des nächsten Tages. Vorher hast du mich, meine ich mich zu erinnern, noch aus seiner Wohnung angerufen, um mir zu sagen, dass der Tote lebt und ich mir keine Sorgen zu machen brauche. Was wir an jenem besagten Nachmittag über die neue/alte Situation geredet haben, weiß ich nicht mehr, doch bin ich mir ziemlich sicher: Es gelang mir, dir meine Bestürzung und auch meine Wut auf deine Mutter (es konnte nur sie gewesen sein, M. wusste nicht einmal, wo deine Großeltern wohnten) und auf M. zu verbergen! Nach nicht einmal zwei Monaten war unser neues Leben zu Ende.

Und ich bin mir auch ziemlich sicher, dass ich dir meine Enttäuschung darüber verbarg, dass du dich wieder mit ihm versöhnt hattest! Er war schließlich dein Geliebter. Und, Alice, auch du hast später meine bevorstehende Heirat nie mit einem Fragezeichen versehen. Hättest du mir abgeraten, du hättest offene Türen eingerannt ... Selbst wenn in der damaligen Zeit eine Frau mit unehelichem Kind fast so verworfen war wie eine „Hure" – ich hätte ein Leben als allein erziehende Mutter gewagt. Nur wenige Jahre später habe ich das Programm sowieso gebracht.

Ein anderer Grund spielte auch eine nicht unbedeutende Rolle: Du selbst warst über die Lage nicht glücklich. Ich fragte mich – nicht dich! –, ob ich nicht unterschätzte, dass du mehr an M. hingst, als dir lieb war. Ich war in einer ambivalenten Situation. Am liebsten hätte ich gesagt: Alice, bitte – schieß ihn in den Wind! Der Mann tut dir nicht gut. Dieses permanente Herumkritteln an dir ist doch schaurig. Doch musste ich mich fragen, ob meine Sicht auf die Dinge nicht von egoistischen Motiven geleitet wurde? Ich war jetzt häufiger allein, schließlich kannte ich niemanden in München. Die herrlichen Zeiten mit dir wurden rarer ... Oft kamst du bedrückt von einem Rendezvous mit ihm zurück. Warst melancholisch. Ich war's auch, aber das sagte ich nicht.

Doch wenn wir zusammen waren, verflogen die bedrückenden Schatten wieder, und München war aufregend. Im Englischen Garten schien immer die Sonne. Wir nahmen unsere Bücher und Zeitungen mit und breiteten unsere Decke an einem rauschenden Wildbach aus, der sich unterhalb des Monopteros durchs Gras schlängelt. Und dann dachte ich, dass alles nicht so wild ist. Ich sagte mir: Mach's halblang, Barbara. Das war ein Spruch, den wir aus William Faulkners Roman ‚Moskitos' hatten: Mach's halblang ...

Tatsache ist, dass du liebes Wesen dann darauf bestandest, dass wir zu dritt ausgehen. „Tu mir die Liebe, Barbara." Verständlich, dass M. nicht gerade aufleuchtete, wenn du mit deiner besten Freundin aufkreuztest. Selbstverständlich war er immer nett zu mir, und ich war fast noch netter zu ihm und tat bei euren Streitereien so, als würde ich seine Argumente ernsthaft bedenken.

Alice, ich habe diese Treffen zu dritt in übler Erinnerung. Er ließ kaum eines vergehen, ohne dich zu provozieren und in Rage zu bringen. Und ich durfte dann die diplomatische Seite meines Charakters aktivieren, um, allem Anschein nach vergnügt und unbefangen, die wilden Wogen zu glätten. Außerdem machte ich damals die wenig angenehme Erfahrung, das so genannte dritte Rad am Wagen zu sein. Du (und auch er) tatest natürlich alles, um mir dieses Gefühl zu nehmen. In Wuppertal mit unseren Freundinnen und Z. im Hintergrund hatte ich ihn eigentlich ganz nett gefunden, er schien dich ja sozusagen übermenschlich zu lieben. Von Geschlechterkampf hatten wir keine Ahnung, und die Jungs in den Filmen waren schließlich auch melancholisch, eifersüchtig und egozentrisch ... Doch in München wurde mir der arme Mann zunehmend unsympathischer. Sein Gesicht verschattete sich schon, wenn er sah, wie gut gelaunt du warst, wie interessiert du in die Welt blicktest, wie gern du lachtest ...

Rückblickend frage ich mich, ob meine Sicht auf ihn vielleicht durch Eifersucht bedingt war? Ich kann mich jedoch nicht erinnern, in diesen Dimensionen gefühlt oder gedacht zu haben. Vielleicht hatten wir damals diese Ahörnchen-und-Behörnchen-Beziehung, die die Elfriede Jelinek in dem Text über Ahörnchen und Behörnchen thematisiert, den ich dir geschickt habe. Ohne uns freilich darum zu kümmern, welches der beiden Hörnchen ein rosiges Näschen hatte, also welches das weibliche bzw. männliche war. (Ich weiß es bis heute nicht!)

Ich konnte mir damals einfach nicht vorstellen, dass ein anderer Mensch deine Stelle in meinem Leben einnehmen könnte. Du warst mir sehr, sehr nah, warst mir lieb und vertraut, und ich bewunderte dich auch, ohne deshalb Komplexe anhäufen zu müssen. Du hattest so eine Art, stark zu sein, ohne die anderen dafür schwächen zu müssen. Man stand nie in deinem Schatten, im Gegenteil: Du hast immer Wärme und Kraft abgegeben, hast einen gefordert und gefördert. Und es war für mich selbstverständlich – und ich glaube, umgekehrt auch für dich –, dass du mit den Girls unserer Clique auch innige

Verhältnisse hattest; mit den Jungs, mit denen du dich getroffen hast; deinen Großeltern, deinen Katzen und Hunden undundund... Und zu M. sowieso.

Um eifersüchtig zu sein, hätte ich in Begriffen denken müssen, die einen Besitzanspruch voraussetzten: Meine Alice! Das aber war nicht der Fall.

Was hat Liebe mit Besitz zu tun? Nichts.

Ich glaube, auch darüber waren wir einer Meinung. Erinnerst du dich noch, wie sehr uns ein Gedicht von Heinrich Heine rührte und entzückte? In der Konradstraße wurde ja gern Heine von uns zitiert. Wir liebten besonders ein Gedicht, dessen letzten Vers ich heute noch auswendig weiß: „Noch einmal möcht ich dich sehen, und vor dir sinken aufs Knie, und sterbend zu dir sagen: Madame, ich liebe Sie!“ – Diesen unerwarteten Wechsel vom „Du“ zum „Sie“ in den „letzten Minuten“ fanden wir hinreißend!

Und ich mochte ein Gedicht, das ich seltsamerweise nie wiedergefunden habe, obschon ich sicher bin, dass es von Heine ist: „Mein Kind, wir waren Kinder, zwei Kinder klein und froh. Wir krochen ins Hühnerhäuschen, versteckten uns unter dem Stroh. Wir haben so lange gespielet ...“ Den Rest erinnere ich nicht in Reimform, doch ging es wohl darum, dass sich die besagten Kinder vor lauter Lust am Versteckspiel so versteckten, dass sie einander nicht wiederfanden.

Unsere Jobs haben wir erst gesucht, nachdem wir in der Konradstraße wohnten. Du fandest den im Nymphenburger Verlag schon nach drei Tagen, und wir waren beide begeistert, dass du in der Werbeabteilung arbeiten würdest. Ich hatte schon acht Absagen hinter mir, und du musstest deinen ganzen Charme einsetzen, damit ich mich weiter vorstellen ging. Mein Problem war: Zur Bank wollte ich nicht mehr, also bewarb ich mich als Sekretärin bzw. Stenokontoristin in anderen Branchen. Nie mehr Bank!

Mit zusammengebissenen Zähnen zog ich zum nächsten Vorstellungsgespräch, und tatsächlich, als wir beide schon glaubten, dass mich niemand mehr nehmen wird, schlug die Dachorganisation des Bayerischen Landesverbandes für Volkshochschulen zu, wo ich als zweite rechte Hand der Chefin, einer Frau von Arnim – die in meiner

Erinnerung als etwas schlankere Version von Madeleine Albright überlebt hat –, eingestellt wurde. Ich denke, sie stellte mich aus purem Mitgefühl ein. In diesem Büro arbeiteten nur Frauen, die sich hilfsbereit über meinen Stenoblock beugten, um mit mir zusammen die unverständlichen Hieroglyphen auf dem Papier zu entziffern.

Deshalb dürftest du dein Gejammer über das Abtippen des Gartenlexikons zurückgestellt haben. Bevor du leise seufzend mit deinem Unmut rausrücken konntest, hatte ich schon tausendmal gestöhnt: „Nein! Nein! Nein! Ich will nicht mehr in diesen Laden gehen!“ Doch noch hatte es den Anschein, alles könnte gut werden. Du würdest eines Tages deinen Traumjob kriegen. Und ich würde genügend Erfahrungen gesammelt haben, um meinen frühen Jugendtraum zu realisieren: Bücher schreiben. Du erinnerst dich an die Kurzgeschichten, die ich an Zeitungen schickte, über die meine entzückende Mutter so lachte?

Doch erst kam die Szene im Ungererschwimmbad, in das wir zu dritt an einem dieser heißen Sommertage gingen. Du hattest deinen Badeanzug vergessen. Kein Problem, wir leihen uns einen an der Kasse. Es war ein wollenes, schwarzes Ding, ein altmodisches Modell, das nach Mottenkugeln roch. M. war schon mit einem griesgrämigen Gesicht zu uns gestoßen. Doch als du dann in dem schwarzen Ding über das Gras auf uns zukamst, steigerte sich das Ganze zu einer unerträglichen Nörgelei! Ich meine, du sahst umwerfend sexy aus! Das schwarze Ding hatte diesen Verdammt-in-alle-Ewigkeit-Touch, und, weil es dir etwas zu klein war, einen sehr hohen Beinschnitt. Hinter dem Hals wurde es zusammengebunden ... Und was höre ich M. sagen? „Du siehst unmöglich aus! Einfach lächerlich! So gehe ich mit dir nicht ins Wasser!“

Ich dachte: Das gibt's nicht! Er ist ein kompletter Spießer. Damals wusste ich noch nicht, dass manche Männer es nicht ertragen, wenn ihre Freundinnen bewundert werden. Du wirktest eingeschüchtert. Doch es gelang mir, dich dazu zu überreden, doch noch mit zum Schwimmbecken zu gehen. Aber auf dem Weg dorthin behauptete er sogar, in dem Ding würdest du „verwachsen“ aussehen. Du drehtest dich um und gingst zur Decke zurück. Und ich durfte mit deinem großen Schweiger allein im Becken herumschwimmen. Das könnte durchaus der Tag gewesen sein, an dem du ihm später eine Ohrfeige verpasstest, nachdem du deine Handtasche auf die Straße geschleudert hattest.

Damals muss es passiert sein, dass ich dich in meinen Gedanken als „sie“ zu erfahren begann. „Sie“ kommt nicht von ihm los ... Warum nicht? Ich hatte natürlich keine Ahnung von den Verwirrungen und Verirrungen, in die Eros einen stürzen kann. Vielleicht war das Liebe? Aber dann war Liebe ja etwas Schreckliches. Ich ging – da ich nicht mit dir darüber sprach – innerlich auf Distanz zu dir, ohne es eigentlich zu wollen oder zu bemerken. Wenn ich rückblickend bedenke, dass ich nur ein knappes Jahr später mit einem Mann verheiratet war, der sich in der Ehe als begabter Choleriker entpuppte ...

Alice, ich muss den Brief zur Post bringen, sonst bekommst du ihn nicht mehr, bevor der ‚Emma‘-Stress losgeht. Ich warte gespannt auf deine Antwort.

Alles Liebe,
Barbara

PS: Sag bitte Nappi nichts von ... Du weißt schon ... Bitte! Alice!

1 Alice in München 1963.
2 Doris W. in München 1963.
3 Klopfer in Paris 1963.
4 Barbara in München 1963.

17. Juli 2004

Liebste Barbara,

ja, und ob ich mich an diesen wahnsinnig gut aussehenden Römer erinnere! Auch wenn mir, ehrlich gesagt, sein Name entfallen war. Romano. Mit ihm waren wir in Konstanz zum ersten Mal in unserem Leben in einem Spielkasino. Wir hatten uns irrsinnig gebrasselt – vielleicht sogar Hüte auf? –, aber ganz sicherlich hatten wir nicht einen Pfennig fürs Roulette. Oder hat Romano fünf Mark gesetzt?

An den Bodensee gekommen waren wir ja nur dank eines Gnadenaktes deiner wieder frisch verheirateten Mutter. Sie hatte die Intelligenz gehabt, einen Mann zu heiraten, der berufsmäßig auf dem Bodensee mit einem Boot hin und her fuhr – und nun lud sie uns vor unserem Leben in München für ein paar Verschnauftage ein. Die Gute. Wir haben mit dem Familien-Taunus sogar Ausflüge in die Schweiz und auf die Insel Mainau gemacht – von wo ich meiner „lieben Mutti“ auf einer Postkarte (mit 15-Pfennig-Briefmarke) zu berichten weiß, wie deine Mutter uns „mit Schokolade füttert“. Mein Kommentar: „Habe schon gute zehn Pfund zugenommen!“ – und das bei meinen knapp 60 Kilo. Damals.

Wie wir ja überhaupt stärker in diesem ganzen Weiblichkeitskram drinhingen, als wir heute wahrhaben wollen. In einem anderen Brief, den ich schreibe, merke ich an: „Liege mit Lockenwicklern im Bett.“ Mit Lockenwicklern im Bett! Damals hatten wir noch keinen Föhn, drehten also abends die nassen Haare auf und legten uns doch tatsächlich mit den harten Dingern ins Bett, um am nächsten Morgen lockig zu sein. Würde kein Mann machen. Frauen haben echt einen Schuss.

Dass du dir auch noch von München aus so lange mit Romano geschrieben hast, war mir gar nicht mehr bewusst. Und dann hast du die Korrespondenz bei dem Verdacht auf Schwangerschaft (verursacht von einem anderen!) abgebrochen? Barbara! Hört sich nach einer verpassten Liebe an. Und wäre ja eigentlich auch schön, wenn du jetzt noch eine Zweitwohnung in Rom hättest. Besser als Lissabon, wenn du mich fragst.

Auch ich sehe uns noch an diesem heißen Frühlingstag am Ufer des Bodensees liegen und den Scherz mit den Kranichen machen – wobei ich die Vögel nur erkannt habe dank des so dramatischen wie poetischen russischen Films, Kultfilm würde man heute sagen: ‚Wenn die Kraniche ziehen'. Anscheinend hatten wir da schon so eine Art Vorahnung.

Etwas lässt mich aufhorchen: Du warst in der Nähe des Sendlinger Tors bei einem Frauenarzt? War der Arzt etwa eine Ärztin? Bei einer solchen war ich nämlich auch mal. In einer ähnlich verzweifelten Situation wie du: mit Verdacht auf ungewollte Schwangerschaft. Wäre das so gewesen, hätte ich all meine (zu der Zeit schon heimlich gefassten) Zukunftspläne vergessen können. Man wurde bei Frau Doktor nach Nummern aufgerufen, dann in eine enge Kabine bugsiert, in der man sich „schon mal unten freimachen" musste. Sodann ging es weiter zu Frau Doktor, nicht ohne erneute, gebührende Wartezeit mit nacktem Hintern. Sie untersuchte Nummer XX und teilte dann, ohne jede weitere Frage, mit, es bestehe „Verdacht auf Schwangerschaft". Nächste Etappe: das Zimmer der Arzthelferin, die einem eine Spritze verpassen sollte. Doch die war gerade in ein lebhaftes Gespräch mit einer Kollegin vertieft. Da stand man also, immer noch „untenrum frei". Irgendwann unterbrach sie gnädig ihre Konversation und verpasste mir, im Stehen, irgendeine Spritze in den Hintern. Es war grauenhaft.

Ich sehe mich noch vom ersten Stock die Treppe runterstolpern, tränenüberströmt. Die Verabredung, die ich anschließend mit M., dem potenziellen Kindsvater, hatte, habe ich vor Schreck und Beschämung vergessen. Ich bin kreuz und quer durch die Stadt gestolpert.

Nun, das hat sich, glaube ich, heute ein wenig geändert. Frauenbewegung, hab Dank! Damals waren die Ärzte ja noch „Halbgötter in Weiß". Aber gerade bei den GynäkologInnen hat sich sehr viel getan und ist inzwischen jeder zweite weiblich – was allerdings, wie wir an meiner Geschichte sehen, auch noch keine Garantie für eine menschliche Behandlung ist. Männer können ja sehr ignorant sein, aber Frauen können so gemein sein.

Ja, du hast Recht, Sexualität spielt bei dieser weiblichen Hilflosigkeit in der ersten Beziehung sicherlich eine große Rolle. Denn mit Sexualität ist ja nicht nur eine körperliche, sondern auch eine emotionale Intimität verbunden, die man in so einem Fall – beim ersten Freund – noch nicht einmal mehr mit der besten Freundin teilt. Und die man auch selber nur schwer einschätzen kann, weil man ja noch so gar keine Vergleichsmöglichkeiten hat. Genau darum schlägt so eine erste Loveaffair ja wie eine Bombe ein in die Beziehung zwischen den „besten Freundinnen".

Hinzu kommt – und das weißt auch du aus eigener Erfahrung – die Struktur solcher Männer, die sich destruktiv mit Frauen verhalten: Unter vier Augen bedauern sie es selber zutiefst, flehen um Verständnis und versprechen Besserung. Ein fataler Kreis, aus dem ja auch die oft über Jahre misshandelten Frauen häufig so schwer ausbrechen können. Ich habe zum Glück die einzige Erfahrung dieser Art in einer relativ harmlosen Variante gemacht.

Das also war der Moment, in dem du anfingst, dich von mir zu entfernen. Wie gut ich das verstehen kann. Und wie unendlich ich es auch vierzig Jahre danach noch bedauere, dass wir nicht den Mut und nicht die Worte hatten, darüber zu reden. Es hätte uns beiden gut getan. Und genau darum, weil ich so „versagt" hatte, habe ich es auch nicht gewagt, dir ein paar Monate später Ratschläge in Sachen Jorge zu geben. Aber Gedanken habe ich mir schon gemacht. Und wie. Da gibt es einen Brief von mir aus Paris, ein gutes Jahr nach deiner Eheschließung, wo ich dir jubilierend antworte: Wie sehr ich mich über deinen letzten Brief freue, in dem du mir mitteilst, dass du so glücklich bist und so verliebt in Jorge! Denn, so gestehe ich, das sei meine größte Sorge gewesen: dass du ihn nicht wirklich liebst.

Ob das wohl stimmte damals, ob du wirklich so gefühlt hast in der Zeit? Oder ob du dir und mir etwas vorgemacht hast? Weil es gar nicht anders ging mit dem Kind auf dem Schoß?

Es stimmt, dass du nie eifersüchtig warst. Und auch mir ist bis heute diese besitzergreifende Eifersucht fremd und sehr unsympathisch (wobei ich nicht von berechtigter Eifersucht rede, klar). Aber: War es wirklich immer nur dieses edle Motiv, das dich so zurückhaltend sein ließ? War es nicht auch mangelnde Konfliktfähigkeit oder mangelndes Selbstbewusstsein, die dich zurückgehalten haben, wirklich die Gretchenfrage zu stellen: Er oder ich?! Und ich bin selber gar nicht so sicher, was ich geantwortet hätte. Ach, es ist eine Krux mit der besten Freundin und dem ersten Freund. Ob sich wohl für die heute 20-Jährigen da etwas verändert hat?

Dass M. damals in dem Maße destruktiv mit mir war, daran erinnere ich mich nur bruchstückhaft. Aber meine permanenten Ausbrüche waren ja nicht grundlos. Nur ganz vage erinnere ich mich auch an die Szene im Ungererbad. Unsere kurzen intensiven Monate in der Konradstraße hingegen stehen mir farbig vor Augen.

Heine! Von unserer zerfledderten Taschenbuch-Gesamtausgabe stehen heute noch ein paar eselsohrige Exemplare neben meinem Schreibtisch. Sie sind mit mir von München nach Paris nach Wuppertal nach Hamburg nach Frankfurt nach Paris nach Berlin nach Köln gezogen. Und in meiner ersten Pariszeit bin ich so manches Mal – wehmütig vor Heimweh nach deutschem Gemüt, deutschem Nebel und deutschem Schwarzbrot – auf den Spuren von Arri Ein (wie Franzosen sagen) gewandelt. Noch nicht einmal sein traditionell männliches Verhältnis zu Frauen und die Wahl seiner analphabetischen Mathilde (eine Frau, die seine Texte nicht lesen konnte!) haben mir meine bis heute andauernde Liebe zu Harry vergällen können.

Kein Wunder, dass die Guten in der Konradstraße uns als so gebildet in Erinnerung haben: wenn wir andauernd Brecht orgelten und Heine rezitierten! Wobei auch wir unsererseits durchaus mit der WG beschäftigt waren. Ich erinnere mich lebhaft, wie wir uns Fantasien über unsere möblierten Mitbewohnerinnen gemacht haben, und nicht immer nur wohlwollende.

Über unsere rührende Zimmerwirtin habe ich in einem Brief an meine Mutter vom 15. Juli 1963 folgende Passage entdeckt:

„Gestern bei deinem Anruf erwischte mich die Fischinger, meine liebreizende Wirtin. Ob ich wollte oder nicht, ich musste mir ihre ganze Vergangenheit anhören (und die ist, da sie flott auf die 60 zugeht, gar nicht so schnell erzählt). Na, und was da so rauskam, wird dich bestimmt interessieren. Stell dir vor, ihre Mutter hatte früher eine Pension in dem gleichen Haus, in dem wir jetzt wohnen. Leute wie Rilke gingen ein und aus (die Fischinger mit verklärtem Blick: Das waren noch Zeiten, als nicht überall dieser Mob rumlief!). Dann, bei Kriegsausbruch, zog sie sich als erklärte Anti-Nationalsozialistin (sie bekommt schon bei dem Wort Hitler oder Deutsche einen knallroten Kopf vor Wut) aufs Land zurück. Ihre jüdischen Freunde, die sie zu retten versuchte, die sich aber dann selbst gutgläubig stellten, kamen jämmerlich im KZ um (deswegen hat sie anscheinend heute noch einen Schuldkomplex). Während des Krieges fuhr sie mit einer Freundin, deren Mann in Russland gestorben war, an die russische Grenze. Was sie da gesehen hat, muss unvorstellbar gewesen sein. Konzentrationslager, halb nackte Skelette durch den Schnee wankend, im Hotel „nur für Arier" Tag und Nacht saufende und grölende Offiziere. Da ist es wirklich mehr als verständlich, dass sie einen kleinen Knacks bekommen hat. Sie hat mir erzählt, dass sie heute noch oft nachts schweißgebadet aufwacht, weil sie diese armen Menschen vor sich sieht. Wenn ich mir vorstelle, dass die Frau mit all den Erinnerungen leben muss ..."

So weit also ich in dem Brief an meine Mutter anno 1963. Eigentlich rührend, dass die Fischinger mir damals 20-Jähriger das alles anvertraut hat. Anscheinend haben wir ausgestrahlt, dass man mit uns über vieles reden kann. Anfang der 60er Jahre war alles noch sehr präsent (weil ja kaum zwanzig Jahre her), aber gleichzeitig tabu. Alle schwiegen, Opfer wie Täter. Nur wir anscheinend nicht. Beruhigend im Rückblick.

Erinnerst du dich daran, ob auch wir zwei untereinander über die Geschichte der Konradstraße 12 gesprochen haben? Bestimmt! Mit der Geschichte waren wir dann ja auch höchst lebendig in der ‚Nachteule‘ konfrontiert. Aber ich glaube, unsere drei Brüder haben keinen Ton gesagt. Und du hast auch noch keinen Ton gesagt zur ‚Nachteule‘! Tanzen gegangen sind wir da auf jeden Fall schon in den allerersten Wochen, war ja einfach ein Must. Aber gejobbt ...? War das vielleicht erst Anfang 1964?

Stimmt, meine Mutter hatte damals M. unsere geheime Adresse in München gegeben. Du siehst, ich habe das verdrängt. Ich hatte es sofort danach schon verdrängt. Hätte sich sonst das gleiche Spiel nur ein Jahr später wiederholen können? Als ich, noch geheimer denn je zuvor, nach Paris gegangen war – und sie ihm trotz meines Flehens, unter gar keinen Umständen etwas zu sagen, wieder meine Adresse gegeben hat? Dass er diesmal zu spät kam – denn inzwischen hatte ich wirklich Abstand, und da war auch schon Bruno –, war nicht gerade ihr Verdienst.

Hätte sie mich nicht wenigstens fragen können, wenn er ihr schon „so Leid“ tat? Nein. So ein armer Mann ist so einer Mutter allemal wichtiger als die eigene Tochter. Und selbst meiner Mutter, die ja eigentlich selbst immer relativ unkonventionell gelebt und gedacht hat. Aber nein: Sie gibt ihm meine Adresse – und löst damit das Ende deiner und meiner Gemeinschaft aus. Ich denke, diese Episode ist typisch im Leben von Töchtern. Es wird uns einfach jederzeit und überall zu verstehen gegeben, dass unsere Freunde so unendlich wichtiger sind als unsere Freundinnen.

Gestern Abend, liebe Barbara, hast du etwas verpasst. Im Zuge eines Chorfestivals wurde der Kölner Dom nachts, von zehn Uhr bis eins, innen angeleuchtet. Wir kamen nach einem Bummel an dem ja immer wieder schönen Rhein so gegen 23 Uhr. Da war der gewaltige Dom schon halb leer, alle Bänke waren rausgeräumt, und über die Wände und Säulen glitten arabeske Formen und sinnliche Farben. Es war wie in 1001er Nacht. Der ganze Dom schien zu leben, sich zu bewegen. Dazu vom Altar ganz hinten ein Chor und zwischendurch eine tiefe, schöne Stimme, die das Allerhöchste und Allerheiligste beschwor. Eine fast mystische Stimmung.

Barbara, lass dich von Happy und den anderen nicht gar zu sehr niederdrücken. Ja, ich erinnere mich gut, wie meine Katze Lilli nach

18 Jahren bei mir starb. Das war vor fünf Jahren. Und sie konnte nicht sterben, weil ich sie festhielt. Aber zum Schluss haben die Schmerzen so überwogen, dass ich einen Strich gezogen habe. Und noch heute, fünf Jahre später, rede ich oft laut mit ihr.

In diesem Sinne!

Deine Alice

Berlin, 3. August 2004

Liebste Alice!

Ich darf dir mitteilen, dass wir unsere Jobs in der ‚Nachteule' erst Anfang 1964 antraten, vier Monate bevor du nach Paris gingst. Es war Doris W., die die ‚Nachteule' entdeckt hatte. Zunächst hatte sie nur vorübergehend jobben wollen, bevor sie wieder ins Büro ging. Auf jeden Fall hat Teddy auch in der ‚Nachteule' gejobbt – aber Doris war die Königin der Bar. Beim Gläserpolieren kam ihr irgendwann die Idee, sich mit einer Boutique selbstständig zu machen ...

Die drei Brüder stehen mir noch heute so deutlich vor Augen, als hätte ich sie gestern erst getroffen: Jakob, David und Nathan. Jakob und David trugen stoisch ihre alten, abgetragenen Hosen und Pullover. Nathan war der Grandseigneur des Trios. Immer im hellblauen Anzug und weißen Hemd, wohl genährt und rosig und weißhaarig, und – im Gegensatz zu seinen ausgemergelten Brüdern – immer gut gelaunt. Nein, über die Vergangenheit durfte in der Nachteule nicht gesprochen werden. Das hatte mir sowohl Doris als auch Elsa, die hübsche, blonde Bedienung, eingeschärft. Warum? Niemand wusste Genaueres ...

Zu mir hatte vor allem der hagere David ein angespanntes Verhältnis. „Sie ist keine Goj", teilte er seinem Bruder Jakob nach einem düsteren Blick auf mich mit. „Ich bin keine waas?" „No? Was redet sie? Geht sie raus. Bedient sie die Gäste."

Elsa erzählte mir später, mein profiliertes Näschen hätte in ihnen den Verdacht geweckt, ich sei eine verschämte Jüdin. Was mir aber keineswegs ihr Wohlwollen eintrug. Ich konnte mich bisweilen des Eindrucks nicht erwehren, die Verehrung der beiden für ihren Bruder Nathan sei auf seine Stupsnase und seine blauen Augen zurückzuführen. Ob das eine Form von eingebläutem Selbsthass war?

Doris! Einmal rief sie mich an. Sie war krank. Das muss sich Anfang 65 abgespielt haben, da warst du schon in Paris. Ich verdiente ein bisschen Geld dazu, normalerweise als Bedienung. Meistens an dem Tag, an dem die heimischen Anarchos – immerhin drei Jahre vor 68 – im hinteren Raum der ‚Nachteule' tagten. Die Jungs schwangen intelligente Reden, und außer einer wild gelockten jungen Frau mit züngelnden schwarzen Haaren hörten die Mädchen andächtig zu. Doch wenn die Schwarzgelockte sprach, herrschte weihevolles Schweigen. Sie hatte die Jungs im Griff.

Zurück zu Doris: Die Kranke flüsterte mit versagender Stimme, ich müsse für sie die Vertretung an der Bar machen. Als ich im „kleinen Schwarzen" in der ‚Nachteule' erscheine, schaut mich der David ungläubig an: „No, was is? Geht sie zum Friedhof oder was?" Dieses Gemisch aus Jiddisch, Polnisch oder Tschechisch und Deutsch, das niemand je identifizieren konnte, hatte etwas seltsam Vertrautes. Es hörte sich so weich und lustig und lieb an, selbst wenn es schroff sein wollte. Und eigentlich bin ich ziemlich sicher, dass sie wussten, wie sehr mich ihr Sprechen entzückte.

David entschied nach einer ausgiebigen Musterung meiner Person, dass die Bar heute geschlossen bleibt: „Sie ist mager wie ein Hühnchen." Dies zu seinem Bruder Jakob, den ich immer wie wild Wein ausschenken sehe, Bierflaschen auf den Tresen stellen, Eis hacken usw. Nur manchmal saß er im hinteren Raum, in der Küche, und löffelte vergnügt seine Borschtschsuppe, während David durch das Lokal eilte, um zu kontrollieren, ob die Gäste zufrieden stellend bedient wurden.

Ich verdankte es dann Nathan, dass ich doch noch die Barfrau spielen durfte. Er sprach ein Machtwort, wenn auch der David prophezeite: „Sie wird die ganze Nacht allein sitzen." Tatsächlich saß ich dort lange allein. Gegen 23 Uhr kamen ein paar Touristen rein. Einer davon hievte sich auf einen Barhocker. Er wollte ein Glas Wein. Welchen ich ihm empfehlen könne? Ich sagte wahrheitsgemäß: keinen. Wenigstens keinen offenen. Er wollte eine Flasche, wenn ich ein Gläschen mittrinken würde. Danach durfte ich in die Rolle der Eheberaterin schlüpfen: Fragen Sie Frau Barbara! Er liebte seine Frau, aber sie liebte ihn nicht. Glaubte er. Kein Problem. Ich gab ihm Tipps, wie er sie erfreuen, überraschen, für sich gewinnen könne. Unsere Stimmung hob sich. Unser Gelächter schwemmte mehrere unschlüssige junge Männer auf die Barhocker. Noch heute erinnere ich mich gerne an den Augenblick, als ich nach hinten in den Ausschank eilte, um mit (falschem) bescheidenen Lächeln zu sagen: „Ich brauche noch drei Flaschen Sekt und drei Flaschen Wein. Ach ja, und der Bierkasten ist auch leer ..."

David lehnte noch eine lange Weile an der Säule und betrachtete mich, während ich hinter der Bar saß und die Gespräche in Gang hielt. Er schwärmte für rundliche Frauen. Sein Bruder Jakob warf mir einen verschmitzten Blick zu. Für einen winzigen Moment lichtete sich sein verschlossener Gesichtsausdruck. Was die drei wohl hinter sich hatten? Wahrscheinlich sind sie durch das Grauen gegangen. Und wir waren die Kinder der Deutschen, die diese Hölle inszeniert hatten! Aber – sie sagten nie ein Wort. Das sagt eigentlich alles: das Schweigen, in dem Opfer und Täter sich trafen. Wie in der Geschichte der Konradstraße 12. Ja, du hast mir damals selbstverständlich erzählt, was dir Frau Fischinger auf dem Gang anvertraut hatte. Wir waren beide betroffen von der Geschichte.

Leider muss ich dir sagen, dass nur du damals einen Schuss weghattest und mit deinen Lockenwicklern sogar die Nacht verbrachtest. Ich sehe dich noch deutlich damit auf deinem Bett vor dem Fenster sitzen, den Schreibblock auf den Knien. Doch muss ich ehrlicherweise hinzufügen, nicht weil ich emanzipierter war als du, unterließ ich diese Prozedur, sondern weil meine Haare Naturwellen hatten. Mir war immer unverständlich, warum du diese schöne Glätte in Locken verwandeln musstest.

Da fällt mir ein: Sicher, doch, Alice, habe ich dir damals von meiner „Nacht der Nächte" mit Z. erzählt. Ich erinnere mich, dass wir darüber nicht lachten. Meiner Erinnerung nach warst du zu der Zeit etwas zerstreut, weil in die Lovestory mit M. involviert. Vielleicht kam deine Überlegung hinzu, ob mir Z. eigentlich gut tut? Ich meine mal einen Blick aufgefangen zu haben, in dem die Frage geschrieben stand, ob ich nicht Schaden an meiner Seele nehmen könnte. Gesprochen hast du nicht darüber. Zu seiner Ehrenrettung sollte ich sagen: Z. konnte auch durchaus ein ernster, verständiger Mensch sein. Wenn wir allein waren. Das ostentativ Schwule, will sagen, permanent auf Sexuelles Anspielende, trat dann weitgehend in den Hintergrund.

Alice, was heißt „versagen"? Weder du noch ich haben damals versagt ... Wir konnten keine Worte finden. Und wir räumten „dem Mann" einen Standortvorteil in der Beziehung zur Frau ein. Ich meine, die Gretchenfrage „Er oder ich" konnte von mir nicht gestellt werden. Ich ging davon aus, irgendwann würdest du M. verlassen. Du hingst ja vielleicht auch gerade deshalb an ihm, weil du bedrückt darüber warst, dass du ihn nicht so liebtest wie er dich. Doch würde dann ein anderer Mann auf der Bildfläche erscheinen. Nicht nur für dich. Auch ich dachte in diesen Kategorien.

Und wo du edle Motive vermutest, sehe ich eher egozentrische. Schau mal, Alice, der arme M. ging mir zunehmend auf die Nerven. Er drängte sich in deine Stimmungen hinein, in meine, in unsere Gespräche und so weiter. Ich knirschte mit den Zähnen. Doch vielleicht nur, weil ich keinen Lover hatte? Das waren die Fragen, die ich wälzte. Schade, dass ich nicht mit dir darüber gesprochen habe. Doch was hättest du geantwortet? Wenn eine von uns beiden wusste, warum er mir auf die Nerven ging, dann war ich es! So sah ich das ...

Und jetzt kommen wir zum dramatischen Höhepunkt, zum Bruch, zu meinem „Verrat": Du warst an diesem Sommerabend mit ihm verabredet. Als er an der Tür klingelte, hattest du noch die Lockenwickler im Haar. Die gute Frau Fischinger war ausgeflogen. Unsere Mitbewohnerinnen waren alle nicht da. Warum ihn nicht kurz hereinbitten!? Dem Herrenbesuchsverbot zum Trotz? Es dauert nur ein paar Minuten.

Schön. Während du die Locken auskämmst, entspann sich meiner Erinnerung nach eine Diskussion zwischen euch, an der ich mich nicht beteiligte. Ich hockte mürrisch auf dem Bett und betrachtete M.s Rücken mit dunklen Blicken. Jetzt hing der schon in unserem Zimmer rum. Bald würde man ein drittes Bett für ihn reinstellen ... Die Diskussion wurde plötzlich laut. An meinem Ohr rauschten Zahlen vorüber. Es ging um Pogrome gegen Juden in der Nazizeit. Um

Ausschreitungen, das Anzünden und Plündern von jüdischen Geschäften. Als ich genauer hinhörte, begriff ich, dass M. stur darauf beharrte, das habe es 1933 noch nicht gegeben! Du warst außer dir. Denn damit war ja die Frage verbunden, ob man nicht von Anfang an hätte wissen können, was kommen würde.

Ich wusste ehrlich gesagt nicht, ob der Wahnsinn 1933 oder erst – wie M. starr behauptete – 1935/36 begonnen hatte. Im Geschichtsunterricht waren mir die Zahlen verleidet worden. Und während ich plötzlich erkenne, dass er die Jahreszahlendebatte deshalb macht, damit du nicht inhaltlich wirst – vielleicht, weil er dich damit provozieren will? –, höre ich ihn sagen: „Was meinst du, Barbara? Die Pogrome, das kam doch alles erst später? Das begann doch nicht schon 1933?"

Wie bitte? Er will mich zu seiner Verbündeten machen? Was bildet der sich ein? Was macht er überhaupt in unserem Zimmer? Warum bemerkt sie nicht, was gespielt wird? Dennoch hörte ich mich plötzlich sagen: „Ich glaube, M. hat Recht." „Was?", schreist du. „Was hast du gesagt??!" Ich schaute dich an und wiederholte ganz cool (und um dich zu ärgern): „Ich glaube, das fing noch nicht 1933 an." – Du konntest es nicht fassen! Verräterin! stand in deinen Augen geschrieben.

Du verstandest nicht, dass ich dich provozieren wollte, sondern nahmst meine Antwort eins zu eins. So wenig also kanntest du mich. Du fragtest dich nicht eine Sekunde: Warum hat sie das gemacht? Ich hatte das Gefühl, einen Keulenschlag auf den Kopf bekommen zu haben. Hoffentlich gehen sie endlich. Beide. Das war das, was ich dachte. Und dann gingt ihr. Und ich riss die Fenster auf und rang nach Luft. Ich war wie zerschmettert, erholte mich aber nach einer Weile. Was geht's mich an, was sie sich für ein Bild von mir macht! Das war der Gedanke.

Aber hatte ich dich vielleicht nicht auch kränken wollen? Bei diesem Thema wäre es ein Volltreffer gewesen, das wusste ich. War ich vielleicht also doch durchaus bösartig gewesen? Es war für mich schwer zu erkennen. Wir würden darüber sprechen, trotz allem, nahm ich mir vor ... Doch als du dann einseitig auf meinem Verrat beharrtest, ohne zu sehen, dass auch du mich „verraten“ hattest, schaltete ich auf stur. Du darfst nicht vergessen, dass ich in meiner Jugend eine sehr arrogante Seite hatte. Ich habe erst im Laufe des Lebens gelernt, wie dumm und grausam das sein kann.

Meine These ist: Es war nicht der Mann, der uns in diesen Konflikt stürzte, es war unser Schweigen. Auch unser Unvermögen, Worte für diesen Bruch zu finden. Stattdessen gab es empörte Sätze, mit denen die Situation festgeschrieben wurde ... Vielleicht weil es besser so war? Du würdest M. irgendwann verlassen, wenn das auch nur durch einen erneuten Stadtwechsel gelingen konnte. Und was war mit mir? Ich würde nicht zurück nach Wuppertal gehen. Doch dann würdest du Gutherzige vielleicht Schuldgefühle haben, mich „zurückzulassen“? Besser war's, sich unleidlich zu geben. Ich musste eine Distanz zwischen uns bringen ...

Und so begann ich, mich unleidlich zu machen. Vor unserer Fahrt nach Paris ... und während unserer Ferien an der Côte d'Azur. Na ja, immer durchgehalten hab ich's nicht. Meine Gefühle für dich waren zwar beschädigt, aber noch höchst lebendig.

Jetzt bist du dran, Alice. Über das haben wir ja niemals gesprochen, in all den Jahren nicht. Auch dann nicht, als wir uns wieder versöhnten, obwohl es offiziell ja nichts zu „versöhnen“ gab.

Herzlichst,
deine Barbara

PS: Der Papst und Kardinal Ratzinger! Was sagt man dazu? Wie ignorant und dumm die beiden Herrschaften sind! Diese Attacke gegen den Feminismus lässt tief, allzu tief blicken. Paul hätte vor der Herausgabe des Bulletins besser nochmal Rücksprache mit der von ihm so angebeteten Mutter Gottes halten sollen.

7. August 2004

Liebste Barbara,

ja, wir haben nie darüber gesprochen. Was aber ist genau passiert an diesem Abend des 24. Juni in der Konradstraße? Hier meine Schilderung, die ich an meine Mutter mit Poststempel vom 25.6.63 geschickt habe:

„Ich bin in einer ganz schlechten Verfassung. M. war hier, und wir haben uns unterhalten. Das Thema kam auf Juden. Ich behauptete, die Verhaftungen hätten bereits 33 angefangen. Die beiden waren anderer Meinung. Besonders Barbara kann da eine ganz gemeine, erniedrigende Art haben, so von oben herab, so kalt. M. hielt zu ihr. Die beiden haben mich so weit gebracht, dass ich ihn rausgeschmissen habe. Sie am liebsten auch (das habe ich ihr auch gesagt). Jetzt ist sie nachgegangen. – Aber mache dir keine Sorgen, so tragisch, wie es sich anhört, ist die Sache nicht."

Ich habe diese Zeilen ganz offensichtlich noch am selben Abend geschrieben. Allein. In unserem Zimmer. Den M. hatte ich rausgeschmissen. Und du warst kurz danach auch gegangen, „nachgegangen", wie ich vermutete. Ich muss euch beide also als Einheitsfront gegen mich empfunden haben – und du hattest, nach meiner Schilderung direkt danach, den treibenden Part.

Dass du dich anders erinnerst, verstehe ich. Aber deine nachträglichen Überlegungen, warum es so gewesen sein könnte, scheinen mir treffender: Du hattest ganz einfach Aggressionen gegen mich. Verständlicherweise. Wir hatten es alleine zusammen ja wirklich paradiesisch. Und nun stand dieser Mann, der mir meist Bedrückung und uns oft Zwist brachte, auch noch mitten in unserem Zimmer ... Du warst so richtig sauer! Und vermutlich hast sogar wirklich du dieses

Gespräch angefangen, von dem du nur zu gut wusstest, dass es mich auf die Palme bringen würde. Das war das vordergründige Motiv. Das tiefere Motiv war vielleicht in der Tat die Gefahr der Verletzung, die du – zu Recht – kommen sahst: Dass ich dich irgendwann für einen Mann endgültig verlassen würde – und es besser wäre, wenn du dich schon vorauseilend von mir entferntest, um dann weniger verletzt zu sein. Mir scheint das der wahre Grund unserer nun beginnenden Zwiste, denen ich zunehmend auswich, indem auch ich mich entfernte.

Unabhängig von unserem Freundinnendrama finde ich es wirklich frappant, wie stark wir Anfang der 60er Jahre alle miteinander mit der Nazizeit und ihren Folgen beschäftigt waren. Es war für uns doch sehr, sehr präsent. Und wie hinreißend du das Kauderwelsch unserer drei Nachteulen noch im Gedächtnis hast! Ja, genauso tönte es: Hat sie wieder geträdelt? – Was steht sie hier herum?! – Hat sie wieder falsch abgerechnet? etc. etc. Und es geht mir wie dir: Es hat mir einfach ans Herz gerührt, das zu hören – und die drei wussten das natürlich, dass wir sie irgendwie liebten. Sie hatten zwar nichts gesagt, aber ihr Schweigen war durchaus bei uns angekommen.

Auch an deinen Triumph an der Bar erinnere ich mich bestens! Du hast mir bei einem meiner späteren Besuche in München davon erzählt. Dieses kleine Schwarze hatte ja Z. dir geschneidert, und es stand dir teuflisch gut. Es war das klassische kleine Schwarze im Tiffany-Look von Audrey Hepburn: knapp überm Knie, leicht tailliert, mit einem geraden von Schulter zu Schulter reichenden Dekolletee. Und waren nicht so ganz kleine Schleifen auf den Schultern?

Ich vermute, Jakob, David und Nathan waren DPs, Displaced Persons, die in einem dieser Lager, die nach 1945 die Überlebenden aus den KZs und die Versteckten auffingen, gelebt hatten. Gerade habe ich in der ‚Jüdischen Allgemeinen', mit der die ‚Emma' einen Austausch hat, einen Bericht aus München darüber gelesen, wie es damals zuging in diesen Lagern: dass keiner in Deutschland bleiben wollte, sondern alle nach Israel auswandern wollten. Aber manchen wurde die Einreise nicht gestattet, weil sie nicht gesund waren (auch nicht schlecht). Und die blieben dann zurück, während die anderen auf große Fahrt gingen und sich die Lager langsam leerten. Scheußliche Vorstellung.

Die im Lager hatten überhaupt keinen Kontakt mit denen draußen. Vielleicht durften unsere Nachteulen auch nicht einreisen, weil sie Keuchhusten hatten oder so. Oder sie hatten, auf den Koffern sitzend, schon mal angefangen, ein kleines Geschäft zu machen – und das wurde dann so lukrativ, dass sie nicht mehr gehen mochten. Ja, wir müssen unbedingt Doris W. fragen – sie weiß bestimmt noch ganz viel von Jakob, David und Nathan.

Wir sind zu der Zeit auch noch ziemlich oft zu zweit ausgegangen. In so ein Kabarettlokal in der Amalienstraße. Oder zu Cosy. Erinnerst du dich? Die hatte eine Art Damenbar – mit ein paar Herren versetzt – irgendwo hinter dem Viktualienmarkt, oder? Und sie war die Tochter von Vera Brühne. Die tragische Tochter. Sie hatte nämlich in dem spektakulären Mordprozess gegen ihre Mutter wenige Jahre zuvor ausgesagt. Obwohl man schon damals ahnte, dass die Brühne vermutlich unschuldig war am Tod ihres Liebhabers und irgendwelche Waffenhändler dahinter steckten (und auch der Strauß die Finger drinhatte), trat plötzlich die Tochter in die Zeugenbank und sagte gegen ihre schöne Mutter aus. Entsetzlich. Die Cosy hat das später auch sehr bereut, tausendmal beteuert, sie hätte gelogen und wäre dazu von Journalisten angestiftet worden – aber zu spät. Und stell dir vor, diese Cosy habe ich in späten Frauenbewegungsjahren, in den 80ern, in Schwabing wiedergetroffen. Immer noch ein scharfer Typ, so mit Herrenschnitt und Motorrad. Aber anstrengend. Was vermutlich dazugehört.

Und was macht deine Bande mausekranker Wellensittiche? Wieder happy? Mit Verlaub, du erinnerst mich fatal an meine Großmutter: Bei uns wurde auch der Platz für die Menschen immer knapper, weil die süßen Mitgeschöpfe sich so breit machten. Aber ich war ja mit schuld. Der einzige Verein, in den ich je in meinem Leben eingetreten bin, war der ‚Verein gegen Missbrauch der Tiere'. Da muss ich so 12 oder 13 gewesen sein – und was ich da an misshandelten Katzen und Hunden nach Hause geschleppt habe ...

Bis heute kann ich in bestimmte Länder nur schwer reisen. Inzwischen deckt sich in diesen Ländern die offene Verachtung für Tiere mit der offenen Verachtung für Frauen, das sind meist arabisch-muslimische Länder. Was ja kein Zufall ist. Aber in Südeuropa, in Italien zum Beispiel, scheint es besser geworden zu sein. Ich sehe kaum noch einen Kerl nach den Hunden treten oder mit Steinen werfen. Sogar die Katzen im römischen Forum Romanum sind heutzutage wohlgenährt. Das ist der Frauen- und der Ökobewegung zu danken: dass mehr Respekt vor den Tieren und der Natur herrscht.

Was der Papst da gerade wieder über die Frauen, die Feministinnen und die Homoehe gesagt hat, ist ja ein unveräußerlicher Teil dieses Denkens: Wir sind die einen – die Menschen, die Männer, die Heterosexuellen. Und ihr seid die anderen – die Tiere, die Frauen, die Homosexuellen. Und die anderen sind immer weniger als die einen: die haben die Definitionsmacht.

Liebe Barbara, ich stecke mal wieder mitten im Redaktionsschluss. Man soll nicht denken, dass eine Zwei-Monats-Zeitschrift so oft Redaktionsschluss hat. Diesmal ist er besonders turbulent. Denn wir suchen eine neue Grafikerin und layouten jede Woche mit einer anderen. Und ich redigiere von morgens bis abends Texte, schreibe Bildzeilen, mache Konferenzen ... und schreibe mein Editorial mal wieder am letzten Wochenende, wie immer. Ich denke, ich nehme mir diesmal diesen bigotten Umgang mit der Homosexualität vor: von Berlin via München bis Rom. Deine Worte in deinem letzten Brief zum Papst haben mich darin bestärkt.

Draußen ist eine drückende Hitze – nach der sibirischen Kälte. Und der Himmel ist hellblau, obwohl es im Hintergrund schon wieder grollt. Ganz wie bei uns damals.

Schreibe mir bald!

Es umarmt dich
deine Alice

Berlin, 10. August 2004

Liebste Alice,

wie ich deinem Brief vom 25. Juni 1963 an deine Mutter entnehme, bin ich also nicht allein zurückgeblieben? Ich wäre dabei auf jeden Fall netter rübergekommen. Man hat sich ja so lieb ...

Etwas an deinem Brief an deine Mutter hat mich stutzen lassen. Wie? M. hielt zu mir? Alice! Ich glaube es nicht! Es war umgekehrt: Ich hielt scheinbar zu ihm. Doch hast du Recht mit der Vermutung, dass ich in dem Moment, als ich etwas zu euer beider hitzigen Auseinandersetzung sagte, voller Wut auf dich war! Eine Wut, die mich im Augenblick des Erlebens selbst überraschte. Hatte ich es doch bis zu diesem Zeitpunkt fertig gebracht, all meine Enttäuschung über M.s Anwesenheit in München auf ihn und deine Mutter zu projizieren.

Ich bin mir jedoch absolut sicher, dass nicht ich mit der Nazivergangenheits-Debatte angefangen habe. Ich bin einfach nicht der Typ, der in einer solchen Situation eine so schwergewichtige Debatte vom Zaun bricht ... Außerdem kannte ich mich mit der trüben Vergangenheit der Deutschen längst nicht so gut aus wie du. Ich gab M. nur recht: Die Pogrome gegen jüdische Geschäfte usw. gab's 1933 noch nicht. Das war natürlich idiotisch, denn selbstverständlich gab es die schon 33. Und wenn ich's auch nicht hätte beschwören können, tendierte ich schon damals dazu, dass du Recht hattest.

Trotzdem, idiotisch finde ich die Zeile in deinem Brief an deine Mutter: „Besonders Barbara kann da eine ganz gemeine, erniedrigende Art haben, so von oben herab, so kalt ..." – Alice, in meiner Gegenwart gab sich der liebe M. dir gegenüber in der Regel kalt und von oben herab. Prinzipiell alles bezweifelnd, was du vorbrachtest. Mag ja sein, dass er sich in ein Lamm verwandelte, wenn ihr allein wart ... Was mich aufhorchen lässt: Wenn ein Mann sich so verhält, dann ist das zwar bedauerlich, doch letztlich normal. Wenn eine Frau das macht, ist das ganz besonders gemein und erniedrigend. Hilfe!

Was ich am Tag danach dachte, war: Der erfundene Rick hat Alice und mich zusammengeführt, und der ganz reale M. wird sie und mich auseinander bringen. Beglückt war ich über diese Erkenntnis nicht. Warum aber mein Lamentieren? Mein Insistieren? Weil, Alice, mir an jenem Abend des 24. Juni oder Tage darauf aufging, dass du aufgehört hattest, mich sehen zu können. Ich hatte dich verraten. So einfach war das. Zu einfach. Und nach all den Jahren, dem Schweigen und Darüberhinwegsehen kann ich dir auch gestehen, dass das der Grund war, warum bei mir eine Türe zuschlug, die bis dahin zwischen uns geöffnet war. Ab diesem Zeitpunkt war alles anders geworden. Traurig, aber wahr ...

Und weißt du, was ich jüngst in meinem Taschenkalender von 1963 entdeckt habe, in dem ich mein bewegtes Leben in Stichworten notierte? Schon etliche Wochen zuvor, nämlich Mitte Mai – nach einem schweren Zusammenstoß mit M. –, habe ich mit Klopfer, die ja damals Au-pair-Mädchen in Paris war, darüber korrespondiert, ob ich nicht auch nach Paris kommen könnte. Nicht etwa wir zwei, du und ich, sondern ich alleine! Vermutlich sah ich dich an M. verloren – und mich alleine dastehen. Das Erstaunliche an der Entdeckung ist, dass ich mich überhaupt nicht mehr daran erinnerte. Ich hätte Stein und Bein geschworen, dass du die Erste warst, die die Trennung von mir erwogen und dann irgendwann auch durchgezogen hat. Hattest du damals meine Fluchttendenzen bemerkt?

Und etwas würde ich noch heute gern wissen: Wie, Alice, hast du dir eigentlich mein unleidliches Verhalten erklärt? Du fragtest mich mal in einem Nebensatz, Jahrzehnte nach unserem Crash: „Was war das damals, Barbara? Dein Verhalten in Paris? An der Côte d'Azur? – Weißt du's noch?" Und ich sagte: „Ich wusste, dass es vorbei war ..." Und füge heute hinzu: Dank meines arroganten Verhaltens konnte uns der Abschied voneinander gelingen.

Wo ich schon gerade von Arroganz spreche: Warum erinnere ich dich in puncto Tierliebe fatal an deine Großmutter? Wieso fatal?

Amüsanterweise wäre richtiger. (Ich bin heute ganz, ganz ernst. Stockernst!) Der Satz „Da wurde der Platz für die Menschen auch immer knapper, weil die süßen Mitgeschöpfe sich so breit machten" scheint mir daneben in einer Welt, in der unseren Mitgeschöpfen immer weniger Raum gegönnt wird.

Zurück nach München in den Sommer 63, der uns – der dräuenden Wolken über und in uns zum Trotz – zu unserer gemeinsamen Fahrt nach Paris aufbrechen lässt. Von unserer Reise per Autostopp ist mir nichts, gar nichts in Erinnerung geblieben. Dir? Es gibt erst wieder Bilder mit Klopfer in Paris, die dort eine Stelle als Au-pair-Mädchen hatte. Ich sehe noch die beiden übereinander gestapelten Schlafkojen – wie im Landschulheim –, die Klopfer uns in ihrem Zimmer großmütig zur Verfügung stellte.

Und ich sehe mich vergnügt allein durch Paris ziehen. Ich weigerte mich stur, an deiner und Klopfers Besichtigungstour teilzunehmen. Wenn du dabei warst, wurde es zu anstrengend für mich. Wer hält das schon durch: immer unleidlich und kalt und herablassend ... wie's mir meine neue Rolle verordnete. Und während ich allein durch Montmartre bummelte, mit dem obligatorischen Baguette, mit Käse und Weinflasche an den Ufern der Seine saß, eilten Klopfer und du durch Paris.

Ich bin gespannt, warum und wann und wie genau bei dir die Türen zufielen.

Alles Liebe,
deine Barbara

16. August 2004

Liebe Barbara,

das ist eben wie in der Therapie. Bei deinem letzten Brief sind dir offensichtlich die bad feelings von früher hochgekommen. Daher der angespannte Ton. Der ist auch berechtigt. Denn das steht rückblickend für mich außer Zweifel: Nicht du hast mich verlassen – ich habe dich verraten. Selbst wenn du schon im Mai 1963 daran gedacht hast zu gehen. Verständlicherweise. Denn in der Tat war unsere Zweisamkeit ja durch das Auftauchen meines hartnäckigen Freundes abrupt hochgebombt worden. Ich bin zwar sehr erstaunt, dass du schon vor unserem Urlaub in St. Tropez an die Trennung von mir gedacht hast (und auch 40 Jahre später noch ein wenig gekränkt), aber ich kann es verstehen.

Vermutlich hast du über die Entwicklung in München heftig korrespondiert mit Klopfer in Paris. Denn der passierte ja gerade dasselbe wie dir mit mir. Erinnere dich: Klopfer und die Kleine waren Hand in Hand im Mai nach Paris gezogen mit der Absicht, da bis mindestens Jahresende als Au-Pair zu jobben, Französisch zu lernen und die Welt zu erobern. Und wer stand plötzlich im Juli in Paris auf der Matte, hatte seine Stelle gekündigt und war wild entschlossen, in Paris nicht mehr von der Seite der Kleinen zu weichen? Bernd, ihr hartnäckigster Verehrer! Den hat sie später dann ja auch geheiratet.

Klopfer wird nicht gerade begeistert gewesen sein. Denn in der Tat: Ende Juli ging die Kleine mit Bernd nach Wuppertal – und ließ die Freundin allein zurück. Sie ist dann mit ihrem Bernd nochmal zwei Jahre nach Berlin gezogen, bevor sie in der Heimat zwei Kinder bekam.

Als wir zwei im August Klopfer in Paris besuchten, fühlte die sich vermutlich ziemlich im Stich gelassen. Sie hat aber kein Wort darüber verloren, diskret, wie sie immer war. Dennoch werde ich den Verdacht nicht los, dass ihr beiden euch ausgetauscht habt über diese treulosen Tomaten, die erst mit der besten Freundin Pläne machen und dann mit einem Mann abziehen …

In den drei August-Tagen in Paris bist du dann alleine losgezogen, weil Klopfer tagsüber die Kinder im 16. Arrondissement hüten musste – und ich mit einem jungen Franzosen unterwegs war. Ich habe in den vergangenen Jahren öfter gerade an diese Tage gedacht. Und immer an der Stelle wird mir mulmig. Ich weiß, dass ich da Mist gemacht habe. Und ich bin nicht gerade stolz darauf.

Es war so: Wir kamen in dieser anscheinend schon sehr angespannten Stimmung in Paris an. Wir waren via Wuppertal, mit Zwischenstopp, getrampt (allein schon darum danke ich meiner Schöpferin, dass ich keine Tochter habe: zu denken, die trampt ...). Am ersten oder zweiten Abend in Paris sind wir dann gleich ausgegangen. Erst in Klopfers Stammcafé, im Quartier Latin, auf der Ecke der Seine-Quais mit Blick auf Notre Dame (drei Schritte entfernt vom legendären Buchladen ‚Shakespeare & Company', den zwei berühmte Mädels von der Rive Gauche in den 20ern gegründet hatten). Immer wenn ich heute da vorbeikomme, sehe ich vor meinem inneren Auge noch den Klopfer mit den ganzen Typen da hocken. Das war so ein Beatnik-Place, ein Gammler-Treff, wie sie in Deutschland gesagt hätten, erinnst du dich? Und danach waren wir im Jazzkeller um die Ecke in der Rue de la Huchette, gleich neben dem kleinen Theater, wo sie noch heute, seit über fünfzig Jahren, jeden Abend ‚Die kahle Sängerin' von Ionesco spielen. Und da habe ich mit einem charmanten jungen Franzosen getanzt, mit dem ich dann auch mitgegangen bin. Ich hatte mir fest vorgenommen, irgendwas anzustellen, um diese Exklusivität von M. zu brechen. Außerdem fühlte ich mich nicht wohl, weil die Spannungen zwischen uns so groß waren.

Mit dem Typ, dessen Namen ich schon einige Wochen danach wieder vergessen hatte, bin ich die ganze Nacht durch Paris gestreift. Durch les Halles, wo die Arbeit morgens um drei anfing, Gemüsekisten aufladen, Austern auspacken (damals standen noch die schönen alten Jugendstilhallen); ins Pied de Cochon, wo man die ganze Nacht nicht nur Schweinefüße, sondern auch Zwiebelsuppe essen konnte; und dann mit seinem kleinen Sportwagen und offenem Verdeck die Champs-Elysées rauf und rein in die bourgeoise Wohnung seiner Eltern, die verreist waren. Wir hatten ja August, da flieht jeder Parisien, der es sich leisten kann, aus der Stadt, wie ich später gelernt habe. Vom Balkon aus konnte man den Eiffelturm sehen (sehr feine Gegend). Und ich begegnete dort zum ersten Mal dem Bidet, das ja eine sehr praktische Angelegenheit ist.

Der Typ war sehr nett und sehr aufmerksam. Und am nächsten Tag bin ich mit ihm und seinem Auto wieder durch die Stadt gezogen. Habe ich nochmal bei ihm übernachtet, und weiß ich darum so überhaupt nichts mehr von Klopfers Stockbetten? Ich erinnere mich zum Glück auch nicht an dein Gesicht, als ich zurückkam. Du musst – zu Recht! – stocksauer auf mich gewesen sein. Da fahren wir zusammen nach Paris, zum ersten und letzten Mal, und ich zische mit irgendeinem Typen durch die Gegend. Das ist genau das, was ich an Frauen so hasse! Dass sie Freundschaften nicht ernst genug nehmen. Aber, ich muss gestehen: Ich habe es selber in dem Fall nicht anders gemacht.

Nur: warum? Wann ist die Türe zwischen uns zugegangen, fragst du. Ich kann das nicht so eindeutig beantworten. Ich glaube: Du warst so scheußlich zu mir, weil du erstens eine (berechtigte) Wut auf mich hattest und weil du zweitens dabei warst, innerlich auf Distanz zu mir zu gehen. Um nicht länger emotional so ausgeliefert und so verletzbar zu sein, um dich zu schützen vor mir. Du hattest Recht damit. Nur hat es uns beide nicht weitergebracht. Nicht zuletzt, weil wir nie über all das auch nur ein Wort miteinander gesprochen haben.

Hinzu kam bei mir: Ich war sehr beschäftigt mit dem Problem M. Mir war klar: Ich muss weg von ihm. Ich wusste, das macht mich sonst kaputt. Also mobilisierte ich all meine Kräfte, um Abstand von ihm zu kriegen und ihn auf Distanz zu halten – und dabei habe ich dann auch dich und meine Beziehung zu dir vernachlässigt.

Was meinst du: Könnte es so gewesen sein?

Aber im Hier und Jetzt, liebste Barbara, musst du keine Wut mehr auf mich haben. Und du hättest den kleinen Scherz mit der „fatalen" Tierliebe meiner Großmutter eigentlich unschwer als solchen erkennen können – nicht zuletzt, weil ich dir die Auflösung gleich dazugeliefert hatte. Mama und ich waren ja in vielem Komplizinnen, allem voran in unserem Verhältnis zu Tieren. Und das hat sich bis heute nicht geändert, mein inniges, respektvolles Verhältnis zu Tieren. Wenn ich dem nicht nur privat, sondern auch politisch noch stärker nachgeben würde, könnte ich gleich alles andere vergessen ...

Also, Barbara, ich habe dich mit dieser ironischen Bemerkung provozieren wollen. Aber es stimmt: Ich kann mich, glaube ich, etwas besser schützen als du vor dem Übermanntwerden von all dem Schmerz. Ich lasse immer nur das ganz nah rankommen, was ich auch angehen kann. Und dann handle ich. Handeln bewahrt mich vor der Verzweiflung. Mehr noch: Handeln befriedigt mich, macht mir Spaß. Nicht nur in Sachen Tiere, auch in Sachen Menschen und in dieser Welt überhaupt.

Und das gefiel mir immer so an Beauvoir und Sartre: dass sie gehandelt haben. Simone hat ja schon in sehr jungen Jahren – in dem Alter, in dem wir damals waren – in ihr Tagebuch so wahnsinnig ehrliche und kluge Sätze geschrieben über die Unvereinbarkeit der Leidenschaft einer Frau für die Philosophie oder das Schreiben einerseits – und der Leidenschaft für die Liebe (zu Männern) andererseits. Sie lässt den ersten Teil ihrer Memoiren (‚Memoiren einer Tochter aus gutem Hause') enden mit dem Tod ihrer Jugendfreundin: Zaza, die eigenwillige, leidenschaftliche Gefährtin ihrer Jugendjahre.

Simone hatte sich in die Welt des Wissens gestürzt und erste Prüfungen mit Brillanz bestanden. Zaza war musisch veranlagt, wollte schreiben und steigerte sich in eine romantische Liebe zu einem jungen Mann namens Pradelle hinein. Der erwidert die Liebe nicht so, wie sie es erwartete (mir scheint, er war schwul). Sie bringt sich in immer exaltiertere Zustände, bekommt hohes Fieber, kommt ins Krankenhaus und verlangt dort, wenige Tage vor dem Tod, immer wieder „meine Geige, Pradelle, Simone und Champagner". Pradelle und Simone, mit der sie bis zum Tod in einem passionierten Austausch steht. Und auch Simone zitiert in ihren Memoiren seitenlang aus Zazas Briefen. Der letzte Satz in Beauvoirs Erinnerungen an ihre Kindheit und Jugend lautet: „Lange Zeit habe ich gedacht, ich hätte letztendlich meine Freiheit mit ihrem (Zazas) Tod bezahlt."

Muss eine sterben, damit die andere leben kann?

An Paris also keinerlei gemeinsame Erinnerungen. Am dritten Tag machten wir drei uns auf nach Saint-Tropez. Das war ja damals auch so ein Muss: Saint-Tropez! Françoise Sagan, Brigitte Bardot, Bernard Buffet ... Und der Ort war ja auch besonders schön – und ist es noch. Zwei, drei Schritte genügen, um aus dem touristischen Trubel rauszukommen: von der Friedhofsmauer ins Meer zu schauen, auf dem Marktplatz zu bummeln oder auch in den tiefen Stühlen vom Senequier zu hängen und dem Trubel ins Gesicht zu sehen: diesen armen Reichen zuzugucken, wie sie, wie in der Hamburger Herbertstraße, auf den Decks ihrer teuren Yachten an den teuren Anlegestellen hocken und sich auf den Teller gucken lassen – nur um zu fassen zu kriegen, dass sie was Besseres sind als die anderen.

Stell dir vor, Barbara: Übermorgen fahre ich nach Saint-Tropez! Wir haben ein Haus am Meer gemietet, auf der anderen Seite der Halbinsel. Für drei Wochen! Ich freue mich wahnsinnig. Nicht nur, weil ich sehr erschöpft bin von der Arbeit, sondern auch, weil ich sooooo gerne in Frankreich bin. Es ist wirklich eine zweite Heimat geworden und geblieben – vielleicht sogar meine erste.

Aber diesmal habe ich gleichzeitig ein schweres Herz. Wirst du mir begegnen in der Rue du Clocher, wo wir damals gewohnt haben (und ich in all den Jahren immer wieder mal vorbeigegangen bin)? Wie wirst du mich ansehen? Welche Gefühle werden mir dort entgegenschlagen? Und an welche Alice werde ich mich erinnern? Wieder an eine, die ihre beste Freundin verrät? Oder ist es doch komplizierter?

Deine Alice

PS: Du hast die angekündigten Fotofixe vom Münchner Hauptbahnhof anscheinend nicht gefunden. Kein Wunder: Ich habe sie!

Alice und Barbara in
München 1963.

Berlin, 23. August 2004

Liebste Alice,

seit einer Woche Grippe ... tränende Augen, verstopfte Nase, Kopfschmerzen, Kopfschmerzen ... und ein Schlafbedürfnis, das schon abartig ist ... Wenn man mich fragen würde, wie alt ich bin, würde ich ehrlicherweise sagen: Weit über neunzig.

So, so, du hast mich in deinem vorletzten Brief provozieren wollen, und ich bin brav in die Falle getappt. In der Tat schäumte ich beim Lesen des Briefes an deine Mutter über meine „gemeine, erniedrigende Art“. Ganz als hätte ich mich im Jahre 1963 über deinen Schreibblock gebeugt. Wer liest das schon gern über sich? Und dann schäumte ich noch ein bisschen, weil du dich nicht wenigstens rückblickend zu einem kritischen Kommentar deines damaligen Briefes aufgerafft hattest. Und als ich meinen Brief an dich zur Post trug, fiel mir auf, wie bei dem Wort „fatal“ eine Ader an meiner Schläfe zu pochen begann... Ich musste lachen. Doch jetzt bin ich betrübt über deine Annahme, ich wäre im Hier und Jetzt wütend auf dich.

Den „charmanten Franzosen“ hast du meiner Erinnerung nach erst am zweiten Abend unseres Parisaufenthaltes kennen gelernt. Du bist mit Klopfer, der schon Ferien hatte, am ersten Tag durch Paris gezogen. Und am Abend, als wir uns zur verabredeten Zeit in einem Café trafen, sprudeltest du über von all dem Erlebten. Wo ihr überall wart. Was ihr gesehen hattet. Und schautest Klopfer um Zustimmung heischend an, wenn du – damals des Französischen noch nicht mächtig – eifrig und entzückt die Plätze, Straßen und Cafés, die ihr besucht hattet, auf Französisch nanntest! Klopfer, der unsere einzige Beziehung zur fremdsprachigen Außenwelt war, nickte buddhaähnlich zufrieden über seine hoch begabte Schülerin. Wir mussten damals ja feststellen, dass die Franzosen noch schlechter Englisch sprachen als wir. Was was heißen will!

Stell dir vor, ich habe gar nicht mitgekriegt, dass du mit dem charmanten Jungen die Nacht verbracht hast! Ich weiß nur noch, dass ich am zweiten Tag sehr spät aufwachte. Es muss schon elf gewesen sein. Dein Bett über dem meinen war schon gemacht. Glaubte ich. Ich ging davon aus, Klopfer und du wären wieder um acht Uhr in der Frühe – nicht meine Zeit – losgezogen. Das war mir nur lieb, doch denke ich, dass ich keineswegs sauer darüber gewesen wäre, wenn ich gewusst hätte, dass du die Nacht auswärts verbracht hast. Ich hätte es nicht nur verstanden, sondern völlig in Ordnung gefunden. Zu diesem Zeitpunkt warst du immer noch meine beste Freundin, der geliebte Minni, die adorable Alice. Ungeachtet der Anstrengung, innerlich auf Distanz zu dir zu gehen.

Erinnerst du dich daran, wie ich in jeder Diskussion immer Klopfers Argumenten zustimmte, jedoch niemals deinen? Andererseits: Was Besseres fiel mir zum damaligen Zeitpunkt nicht ein. Was ich rückblickend interessant finde, ist der Umstand, dass ich mich in dieser Geschichte unleidlich machte, um Distanz zu dir zu gewinnen. Näher gelegen hätte eigentlich, wenn ich dich in meinen Vorstellungen mit negativen Eigenschaften ausgestattet hätte. Ist es nicht so? Man entdeckt an ihr/ihm plötzlich bis dahin übersehene schwierige Seiten? Oder man wendet die Technik an, zu der du damals tendiertest: Man wechselt die Stadt. Oder versucht aus einer unglücklichen Beziehung durch ein Abenteuer herauszufinden. Wer kennt das nicht?

Ja. Was geschah im Sommer 63 an der Côte d'Azur? Und warum haben wir nie darüber geredet? Das ist doch erstaunlich! Mit anderen Worten: Wir begeben uns jetzt auf das spiegelblanke Parkett der unbegrenzten, einander widersprechenden Möglichkeiten der Interpretation ...

Du schlägst vor: Du hast mich verraten. Bei dir machten sich – wie ich verwundert sehe – schon in Paris Schuldgefühle breit, die Freundschaft zu mir zu vernachlässigen, sie nicht ernst genug genommen zu haben. Das ist typisch hochherzig, Alice! Und ich bin das schutzbedürftige Unschuldslamm. Also ich weiß nicht ... Dein

Erklärungsmodell hat durchaus was – nur spricht es von einem Bewusstsein her, das wir heute haben, spricht von Überlegungen, die damals nicht in dieser Klarheit in unseren Köpfen waren. Durch den damaligen Zeitgeist rauschte die Botschaft: Liebe, das ist Glück zwischen Frauen und Männern!

Doch bis zu der Szene mit M. waren wir offen und sprachen über alles miteinander. Und danach? Ist es möglich, dass wir die Zukunft, die uns voneinander entfernen würde, aus unterschiedlichen Motiven bejahten? Beide?

Mich irritiert unsere damalige Sprachlosigkeit noch aus einem anderen Grund: Wir liebten die Sprache, die Bücher, Gedichte. Doch plötzlich: Schweigen. Als ob wir die Sprache nicht zum Zeugen unseres Auseinanderdriftens hätten machen wollen. Nach dem Motto: Wenn's erstmal ausgesprochen ist, gibt's kein Zurück mehr.

Tatsache ist: Du glaubtest, dich mit einem geheimen Plan zu tragen, aber ich wusste, dass du von München wegmusstest. Wie deine Augen leuchteten, wenn du Klopfer über ihre Au-pair-Mädchen-Erfahrungen berichten ließest! Über die Sprachschule, über das Zusammensein mit den Kindern ihrer Familie etc. Es war unübersehbar: Paris, das war bei dir Liebe auf den ersten Blick! Kann ich nachvollziehen. Obschon die Pariser teilweise eine barbarische Küche haben: Drosselpastete! Die isst der Papst, las ich irgendwo, auch so gern (ich höre meine FreundInnen stöhnen: „Nicht schon wieder, Barbara...").

Während du im offenen Sportwagen die Champs-Elysées rauf- und runterrastest, saß ich an der Seine und erinnerte mich. Daran, wie wir uns in der Handelsschule kennen gelernt haben. An den erfundenen Rick, den ich dir nie gestanden hatte. An unsere Clique ...

Wir vermieden eine Aussprache. Beide! Warum auch immer. Ich erinnere mich dunkel, darauf gehofft zu haben, du würdest mich auf mein scheußliches Verhalten – bei dem es mir jahrelang mulmig wurde – ansprechen: Warum machst du das, Barbara? Doch die Frage kam nie. Auch mir wird das Herz schwer, wenn ich daran denke.

Warst du schon in der Rue du Clocher? Und gibt es noch den Antiquitätenladen, dessen damalige Besitzerin so liebenswürdig war, uns ihre entzückende Wohnung im ersten Stock für so gut wie gar kein Geld zu vermieten? Weil sie ein Bein in Gips hatte und die Wohnung sowieso nicht benutzen konnte.

Wie sehr ich es bedauere, damals so scheußlich zu dir gewesen zu sein! Dabei warst du so glücklich, endlich eine Pause von den zermürbenden Auseinandersetzungen mit M. zu haben. Wie du strahltest. Dein Humor brach sich wieder Bahn. Wie du das Leben liebtest. Wie ansteckend das war!

Wir fuhren per Auto-Stopp von Paris an die Côte d'Azur in einem Rutsch. Nach wenigen Minuten Warten an einer Ausfahrtstraße hatten wir das Vergnügen, in einem komfortablen Schlitten Platz zu nehmen, der uns direkt bis Marseille brachte (unsere erste Etappe). Und die einzige Gegenleistung, um die unser netter Fahrer bat, war, ihn zu unterhalten, damit er am Steuer nicht einschläft.

Alles Liebe und einen herrlichen Urlaub.

Küsse,
deine Barbara

29. August 2004

Ma chère Barbara,

wenn du mich sehen würdest ... Ich sitze neben einem blühenden, betäubend duftenden Apfelsinenbaum (Apfelsine, nicht Apfel!) mit Blick auf die Inseln von Hyères. Das vergnügte Kreischen der Badenden dringt bis zu mir hoch, ist ja auch nur drei Fußminuten und ein paar Dutzend Pinien und Palmen von mir entfernt.

Ja, selbstverständlich war ich schon in Saint-Tropez! Ist ja nur eine viertel Autostunde entfernt. Barbara, ob du es glaubst oder nicht: Es ist alles beim Alten! Die Touristen und die ‚Bunte' kommen und gehen – Saint Trop (wie die Franzosen sagen) bleibt. Und die Rue du Clocher sowieso. In der Nummer 12: derselbe Antiquitätenladen wie damals, mit, wie mir scheint, denselben „Objets de Marine et de Curiosité", comme toujours. Wie immer kaum jemand im Laden, dafür dieser Hauch von Melancholie.

Den Laden führt jetzt nicht mehr Dominique, sondern ihre etwas jüngere Freundin Muriele. Dominique ist aber nicht weit. Muriele wollte sie partout anrufen – ich konnte sie nur mit Mühe daran hindern, war mir aber sicher, dass das in Dominiques Sinne war. Denn die hatte mich schon vor Jahren eher sehr gedehnt und gelangweilt angeschaut, als ich sie fragte, ob sie sich an die drei deutschen Mädchen erinnere, die anno 1963 ...

Genauso war es: Wir haben – nach einschlägiger Recherche im ganzen Viertel – die Wohnung damals nur gekriegt, weil Dominique ein Bein in Gips hatte und selber die Treppen nicht mehr raufkonnte. Dominique war für sich schon ein Kapitel: dieser spröde Françoise-Sagan-Touch, Variante Antiquitätenhändlerin in Paris oder Saint Trop. Was anderes wäre nicht infrage gekommen. Inzwischen ist sie

75. Kommentar Muriele, die ein ganz ähnlicher Typ ist, nur nicht so dramatisch: „Le temps passe...“ Wie die Zeit vergeht.

Also Barbara, unsere Wohnung 1963 in der Rue du Clocher Nr. 12, erster Stock, mit den zwei Fenstern zur Gasse und den zwei Fenstern zum Place d'Ormeau war und ist der Knaller! In Sachen malerisch kann sie locker mithalten mit unserem Traumhaus 2004, in dem wir zwei damals nicht für Geld und gute Worte hätten wohnen wollen. Schon wegen der unzähligen Kinder am Strand (was ich übrigens inzwischen besonders nett finde) und der gewaltigen Entfernung von zirka zehn Autominuten bis zum nächsten Café bzw. der nächsten Bar bzw. Disco.

Unsere Rue du Clocher ist tatsächlich die romantischste Ecke von ganz St Trop. Der Platz ist immer noch so versponnen und unberührt wie damals. Und ich vermute, unser Appartement nicht minder. Weißt du noch? Der große Raum mit den rustikalen Stilmöbeln, dem riesigen Bett (in dem wir zwei thronten) und der Kissenbank (auf die wir, leicht schlechtgewissig, Klopfer packten, dafür zahlte sie etwas weniger), das klitzige Bad und die kleine Küche mit dem Gewürzkasten vor dem Fenster zum Platz? Und all das für 25 Francs am Tag, das waren damals neun Mark. Wir waren außer uns vor Freude – und putzten ohne Murren die von zwei italienischen Männern total chaotisch und verdreckt hinterlassene Wohnung.

Ich sehe uns noch durch die Gassen ziehen, am Strand hocken oder im Senequier. Der Eiskaffee schmeckt übrigens noch immer so fantastisch, kostet aber inzwischen acht Euro. Solche Summen waren für uns ja damals außerhalb des Vorstellbaren. In unserer kleinen Küche haben wir sogar gekocht, blieb uns ja auch nichts anderes übrig: fürs Restaurant hatten wir kein Geld. Dahin haben wir uns nur ab und an einladen lassen.

Und erinnerst du dich, wie wir auf dem Weg zum Strand am Rand der Felder Trauben geklaut haben? Wir waren ja zur selben Jahreszeit hier wie ich jetzt – gerade fängt wieder die Weinernte an. Gestern waren wir in der Kooperative von Ramatuelle Wein kaufen, und da kamen die Winzer mit ihren von Traubendolden überquellenden Lastwagen – und warfen uns ganze Hände voll davon zu.

Es stimmt, Frankreich war für mich Liebe auf den ersten Blick. In keiner Stadt kenne ich so alle Bus- und Metrolinien, die Kinos, Märkte und Cafés wie in Paris. Bis heute. Und ich erinnere mich auch noch genau an den Abend in Saint-Tropez, an dem ich begriff: So will ich leben!

Ihr wart zu zweit losgezogen, und ich war mit einer Franzosen-Clique irgendwo in den Bergen zum Abendessen eingeladen. Es war schon spät, fast Mitternacht. Wir saßen an einem langen, überquellenden Tisch zu etwa zwanzig Menschen. Alle sprachen und aßen gleichzeitig. Und tranken. Und krümelten das Brot auf die weiße Tischdecke. Und redeten noch mehr. Und noch lauter. Und hörten bis spät in die Nacht nicht auf zu essen und zu trinken. Ich will sie weiß Gott nicht idealisieren, die Franzosen – aber zu leben verstehen sie.

Dass mich der Plan, nach Paris zu gehen, offensichtlich erstmals vage gestreift hat, als wir drei da waren, hatte ich vergessen. Aber es wird so sein. Auch an die Hinfahrt zur Côte erinnere ich mich gar nicht – dafür umso besser an die Rückfahrt! Und diese zwei Wochen in Saint-Tropez wurden dann ja nicht nur zum Höhepunkt unseres Vergnügens, sondern auch zum Höhepunkt unseres Horrors, zumindest was mich betrifft.

Ja, was war mit uns, Barbara? Warum haben wir so gar nicht miteinander geredet über unsere Probleme? Vielleicht hast du Recht: Wir hatten Angst, es auszusprechen – weil es dann irreversibel gewesen wäre. Hinzu kam vielleicht in der Tat die Sehnsucht, in die Welt hinauszugehen. Allein.

Es stimmt: Du warst scheußlich! Aber sag: Warst du nur mit mir so – und danach nie mehr? Oder ist das eine Art von dir geworden, so zu mauern? Warst du vielleicht auch gekränkt, weil du dich von mir nicht ausreichend wahrgenommen und verstanden fühltest? Und hast du dich auch darum innerlich immer stärker von mir entfernt? Und dass wir uns einerseits sehr gleichen, andererseits sehr unterschiedlich waren (und sind) – gerade das hat ja immer den besonderen Charme unserer Beziehung ausgemacht.

Ich selber habe natürlich auch durchaus diese innerlichen und sinnierenden Seiten, bin aber gleichzeitig stärker als du auf meine

Umwelt und das Handeln gerichtet. Doch mir fällt auf, dass ich Tendenz zu Menschen habe, die versponnener sind als ich oder nenneswieduwillst. Vermutlich lasse ich diese nicht ausagierten Seiten gerne von Menschen in meiner Nähe ausleben. Mir war immer klar, dass auch du diese zutiefst philosophische und poetische Art hast – und das habe ich gerade immer gemocht.

Ich erinnere mich an die späten Abende in diesem großen Bauernbett, wenn wir zwei zusammen wisperten und kicherten – und der Klopfer auf seiner Kissenbank am Fenster schon lange eingeschlafen war. Ich meine, er hätte sogar geschnarcht. Von draußen drangen dann noch die Geräusche aus der Gasse rein. Und drinnen im Raum hatten wir immer so einen warmen Schimmer. Der muss von der gelb-rosa Kirchenwand gegenüber und den Laternen gekommen sein.

Diese Idylle konnte allerdings nicht die Eskalation unseres Dramas verhindern – doch ich will nicht vorgreifen. Es ist ja auch außerhalb unserer innerlichen Befindlichkeiten noch so einiges passiert in Saint-Tropez. Stichwort: Plage Tahiti. Stichwort: Briefkasten. Und erinnerst du dich an unsere absolut absurde, surrealistische Rückfahrt? Die allein würde schon einen Drei-Stunden-Film von Rivettes füllen! Aber jetzt bist du dran. Antworte schnell.

Deine Alice

Berlin, 5. September 2004

Allerliebste Alice!

Unter meinen geschlossenen Lidern sah ich dich sekundenlang unter dem blühenden Apfelsinenbaum sitzen. Deine poetische, sinnliche und übermütige Seite – diese Version von dir wurde in unseren Ferien immer sehr stark. Und mir ist eigentlich unverständlich, dass sie nach zwanzig Büchern, ‚Emma', Vorträgen, Aktionen, Schirmherrschaften, TV-Diskussionen undundund immer noch so lebendig sein kann.

Apropos Bücher. Mein selbst ernannter Tischtennis-Trainer hockte wochenlang auf ‚Der große Unterschied'. Ich lieh ihm dein Buch großherzig. Nach viel denkerischem Stirnrunzeln formulierte er: „Das ist ein Buch, das allen die Augen öffnet! Ich muss sagen, manches habe ich so ... nicht zu Ende gedacht. Ein Buch, das Frauen stärkt und Männer davor bewahrt, ihre Rolle als Mann mit ihrem Ich zu verwechseln. Das Buch verschenke ich jetzt im Freundeskreis. Mal sehen, was passiert! Ich vermute, der eine oder andere wird sich weigern, es zu lesen. Wenn die nur den Namen Alice Schwarzer hören, mutieren sie zum Fleisch gewordenen Vorurteil. Schade, gerade solchen Männern würde ein Licht aufgehen."

So weit mein Trainer. Er selbst zählt sich selbstverständlich zu den durch und durch „neuen Männern". „Ich bin ein engagierter Feminist", erklärt er gern in geselliger Runde. Und wenn dann in Frauenaugen Sympathie aufblitzt und in Männeraugen freundliche Distanziertheit geschrieben steht, fühlt er sich bemüßigt, feurig hinzuzufügen: „Ja. Ich stehe dazu! Und wenn ich mir damit auch Feinde mache. Ich kann nicht anders!" (Mit auf den Tisch heruntersausender Faust.) Ich verdrehe dann immer die Augen, beschäftigt mit der Frage, ob in meinem Fall die Kluft zwischen Eigenwahrnehmung und der der anderen auch so auseinander klafft. Man weiß ja nie ...

Die Rue du Clocher! Als ob die Zeit stehen geblieben wäre ... Nur ist die damals 35-jährige Dominique jetzt 75, die Arme. Und Muriele, ihre jüngere Freundin, führt jetzt den Laden? Was da alles so mitgeschwungen haben mag, haben wir harmlosen Geschöpfe damals natürlich nicht verstanden.

Und soll ich dir was sagen? Beim Stichwort „Briefkasten“ spuckt meine Erinnerung nichts, aber rein gar nichts aus! Und Plage Tahiti? War das der etwas außerhalb von St. Tropez gelegene Strand, den wir häufiger gegen das handtuchgroße Stück Plage in St. Tropez vertauschten? Ich sehe uns eine heiße, staubige Landstraße hinauf- und hinunterwandern, die von Weintraubenhängen gesäumt wurde. Manchmal nahmen wir einen Bus, der nicht häufig fuhr. Dieser Strand ist mir in luxuriöser Erinnerung: Cocktailbars unter strohgedeckten Dächern. Und aus der verschwommenen Erinnerung löst sich ein junger, reicher, schöner Mann ... Der an dir interessiert war? An Klopfer? Oder an mir? War das derselbe, der es sich nicht nehmen ließ, uns im Senequier zum Eiskaffee einzuladen?

Und war es nicht Klopfer mit seinem Jean-Seberg-Haircut, dem wir eine sonnenuntergangsgekrönte Motorbootfahrt gen Monte Christo verdankten? Weil irgendein junger Reicher seine Augen nicht von ihrem knabenhaften, wenn auch kurvenreichen Erscheinungsbild lösen konnte? Wir standen zu dritt mit wehenden Haaren am Bug dieses Motorbootes, unter uns die aufspritzende Gischt, und über uns eine Sonne so rot wie eine Blutorange.

Aber – von welchem Horror in St. Tropez sprichst du? Sosehr ich mich mühe, ich kann mich nicht darauf besinnen. Und wann kam, nach Tagen oder Wochen stiller Duldsamkeit, schließlich von dir der Aufschrei: „Barbara, wenn wir nach München zurückkehren, kündige ich unser Zimmer!“ War das überhaupt in St. Tropez? Ich weiß nur noch, dass ich innerlich zusammenzuckte. Ich erinnere mich jedoch deutlich, dass ich mir nichts oder wenig von meiner Erschütterung anmerken ließ. Oder? Das alles ist betrüblich verschwommen, Alice, ich hoffe, du kannst Licht ins Dunkel bringen.

Und unsere letzte Nacht vor der Abreise, in einer Disco. Ich muss dort einen jungen, gelockten Franzosen kennen gelernt haben. Jung waren sie ja grundsätzlich immer, unsere Flirts. Irgendwann gingen Klopfer und du nach Hause. Ich zog noch mit ihm zum Strand. In seiner Hand baumelte eine volle Whiskeyflasche, aus der wir abwechselnd mit vollen Zügen tranken. Das Meer war blau, und ein riesiger gelber Mond glänzte am nächtlichen Himmel. Zwischen heißen Küssen und Gestammel schluckten wir immer wieder die honiggelbe Flüssigkeit, und nach einer Weile war alles flüssig und schön. Wunderschön. Zwischendurch erinnerte ich mich an dich und dass wir Abschied voneinander nehmen würden. „My girlfriend, she ...", seufzte ich in hinfälligem Englisch, und er, der noch weniger verstand und sprach als ich, lächelte verstehend: „You are my girlfriend." Und ich sagte: „Yes. Yes."

Und der Abschied! Die Flasche war so gut wie leer (heute würde ich nach nur einem Drittel der Menge auf der Intensivstation liegen), und wir machten uns auf den Heimweg bzw. er brachte mich zur Rue du Clocher. Zwischendurch klammerten wir uns aneinander und küssten uns unter Tränen. Unser Stehvermögen hatte zu diesem Zeitpunkt schon empfindlich gelitten. Die Trennung vor unserem Antiquitätenladen war uns aber nicht möglich. Nicht wirklich. Also begleitete ich ihn zurück zu seinem Elternhaus. Dort spielte sich die gleiche romantische Abschiedsszene ab ... Wir sind x-mal zwischen seinem und meinem Domizil hin- und hergewankt und würden heute noch küssend und schluchzend diese Strecke zurücklegen, wäre ich nicht auf die geniale Idee gekommen, dass wir exakt in der Mitte des Wegs Abschied voneinander nehmen. Ohne uns umzudrehen: „Don't turn your head", sagte ich.

Danach fiel ich in Jeans und T-Shirt auf das Sofa, auf dem Klopfer normalerweise schlief. Der hatte den bequemeren Platz neben dir eingenommen. Und ich erinnere mich, wie ich am Morgen vollkommen betrunken erwachte, das heißt nach drei Stunden bleiernen, bewusstlosen Schlafs. Du hast als Erstes das Fenster aufgerissen, und Klopfer sagte, alles, einfach alles würde nach Whiskey riechen ... Und ich machte „bäh, bäh", will sagen, war lammfromm und hörte hinter der

Gummizelle meines Deliriums, wie ihr darüber jammertet, wie ihr mit mir in diesem Zustand trampen solltet: „Sie kann ja nicht mal aufrecht stehen“, sagtest du nach einem kurzen, mürrischen Blick in meine Richtung.

Und wenn ich zurückblicke, so kann ich nicht umhin festzustellen, dass ich mich so scheußlich verhielt, damit du die entscheidenden Worte aussprichst. Mir wäre es nicht möglich gewesen. Eigentlich hatte ich beim Abschied von meiner St.-Tropez-Liebe Abschied von dir genommen. Stellvertretend.

Es umarmt dich
deine Barbara

8. September 2004

Liebe Barbara,

eben finde ich deinen heiß ersehnten Brief. Hier kommt der Briefträger anscheinend erst am frühen Nachmittag. Wir haben ihn noch nie gesehen, obwohl er Tag für Tag zwei deutsche Tageszeitungen anschleppt – denen ich dann mit einem Tag Verspätung die schon bekannten Nachrichten entnehme: die besetzte Schule in Beslan und der ganze Horror ... In der FAZ bemerkte ein Kommentator, die „islamistischen Terroristen" seien „anscheinend inzwischen in Tschetschenien angekommen". Wirklich dreist. Als könnte nicht jeder wissen, der es wissen will, dass die seit Anfang der 90er Jahre da wüten, den zweiten Tschetschenienkrieg angezettelt und schon 1994 die Scharia (!) in diesem russischen Teilstaat eingeführt haben. Wenn es die Russen oder Algerier trifft, also die ex-sozialistischen Länder, ist immer nur von „Rebellen" die Rede – bei uns sind sie „Terroristen".

Doch zu uns, Barbara, die wir zum Glück in Ländern leben, die (noch?) nicht in diesen Horror gerissen worden sind. Du erinnerst dich also nicht an das, was am Plage Tahiti passiert ist? Und ich wiederum erinnere mich an so einiges nicht, was dir widerfahren ist. Ja, es stimmt, einem Verehrer von Klopfer hatten wir die schnittige Bootsfahrt zu verdanken. Und einem Menschen, der vielleicht an uns zusammen im Dreier-Pack interessiert war, den sündhaft teuren (aber nicht minder sündhaft leckeren!) Eiskaffee im Senequier, Auge in Auge mit den Yachten. Auch deine letzte Saint-Tropezer Nacht dämmert mir wieder – aber dazu später.

Auffallend ist, dass unsere Erinnerungen mit nahender Trennung immer mehr auseinander klaffen. Und das hat nicht nur damit zu tun, dass es zunehmend Ereignisse sind, die nur die eine oder die andere betreffen. Die haben wir uns ja früher auch so lebendig vermittelt, dass wir oft selber nicht mehr wussten: War ich nun dabei – oder hat sie mir das nur so plastisch erzählt? Nein, es hat mit unserer zunehmenden Entfremdung zu tun.

Mein „Horror am Plage Tahiti" war tatsächlich etwas, was ich mein Leben lang nicht vergessen werde. Richtig, es war der Strand, zu dem wir manchmal mit dem Bus oder per Stopp fuhren. Er ist heute noch so schön wie damals, aber längst nicht mehr so luxuriös, sondern eher verrummelt. Wir würden heutzutage da nicht mehr verkehren, Barbara.

Vor ein paar Tagen bin ich wieder da gewesen. Zum ersten Mal seither ... Es war alles so, wie ich es in Erinnerung hatte. Der lange weiße Sandstrand vom Pamplonne und links die Felsenbuchten, der Anfang der Corniche von Saint-Tropez. Wir breiteten unsere Handtücher immer bei den beginnenden Felsen aus. An dem fraglichen Tag war es mir zu turbulent am Strand. Vielleicht gab es auch Spannungen zwischen uns? Ich nahm auf jeden Fall mein Handtuch und ein Buch und ging ein paar Schritte weiter, kletterte über einen der kleinen Felsen und legte mich in die einsame Bucht dahinter, etwa hundert Meter von euch entfernt. Ich hörte die Stimmen der nebenan Badenden, und vor mir im Wasser kreuzten Boote und Schiffe.

Ich muss einen Moment lang die Augen geschlossen haben – da war er über mir. Es ging alles rasend schnell. Mein Versuch der Gegenwehr oder des Hilferufs wurde unmissverständlich unterdrückt: Er hatte seine schwielige Hand auf meiner Kehle, mit der anderen fing er an, an meinem Bikini zu reißen. Ich lag halb auf Sand, halb auf Felsen. Nach Sekunden des Ringens war mir klar: Entweder ich füge mich – oder er bringt mich um (ich hatte die Würgemale noch einige Wochen lang).

Damals sprach ich noch kein Wort Französisch, aber Worte wurden auch nicht gewechselt. Rückblickend ist mir klar: Er war vermutlich ein nordafrikanischer Gastarbeiter, auf jeden Fall hat er mit den Händen gearbeitet und war sehr stark.

Doch erst jetzt, bei meiner Rückkehr an den Ort, habe ich begriffen, wie es funktioniert hat: Er muss den Pfad entlanggegangen sein, der sich oben auf den Felsen rund um die Corniche schlängelt, bis hin nach Saint-Tropez. Von da aus kann man, wie ich es jetzt selber ausprobiert habe, die Buchten und den ganzen Strand überblicken. Er hat mich wohl eine Zeit lang beobachtet und sich dann rangeschlichen.

Nach kurzem Ringen habe ich ihn, einer plötzlichen Intuition folgend, angelächelt – und ihm mit Zeichen zu verstehen gegeben, der Untergrund in der Felsenbucht wäre mir zu hart, wir sollten doch lieber rauf in den Kiefernwald gehen. Einen Moment lang hat er mich zögernd angeschaut – und dann ist er doch tatsächlich aufgestanden. Und ich – das war das Schrecklichste – habe seine Hand genommen und bin, lächelnd, mit ihm die Böschung rauf Richtung Kiefernwald gegangen.

Oben angekommen habe ich, wie gehofft, etwa 50 Meter entfernt ein Paar sitzen sehen. Ich habe mich losgerissen und bin, quer über die Felsen und mit bloßen Füßen, schreiend auf die losgestürzt. Im Rennen habe ich noch sein verdutztes Gesicht gesehen und wie er noch einen Moment lang stehen geblieben ist. Dieser Mann hat wirklich geglaubt, dass eine Frau, die er zu vergewaltigen und zu erwürgen versucht, es in Ruhe mit ihm im nächsten Dickicht treiben will.

Ich gehe davon aus, dass ich ziemlich aufgelöst bei euch angekommen bin, und ich war am selben Tag ja auch noch bei der Polizei. Die haben sich das angehört, höflich mit den Schultern gezuckt – und nichts unternommen. Es war ja auch „nichts" passiert.

Ich erinnere mich auch noch genau, dass ich damals schlagartig Folgendes begriffen habe: Du kannst als Frau öffentlich und vor den Augen aller vergewaltigt werden – und die Leute gucken nicht hin, weil sie glauben, es handele sich um ein besonders temperamentvolles Paar. Und noch etwas hatte ich am eigenen Leibe verstanden: Vergewaltigungsversuche gehen immer Hand in Hand mit Todesdrohungen. Und die sind ernst gemeint. Das sieht man an seinen Augen. Da sind keine Hemmungen. – Ich frage dich, Barbara: Wo stecken wir Frauen das eigentlich alles hin? Und woher kommt unser Gottvertrauen, ein paar Tage später wieder baden, tanzen und flirten zu gehen? Ist das Mut – oder Dummheit?

Ja, so wie du es schilderst, scheint auch mir deine letzte Nacht in Saint-Tropez ein stellvertretender Abschied gewesen zu sein: der Abschied von mir. Denn die Anspannungen zwischen uns – für die du so ritterlich alle Schuld auf dich nimmst – waren so eskaliert, dass ich mich am Tag vor unserer Abfahrt zu einem dramatischen Schritt entschlossen hatte: Vor deinen Augen und ohne den geringsten Versuch deinerseits, es zu verhindern, Barbara, habe ich in Saint-Tropez die Kündigung für unser gemeinsames Zimmer in der Konradstraße 12 eingeworfen. Ich weiß sogar noch, in welchen Briefkasten: in den an der Ecke vom Quai Jean Jaurès, am Eingang zum Senequier. Der Briefkasten hängt da immer noch.

Pragmatisch, wie ich auch im größten Trouble noch zu sein pflege, habe ich vermutlich um den 29. August zu Ende September gekündigt, weil ich keinen weiteren Monat verstreichen lassen wollte. Und wahrscheinlich wollte ich auch einfach Fakten schaffen, wollte selber nicht mehr hinter meine Entscheidung zurückfallen können. Es war (fast) aus. Immerhin haben wir – und das spricht für uns – beide trotz alledem Haltung bewahrt. Haben uns nicht etwa angegiftet, sondern die Rückfahrt diszipliniert durchgezogen (und dabei sicherlich auch Rücksicht auf Klopfer, die Dritte im Bunde, genommen).

Als wir zurückkamen, ging alles sehr schnell. Bei mir gab es noch ein paar quälende Hin und Hers mit M. – die dann auch noch überraschenderweise bis zur Androhung von Gewalt eskalierten, seinerseits – sowie zwischen München und Wuppertal. Doch ein halbes Jahr später ging ich endgültig nach Paris. Und du lerntest deinen späteren Ehemann kennen, warst erst scheinbar schwanger und dann in echt und hast im dritten oder vierten Monat geheiratet. Das machte man damals noch so. Da kriegte frau kein Kind ohne Ehering.

Doch wie du Jorge kennen gelernt hast und warum das alles plötzlich so schnell ging, das habe ich nie verstanden. Ich vermute, dass du am Ende unserer Beziehung regelrecht in die Ehe geflüchtet bist. Um dich abzulenken? Aus Angst vorm Alleinsein? Aus Ratlosigkeit? Wohl alles auf einmal.

Aber dass du unsere Rückfahrt von Saint-Tropez nach München vergessen hast, Barbara. Ha, das ist dir noch nicht einmal vor dem

Hintergrund unserer Probleme zu verzeihen! Das kannst du nur noch mit deinem gewaltigen Kater nach der romantischen Whiskey-Nacht entschuldigen. Denn das waren mit die skurrilsten 24 Stunden unseres Lebens.

Also, es war so: Wir stellten uns, wie üblich, am Ortseingang mit erhobenen Tramperdaumen auf – nicht ohne rasch noch ein paar Trauben als Wegzehrung zu pflücken. Zu dritt wegzukommen war gar nicht so einfach, sodass wir froh waren, als endlich ein kleiner Alter mit seinem klapprigen Kastenwagen hielt und uns einlud. Es war schon Nachmittag (vermutlich sind wir wg. der Putzerei und deinem Kater zu spät weggekommen). Ich erinnere mich, dass er bis hinter Aix en Provence fuhr, genauer: bis Salon. Von da hätten wir dann die Route Nationale nehmen können, die geradewegs nach Paris führte, wohin ja Klopfer musste. Wir mussten auf der Höhe von Lyon nach München abbiegen.

Wir stiegen also ein in den klapprigen alten Kasten-Renault (was anderes kann es nicht gewesen sein). Die Konversation lief via Klopfer, die Einzige, die einigermaßen des Französischen mächtig war. Es stellte sich heraus, dass der kleine Alte, der uns sehr alt vorkam (aber mal gerade über 60 gewesen sein mag), uns anbot, in seinem Häuschen zu übernachten. Er würde dann, so hatte Klopfer das verstanden, bei Freunden nebenan schlafen. Wir fanden das großartig! Denn wir hatten vermutlich kaum noch Geld und mit dieser Nacht nicht gerechnet. Wir willigten also freudig ein.

Nach zwei, drei Stunden, es war schon Abend, waren wir angekommen. Sein in der Tat sehr kleines Häuschen stand neben einer Tankstelle. Im Haus gab es eine kleine Küche und einen großen Raum mit einem geräumigen Bett. Platz genug für uns drei. Da ahnten wir noch nicht, dass der Platz für vier würde reichen müssen ...

Der Gute gab uns noch was zu essen, Richtung Salat und Käse. Und dann ... ja dann ... Warum ging er denn nicht endlich, damit wir ins Bett gehen konnten? Es wurde immer später – und der Typ rührte sich nicht. Wir konnten ihn ja schlecht aus seinem eigenen Haus rausschmeißen. Und irgendwann kam er aus dem Bad doch tatsächlich im Pyjama – ich meine sogar, es wäre ein langes Nachthemd gewesen.

Und wir? Wir waren ratlos. Nicht zuletzt durch die Selbstverständlichkeit, mit der er sich benahm. Dachte er sich vielleicht gar nichts dabei, und waren wir die Perversen, die unterstellten, dieser nette alte Mann wolle was von uns drei jungen Mädchen? Und wieso sollte man nicht in der Tat in diesem Riesenbett zu viert übernachten können? Gehen konnten wir auf jeden Fall nicht mehr, denn weder gab es in dem Kaff ein Hotel, noch hätten wir das Geld dafür gehabt.

Also: Rein in das Bett. Zu viert. Aber nicht, ohne vorher nochmal einige Vorkehrungen getroffen zu haben. Ich Schlechtes wisperte, du müsstest neben ihm liegen – denn Klopfer und ich hätten zu verlockende Rundungen, aber du seiest als Dünnste von uns am wenigsten gefährdet. Dir Herzensguter hat dieser von mir damals in voller Überzeugung vorgetragene, aber mir rückblickend wirklich gemein scheinende Vorschlag eingeleuchtet.

Barbara: Wir haben uns also tatsächlich alle drei mit dem Typen ins Bett gelegt! Er links außen, du daneben, ich in der Mitte, rechts außen Klopfer. Und dann hat er das Licht ausgemacht. Wir drei haben noch lange mit aufgerissenen Augen wach gelegen, sind aber dann irgendwann eingeschlafen – bis, ja bis du an mir gerüttelt und gewispert hast: Alice, der hat mich gerade angefasst! Da sind wir alle drei aus dem Bett gesprungen und haben den Rest der Nacht sitzend verbracht. Während er alleine im Bett schlief.

Vorwürfe aber haben wir Monsieur nicht gemacht – denn so ganz sicher waren wir immer noch nicht: Hat er dich wirklich angefasst, oder hattest du das nur geträumt ...? Ich denke mal: Er hat!

Ja, und am nächsten Morgen standen wir an der Route Nationale (die Autobahn in den Süden gab es damals noch nicht) und hielten wieder die Daumen hoch. Und weil unser Schutzengel noch nicht ganz eingeschlafen war, passierte nun ein kleines Wunder: Vor uns bremste scharf ein roter Porsche. Und wer saß drin? Nein, nicht schon wieder ein Wüstling. Eine sehr rasant und sehr französisch aussehende Frau um die 40! Sie hat uns alle drei eingeladen, und wir kamen rasch mit ihr ins Gespräch, vermutlich auf Englisch.

Es war Suzanne Baron – ich habe den Namen nie vergessen! –, die Cutterin von Tati. Und wir sausten nun mit dieser in der Filmbranche tatsächlich legendären Suzanne Baron durch Frankreich (ich habe ihren Namen später noch oft in den Abspännen gesehen: bei Tati, Alain Resnais und anderen spannenden Regisseuren).

Die Dame fuhr einen rasanten Stil und bog ab und zu ab: um einen Kanister Öl bei irgendwelchen Bauern zu kaufen oder Wein oder Obst. In Avignon hat sie dann direkt unterm Papstpalast geparkt und ist mit uns raufgegangen, um Lorbeer für die Küche zu pflücken. Das habe ich mir gemerkt. Und seither: keine Fahrt nach Südfrankreich, ohne Lorbeer in Avignon zu pflücken!

Auf der Höhe von Lyon mussten wir zwei dann aussteigen. Der glückliche Klopfer sauste weiter in Suzannes Porsche – und wir haben uns irgendwie nach München durchgeschlagen.

Es umarmt dich schweren Herzens
deine Alice

Berlin, 14. September 2004

Liebste Alice!

Heute kam dein Brief mit der von mir vergessenen Horror-Szene vom Plage Tahiti! Wie konnte ich das vergessen? Oh, Göttin!, wie Teddy in den späten Siebzigern (zu jener Zeit schon in Berlin) ächzte, wenn es etwas gab, was schwer oder gar nicht zu verkraften war. („Ich kann mir Gott einfach nicht als Mann vorstellen!", gestand sie mir im ‚Schwarzen Café' zu vorgerückter Stunde beim dritten Glas Rotwein ...) Das waren die Jahre, in denen erheiternde Sprüche die Runde machten: „Als Gott den Mann schuf, hat SIE nur ein Experiment gemacht." Und: „Ich sah Gott ... und SIE war schwarz."

Wie exakt du dich an die Szenen aus ‚Der alte Mann und die Mädchen' erinnerst! Und tatsächlich hatte mich deine besonnene Analyse der Lage („Barbara, du bist die am wenigsten Gerundete von uns") hundertprozentig überzeugt. Was darauf verweist, wie wenig wir 1963 von alten Männern wussten, die gerade die flachen, eher kindlichen Mädchen mögen. In meiner Erinnerung fühle ich die Hand des kleinen Alten erst im frühen Morgengrauen auf meinem Oberschenkel. Zuerst glaubte ich traumbefangen, es sei meine eigene Hand, doch als sie vorsichtig meinen Schenkel hinaufzuwandern begann, stieß ich dich wie verabredet an ... Das Nachfolgende hatte es in der Tat in sich! Der kleine Mann sah so unschuldig aus, so freundlich und zurückhaltend selbstbewusst. Ich zweifelte an meiner Wahrnehmung, bin aber wie du davon überzeugt, dass er das Unschuldslamm nur spielte.

Plage Tahiti. Erst beim Lesen deiner Zeilen drängte etwas hoch. Und plötzlich war alles wieder da! Bis hin zu den roten Druckstellen an deinem Hals, die sich im Verlauf der nächsten Tage zu Schwarz,

Lila und Gelb verfärbten. Und du trugst noch tagelang ein Nickituch um den Hals geschlungen. Ich weiß noch, dass ich die Szene, wie du auf Klopfer und mich zugetorkelt kommst – zitternd, verängstigt, zornig –, nicht in Realzeit erlebte. Eben noch warst du im schwarzen Bikini und handtuchschlenkernd über die Felsen balanciert ...

Ganz sicher spielt die zunehmende Entfremdung zwischen uns bei meiner unverzeihlichen Vergesslichkeit eine große Rolle. Meine melancholische Stimmung, die ich vor dir zu verbergen suchte. Denn am liebsten hätte ich gerufen: Mach alles wieder rückgängig, Alice! Lass uns in eine andere Stadt gehen! Lass uns ... Laut. Ganz laut. Denn ich sah dich wie in einem verkehrt gehaltenen Opernglas weit, weit weg von mir.

Ich will dir was sagen: Wie schrecklich auch diese Geste für dich war, den Fast-Vergewaltiger lächelnd bei der Hand zu nehmen – wir dürften uns darin einig sein: Dieser Einfall hat dir wahrscheinlich das Leben gerettet. In solchen Situationen muss frau alle Register ziehen, um heil rauszukommen. Nur ja nicht betteln, nicht weinen, nicht ans Mitgefühl appellieren, nicht an den Verstand. Letzteres ist ganz sinnlos. Besser ist's, die Sexbombe zu spielen, den Transvestiten oder die Hexe.

Die wahnsinnige Hexe, die dem potenziellen Vergewaltiger mit irrem Lachen den Reißverschluss runterzieht, augenverdrehend, lippenleckend und züngelnd ... Nun, ja. Zur Hexenrolle bedarf es einer gewissen Schamlosigkeit. Und Mut sowieso. Man muss „irrer" sein als der Angreifer. Und vielleicht eine gewisse Disposition mitbringen. Ich hab diese Nummer mal erfolgreich eingesetzt. Im Park, durch den ich zu nächtlicher Stunde leichtfüßig eilte. Beschwipst, nach einem heißen Discoabend.

Er war etwa fünf Meter von mir entfernt, als er hinter einem Baum hervortrat. Das Mondlicht glänzte auf der Klinge des Messers. Weglaufen war unmöglich: Hochhackige Pumps! Das war's, dachte ich. Doch noch bevor der Film meines Lebens in Bruchteilen von Sekunden vor mir ablaufen konnte – die Sonnenblume, die mich als Eineinhalbjährige erstaunte, die ungeliebte Gummipuppe, die mir irgendeine ignorante Tante geschenkt hatte, die aber immerhin pinkeln konnte, wenn man auf ihren Bauch drückte –, trat ich grunzend und züngelnd einen Schritt vor und kroch mit irrem Gelächter, buckelnd und mit gierig vorgestreckten Händen auf ihn zu ... Da rannte das liebliche Objekt davon ... Erst als ich in meinen vier Wänden war, kam ich wieder zu mir.

Alice, ich bin „beim Zählen“ auf fünf versuchte sexuelle Übergriffe gekommen. Plus anderen gefährlichen Situationen. Doch ich kam dankenswerterweise immer mit einem blauen Auge davon. Von meinen Freundinnen habe ich im Laufe der Zeit Ähnliches und Schlimmeres gehört. Manche wachen heute noch schweißgebadet in der Nacht auf, weil sie wieder und wieder diese Szene durchleben müssen. Und auch sie gehen wieder baden, tanzen, flirten ...

Du fragst dich, was ich mich hin und wieder auch frage: Wie funktioniert das? Ich vermute, dass Frauen über Jahrtausende hinweg gelernt haben, das latente Gefühl der Bedrohung durch den Mann so herunterzufahren, dass es in ihren Köpfen zwar registriert ist, nicht aber den Gemütszustand beeinflusst. Und dann: Angst ist bekanntlich kein guter Ratgeber. Auch sind nicht alle Männer Vergewaltiger und Killer; so wenig, wie alle Frauen nur Opfer sind. Wir zwei zum Beispiel scheinen uns wenig zum Opfer zu eignen.

Du fragst, was in München passierte, als wir aus den Ferien zurückkehrten. Liebste Alice, ich weiß es nicht. Bist du sofort zurück nach Wuppertal gegangen? Wo habe ich gewohnt? Teddy und Doris W. müssen noch im September nach München gekommen sein. Ich sehe mich mit Teddy ins Ungerer-Bad gehen, das noch geöffnet hatte. Der Sommer war ungewöhnlich heiß. Und auch Z. kam nach München. Die Clique hatte ihm mit meiner Erlaubnis die Adresse gegeben. Jetzt war es eh egal.

Viel mehr aber erzählt mir meine Erinnerung nicht. Nach deiner Abreise versank ich in trübe Melancholie. Der Welt war alle Farbe entzogen. Wenn ich ihr auch vorspielte, ganz die Alte zu sein. Wie düster damals meine Stimmung war, entnahm ich einem Brief von Klopfer vom Herbst 63, der mir vor Jahren beim Kramen in Kisten und Kartons in die Hände fiel. Mein Gejammer muss endlos gewesen sein. Über Seiten hin ist Klopfer bemüht, mich zu trösten, bevor er es sich erlaubt, von seinen eigenen bescheidenen Problemen zu sprechen ... Und immer wieder beteuert er mir, sein Versprechen zu halten und dir kein Sterbenswörtchen über meinen Zustand zu sagen.

Irgendwann muss ich mich dann aufgerafft haben. Ich sagte mir, dass ich mich jetzt wirklich mehr für Männer interessieren sollte. Zudem Z. schon praktisch im Türrahmen stand. Ein Wiederaufflammen meiner – zum Schluss verheerenden – Verliebtheit in ihn? Nie wieder! Ein guter Freund, das ja. Und da der Beruf langweilig war und ich keine Möglichkeit sah, den Zustand zu ändern, konzentrierte ich mich auf mein Privatleben. Romantik hieß das Zauberwort. Und Jorge, der zukünftige Ehemann, bot sich vermutlich als Projektionsfläche an. Das Fremde, Portugiesische. Er war lebhaft, gestikulierte mit Händen und Füßen und sprach ununterbrochen.

Und irgendwann gingen wir zusammen ins Bett. Vermutlich tat ich's vor allem, um dich anrufen zu können und dir zu sagen: „So sei, gewährt mir die Bitte, ich in eurem Bunde die Dritte!" Du hast sofort verstanden, dass nun noch eine aus unserer Clique nicht mehr Jungfrau war, und geschrien: „Nein! Barbara!" Aber – wer war die Dritte, überlege ich gerade ...

Ich sehe mich mit dem künftigen und so lange schon ehemaligen Ehemann im Mondlicht vor dem ‚Schwabinger Nest' sitzen. An unserem Tisch schwadronierte ein portugiesischer Maler, ein anderer, der Gitarre spielte, sang schmachtend einen Fado. Vielleicht war das das Leben ... Als ich allerdings Z. nicht viel später erzählte, ich wäre schwanger, und er nach einer Sekunde des Zögerns mit dem Vorschlag daherkam, wir sollten das Kind zusammen großziehen, geriet ich ins Schwanken. „Ich spiele die Hausfrau, Babsi, kümmere mich um die Drillinge oder was immer. Und du gehst arbeiten und schleppst das Geld heran." Wäre vielleicht die günstigere Lösung gewesen.

Doch ich war irgendwie meiner Energie beraubt, kam mir uralt vor. Also: Heirat. Dabei wusste ich, wenn ich es auch nicht wahrhaben wollte, dass das ein falscher Schritt war.

Und auch du warst mit M. ja ganz und gar am Ende angelangt. „Ein paar quälende Hin und Hers" ist nett formuliert. Erinnerst du dich etwa nicht, wie du einmal nach einer heftigen Auseinandersetzung mit ihm zu uns in die Wohnung geflüchtet bist? Wenige Stunden später klingelte es. Und wer stand vor der Tür mit einem Beil in der Hand? M.! Ich hatte den Mann noch nie gewalttätig erlebt, und ganz sicher hätte niemand ihm das zugetraut, aber es war so. Er stand kreidebleich und mit erhobenem Beil vor der Tür. Und ich stand ihm schwanger und fassungslos gegenüber. Dann tauchtest du hinter mir auf – aber noch schneller war Jorge, mein Ehemann. Der hatte sich flugs das warme Bügeleisen gegriffen (du warst gerade dabei, Blusen zu bügeln), hielt es seinerseits mannhaft dem Mann mit dem Beil entgegen und sprach: „Verschwinde hier!“ M.s Pluspunkt: Er war einen Kopf größer als Jorge. Jorges Pluspunkt: Ihm war als portugiesischem Beschützer seiner schwangeren Ehefrau einfach alles zuzutrauen. Die Sache ging aus wie das Hornberger Schießen ... M. trottete davon, mitsamt seinem Beil. Jorge tobte weiter. Und wir zwei, wir wussten nicht, ob wir lachen oder weinen sollten.

Apropos Dramen. In der Tat: Du bist drei Jahre später bei deinem Besuch mit dem liebenswürdigen Bruno bei mir in Portugal im luxuriösen Estoril fast im Meer ertrunken. Dass ich das vergessen konnte! Damals lebte ich unter einer Glasglocke. Einfach gesagt. Draußen war die Welt, der Sohn, der Ehemann, die reizende Schwiegermutter plus Familie. Draußen war der weiße Strand mit den „Patatos-fritas“-Ausrufern, mit den Verkäufern, die Garnelen und Getränke anboten.

Die Wohnung der Kleinfamilie war luftig und entzückend eingerichtet. Ich ging zur Uni, studierte Portugiesisch und Geschichte (als Gasthörerin), hatte eine Haushaltshilfe. Doch eine der wenigen Erinnerungen an diese Jahre hat wenig mit mir zu tun. Emilia, die Haushaltshilfe, war krank. Im Auftrag meiner Schwiegermutter sollte ich der Kranken Körbe voller Gemüse, Früchte, Fleisch und Käse bringen. Irgendwann endete die zementierte Straße und wurde von einem lehmigen Weg abgelöst. Überall hinfällige Hütten, die aus unterschiedlichsten Materialien zusammengehauen worden waren. Blech, Plastiktüten und -planen, Schranktüren, Bretter etc. Halb nackte Kinder spielten zwischen den traurigen Baracken irgendein Stockspiel. Emilias Haus stand weiß getüncht in dieser herzzerreißenden

Umgebung. Es bestand aus einem Zimmer, in dem sie mit ihrem Mann und zwei Kindern lebte, und war so liebevoll eingerichtet, so sauber, so licht, dass mir Tränen in die Augen traten ...

Ich wollte raus aus der Ehe. Aber wie? Man würde versuchen, mir den Sohn zu nehmen. Der Ehemann verdiente zu diesem Zeitpunkt als Architekt bei einem Projekt in Beja sehr gut. Und ich? Ich hatte Privatschüler, denen ich Deutschunterricht gab. Nach außen spielte ich die Barbara, die jeder kannte, im Inneren wurde es immer düsterer. Erinnerst du dich, dass ich dir nach Düsseldorf Kurzgeschichten schickte? Langwierig, bis zur Unkenntlichkeit umständlich verhandelte ich in ihnen meinen traurigen Zustand: „Wie ich entdeckte, dass ich ein Vogel bin". Ich versuchte mich im Stil von Franz Kafka. Die Geschichte begann mit dem Frühstück einer glücklichen Kleinfamilie: Vater, Mutter und Tochter. Doch während des Frühstücks entdeckt die junge Frau, dass sie im Baum vor dem Fenster von Ast zu Ast hüpft ... Ich brauche die Sache wohl nicht weiter zu erläutern.

Ja, Alice, wir haben bei unserem Abschied Haltung bewahrt. Da war kein kleinliches Abrechnen, nichts dergleichen. Was vielleicht auch eine Form der Liebe und gegenseitigen Achtung war. Und jetzt muss ich – wenn ich nicht aufhöre – weinen.

Herzlich,
deine Barbara

17. September 2004

Meine liebe Barbara,

nachdem wir so unendlich viel gelacht haben miteinander, gibt es ja auch wirklich etwas zu weinen. Über dich. Über mich. Über uns. Was genau los war, entnehme ich meinem Brief vom 15. Oktober 1963 an „meinen lieben Minni" (das bist du). Fünf Seiten auf kükengelbem Papier, wie üblich nachts im Bett geschrieben (weil ich abends andauernd auf Tour bin: Theater, Lesung, Konzert).

Daraus schließe ich Folgendes: Ich muss Anfang Oktober zurückgegangen sein nach Wuppertal (todsicher war damit meine x-te Trennung von M. verbunden). Wir beide hatten zwar unser gemeinsames Domizil in der Konradstraße aufgelöst, waren uns aber weiterhin stark verbunden. Denn schon am 15. Oktober, also nur zwei Wochen nach meinem Rückzug nach Wuppertal, reagiere ich auf einen Acht-Seiten-Brief von dir. Darin redest du mir offensichtlich konstruktiv und gut zu. Du schreibst, wie ich meiner Reaktion entnehme, streng: „So geht es nicht weiter!" Und tröstend: „Du bleibst immer du, egal wo du bist."

Ich bin also offensichtlich in ein fatales Loch geplumpst. Von Freundin und Freund getrennt – und das auch noch nach eigenem Willen – und ohne berufliche Perspektive. Die Stelle, die ich mir in diesem Herbst in Wuppertal gesucht hatte, war eine Bürotätigkeit in einer Bettfedernfabrik. Auf Zeit, drei Monate. Mir war also klar, dass ich nicht in Wuppertal bleiben würde. Ich wollte da nur Luft holen – und überlegen, wie es weitergehen konnte.

Ich war (fast) 21 Jahre alt, ganz und gar ratlos und ziemlich verzweifelt. Was ja beides nicht unbedingt typisch für mich ist. In meinem Brief an dich schreibe ich Sätze wie: „Ich hätte mich in meiner

Angst vor der Leere nicht wieder an ihn klammern dürfen.“ Und ich komme zu der Erkenntnis: „Da ist dieses überdeutliche Wissen, dass ich ganz allein bin. Dass ich alleine zu entscheiden und zu verantworten habe.“ Kurzum: Ich scheine gerade erwachsen zu werden.

Offensichtlich war ich in diesem Herbst 1963 ganz und gar untergegangen in dem Bermudadreieck zwischen verlorener Mädchenliebe, verlassenem ersten Mann und fehlender beruflicher Perspektive bzw. Lebenssinn. Und du spürst das alles im 600 Kilometer entfernten München und drängst mich, mir selber Klarheit über mich und meine Zukunft zu verschaffen. Ich antworte dir: „Lass mir noch ein paar Tage Zeit.“ Es hat dann doch noch ein paar Monate gedauert.

Schade, dass meine folgenden Briefe an dich nicht mehr erhalten sind (von deinen ganz zu schweigen). Der erste, der danach auftaucht, datiert mit 16. Mai 1964. Da habe ich dich und München schon verlassen und lebe in Paris. Aber ich höre nicht auf, mit dir zu kommunizieren, dir zu schreiben, mich dir zu vermitteln und dich nach deinem Leben zu befragen. Meinem Brief an dich entnehme ich längst vergessene Details meiner ersten Wochen in Paris:

8 Uhr 30 bis 10 Uhr 15: Französisch lernen auf der Alliance Française. Danach Bummeln und Lesen im Jardin du Luxembourg. 12 Uhr 30 Dienst antreten in der Familie Hervouet, die mir dafür Kost, Logis und 150 Francs gewährt. Mittagessen mit Madame, Monsieur und den drei Kindern. Anschließend alleine spülen. Dann mit dem zweijährigen Vincent in den Jardin des Plantes marschieren. Ich lobpreise die französische Ganztagsschule, der ich es verdanke, dass die beiden Größeren erst gegen 17 Uhr nach Hause kommen. Denn mit Vincent, der sehr an mir hängt und immerzu durchdringend Aliiiis, Aliiiis kräht, habe ich ausreichend zu tun. Um 17 Uhr Bügeln. Dann Abendessen mit den Kindern (ohne Madame und Monsieur) und Spülen mit den Großen. 20 Uhr: frei! Will sagen: Lernen oder Lesen in meinem Zimmer im 6. Stock, einem ehemaligen Dienstmädchen-Zimmer von maximal sieben, acht Quadratmetern Ausmaß mit Außenspülstein und -toilette. Manchmal höre ich durch die Wand das Weinen des spanischen Dienstmädchens Maria nebenan. Aber ich bin’s zufrieden. Ich lerne Französisch und entdecke Paris.

Dieses klassisch stupide Au-pair-Mädchen-Leben habe ich übrigens nur einen Monat lang durchgehalten und mich dann – mit sehr viel Elan und ein bisschen Glück – mit diversen 5-Francs-Jobs durchgeschlagen. Putzen, Babysitten, Tippen beim Elsässer Wiedergutmachungs-Anwalt oder beim ins Exil geflüchteten und dagebliebenen deutsch-jüdischen Journalisten. (Übers Deutschsein habe ich bei der Gelegenheit noch so einiges dazugelernt.)

Wobei ich ein wahnsinniges Glück hatte. Drei Monate nach Ankunft habe ich eine Viertelstunde zu Fuß von der Alliance entfernt ein so genanntes Studio im alten Montparnasser Viertel gefunden, in dem es noch ein Kohlencafé gab, wo man die Briketts kiloweise kaufte, und Gänge unter der Straße aus der Zeit der Revolution. Mein „Studio", also die Einzimmerwohnung, hatte fließendes Wasser, zwei Pariser Fenster (mit den schmiedeeisernen Minibalkonen), eine prächtige Rosentapete und die Toilette auf dem halben Stock (so ein französisches Loch).

Das Einzige, was ich dafür machen musste: auf dem Weg von meiner Schule nach Hause einmal am Tag die beiden kleinen Jungen von der Schule abholen (das kleine Mädchen der Familie war noch zu Hause). Meine ganze Klasse hat mich um diesen Schnapp beneidet! Du wirst dich erinnern: Ich habe dich – und auch Jorge – ja immer wieder dahin eingeladen, aber du bist nie gekommen. Verschärfend kam zu meinem Glück hinzu, dass Yvonne Ourvouai, die junge Mutter, die einen viel älteren Mann geheiratet hatte und aus der Provinz kam, mich wie eine Schwester liebte. Ich kriegte sogar die Bettwäsche und die Handtücher gewaschen und gebügelt. Und ich mochte auch die Kinder sehr, vor allem den kleinen Patrick mit den abstehenden Ohren. Der hat inzwischen vier Kinder ...

Ich hatte dennoch reichlich zu tun, um meine Schule und mein bescheidenes Leben bezahlen zu können. Und wenn ich nach Hause kam von der Alliance Française, lautete meine tägliche Frage bei der Concierge: „Du courrier pour moi, Madame?" – nicht zuletzt in der Hoffnung auf einen Brief von dir. Manchmal, sehr selten, kam einer, meist aber nicht. Das hatte Gründe. Gründe, die wohl nicht nur mit uns beiden, sondern auch mit deiner neuen Lebenslage zu tun hatten.

Denn während ich in Paris studierte, warst du Mutter geworden: am 14. August 1964.

Doch schon im Oktober 1963 hatte ich dir energische Tipps zur Beendigung einer (vermeintlichen) ungewollten Schwangerschaft gegeben: „Solltest du die Periode beim Lesen dieses Briefes noch nicht haben, fängst du sofort morgen früh mit der Tabletten-Kur an.“ Ich ahnte so wenig wie du, dass du in Wahrheit (noch) gar nicht schwanger warst – und es überhaupt erst geworden bist durch deine fatalistische Haltung: Jetzt kommt es eh nicht mehr drauf an ... Schwanger kannst du dann ja erst im Dezember 1963 geworden sein.

Da war ich noch in Wuppertal, aber schon wieder auf dem Sprung nach München, wo ich vor meinem definitiven Abgang nach Paris noch einmal für drei Monate gelebt und gearbeitet habe, diesmal bei einer Erdölgesellschaft – und, versteht sich, ebenfalls von Anfang an auf einer Zeitstelle. Mein Rhythmus wurde immer hektischer. Den Plan, nach Paris zu gehen, muss ich gleich im Februar 1964 gefasst haben. Und ich weiß auch noch genau, in welcher Nacht ... Aber dazu mehr im nächsten Brief.

Dass du traurig warst über meinen Weggang, war mir natürlich klar. Das war ich ja auch. Aber dass du so verzweifelt warst, das war mir nicht klar. Wenn wir es uns hätten eingestehen können, hätten wir vielleicht doch versucht, noch einmal gemeinsam einen Start zu wagen. Aber wir hatten das Band zwischen uns schon fast zerschnitten – wenn auch die Gefühle zueinander lebendig geblieben waren. Das beweisen unsere Briefe. Wobei meine ab nun offensiver und inniger sind – und du dich wortkarg bedeckt hältst.

Jorge. Ich fand ihn nicht uninteressant – aber nicht gut genug für dich. Eifersucht? Arroganz? Klarblick? In Anbetracht des Fortgangs der Geschichte wohl eher Letzteres ... Er gehörte ja zu dieser Schwabinger Clique von Portugiesen, die vor dem faschistischen Diktator Salazar abgehauen waren (letztendlich hat der ja noch sein Kumpelchen Franco überlebt). Das waren ganz nette Jungs, sie hingen immer im Schwabinger Nest rum oder im P1. Aber heiraten? Erstens, warum überhaupt – und zweitens, warum ihn???

Den so entscheidenden Schritt hast du ja erst getan, als du wirklich schwanger und im dritten, vierten Monat warst. Ich erinnere mich bestens: Jorges Bruder und ich waren Trauzeugen. Und ich habe, wie mir die Fotos bestätigen, mein bestes Stück, das ‚Chanel'-Kostüm an – und einen breitkrempigen schwarzen Hut auf. Tja, so war das damals. War eben vier Jahre vor 68. Aber warum nur, Barbara, hast du dich nicht nur in die Romance, sondern gleich in die Ehe gestürzt? Mit 20! War die Schwangerschaft der einzige Grund?

Es umarmt dich fest
dein Minni

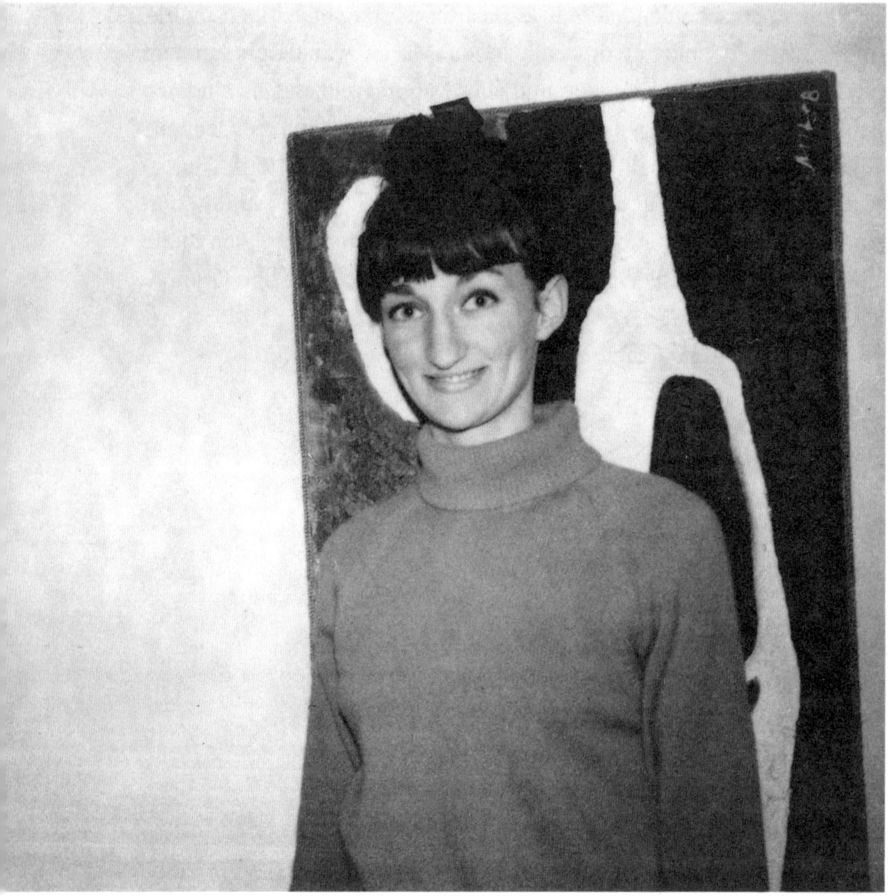

1 Barbara in Portugal um 1965.
2 Alice und Barbara mit Sohn Boris in München im Frühling 1965.
3 Alice in Paris um 1965.

Berlin, 22. September 2004

Liebste Alice,

warum mir meine Erinnerung den Zugriff auf alle Ereignisse der damaligen Zeit, die weniger schön, bedrohlich oder schrecklich für dich waren, verweigert, ist mir ein Rätsel. Ich bin irritiert ... Ich wusste nichts von deiner Verzweiflung, nichts von deinem Job in der Bettfedernfabrik, nichts von deiner Angst vor der Leere. Und ich habe darauf so vernünftig geantwortet? Kannst du deinen Antworten auch entnehmen, was ich dir über meinen Gemütszustand mitgeteilt habe?

Sehr, sehr vage, als entstamme es dem Leben eines anderen Menschen, erinnere ich mich daran, die von dir empfohlenen Tabletten eingenommen zu haben. Ohne gewünschten Erfolg. Die Periode blieb über zwei Monate aus. Aber ich war ja auch (noch) nicht schwanger. Es war wohl eher ein psychisches Problem – die Reaktion auf deinen Weggang.

Ja. Ich hätte ganz sicher nicht geheiratet, wenn ich nicht schwanger gewesen wäre. Schon während der vermeintlichen Schwangerschaft geriet ich in einen Zustand fataler Hilflosigkeit. Ich zog mich aus der Welt zurück. Meine Fantasie kam zum Erliegen, auch meine rationale Seite begann zu verblassen. Auf irgendeine Weise verlor ich mich aus den Augen.

„Du bleibst immer du, egal wo du bist." Das habe ich dir im Oktober 63 geschrieben? Ich würde heute dasselbe schreiben! Mir war damals aber deutlich, dass du sehr früh – dank der so authentischen Großeltern? Dank deiner frühen Verantwortung? – deine Ich-Identität gefunden hattest. Früher als ich, die ich noch auf der Suche war.

Auf deinen Brief warte ich mit Spannung.

Ich umarme dich, deine Barbara

25. September 2004

Liebste Barbara,

ich spüre: Auch du bist am Ende unserer Geschichte angelangt. Über Jorge, den du dann im März geheiratet hast, und Boris, der im August zur Welt kam, magst du offensichtlich nichts mehr sagen. Und du hast ja Recht: Die beiden gehören nicht in unsere Geschichte – auch wenn sie zu ihrem Ende beigetragen haben.

Nachdem ich Anfang 1964 noch einmal nach München zurückgekehrt war, geriet ich zwischen alle Mühlsteine. M. war zwar hocherfreut, aber lebbarer war die Sache deswegen noch lange nicht. Und du? Du wohntest schon in der Landshuter Straße mit Jorge zusammen. Naiv habe ich damals versucht, übergangsweise bei euch zu wohnen. Als wäre so ein angehender Ehemann – und gar noch ein portugiesischer – erfreut, wenn die beste Freundin seine Zweisamkeit zum Dreier macht. Du warst schwanger – und er hat sich beschwert, dass ich „nicht ordentlich spüle". Noch heute, wenn ich spüle, muss ich manchmal daran denken. Ich war wahnsinnig sauer darüber. Sauer auf ihn, den Spießer. Und sauer auf dich, weil du nicht zu mir gehalten hast. Aber vermutlich hattest du zu der Zeit gar nicht mehr die Kraft, es auf einen Konflikt ankommen zu lassen.

Ich bin dann nochmal für ein paar Wochen zu M. gezogen, wohl wissend, dass es nur eine Passage sein würde. Denn seit der „Nacht der Entscheidung" hatte ich die Weichen unwiderruflich gestellt.

Es muss im Februar gewesen sein, M. und ich trafen in Schwabing einen Freund von ihm. Der war zu der Zeit auf der Münchner Journalistenschule und erzählte ausführlich davon. In der Nacht darauf konnte ich vor Aufregung kein Auge zutun. Das war es! Ich würde Journalistin werden! Ich war doch schon immer die Beste in

Aufsätzen gewesen (und las sie in der Klasse auf Aufforderung des Lehrers einmal sogar von leeren, unbeschriebenen Blättern ab – um darüber hinwegzutäuschen, dass ich mal wieder zu faul gewesen war, meine Hausaufgaben zu machen). Ich war leidenschaftliche Zeitungsleserin: kein Montag ohne den ‚Spiegel', kein Donnerstag ohne die ‚Zeit'. Und vor allem: Ich hatte (und habe) eine Passion für die Menschen, die Politik und das Weltgeschehen. – Ich würde versuchen, auf die Journalistenschule zu kommen.

Was nicht einfach war. Abitur nachmachen und Studieren war quasi unmöglich, da die Großeltern es selber schwer hatten und mich nicht unterstützen konnten. Und meine Mutter hatte eher Schulden als Ersparnisse. Ich musste es also allein schaffen. Noch in der Nacht fasste ich folgenden Plan: Ich würde für ein, zwei Jahre nach Frankreich gehen, Französisch lernen und meinen Horizont erweitern. Von da aus würde ich mich dann bei der Journalistenschule bewerben. Und wieder zurückkommen, nach München, zu dir.

Ich habe alles so umgesetzt, wie ich es mir in der Nacht vorgenommen habe. Fast alles. Sogar bei der Journalistenschule war ich zwei Jahre später eine von 18 (von 400), die die schriftliche Prüfung bestanden hatten. Aber dann bin ich im Frühling 1966 durch die mündliche gefallen (was mich bis heute wurmt!). Doch ich habe mich nicht entmutigen lassen, habe mir ein Volontariat gesucht – und das am 2. Januar 1967 bei den ‚Düsseldorfer Nachrichten' begonnen.

Da warst du schon mit Jorge und Boris für drei Jahre nach Portugal gezogen, wo er einen Job hatte. Zwischen uns lagen nun ein paar tausend Kilometer – und Welten, was die unterschiedlichen Lebensweisen anging. Unser kurzes Wiedersehen bei dem Besuch von Bruno und mir bei euch in Cascais wurde im Sommer 1967 zum Desaster. Wir schienen uns nichts mehr zu sagen zu haben. Nichts.

Meinen Briefen an dich aus der Zeit davor in Paris entnehme ich, dass ich am Anfang noch versucht habe, aus der Ferne unsere innige Beziehung aufrechtzuerhalten. Aber du schreibst immer seltener, verfällst in Schweigen, versinkst in Problemen: eine scheiternde Ehe, die Mutterschaft – und deine unerfüllten Träume. „Ich habe erst in Paris richtig empfunden, wie sehr du mir fehlst", schreibe ich dir am 11. Juli 1964, und fahre fort: „Obwohl der erste Schritt dazu ja schon lange vorher getan wurde. Aber ein Ereignis jagte das andere, und man merkte es nicht so."

Ich hatte die Weichen gestellt und war nun vollauf damit beschäftigt, mein neues Leben zu organisieren. Die letzte Stelle auf Zeit in München, eine heimliche Korrespondenz mit Renate, Au-pair-Mädchen in Paris (Freundin von Klopfer?), Adresse: postlagernd. Renate gab mir Tipps und das Versprechen, dass ich in den ersten Tagen bei ihr wohnen könnte. Bis zum 1. Mai sollte alles unter Dach und Fach sein: meine Au-pair-Mädchen-Stelle und meine Einschreibung bei der Alliance Française; die 350 Mark, die ich gespart hatte, reichten ja nicht allzu weit. Und genauso kam es dann auch.

Natürlich habe ich M. nichts von meinen Plänen gesagt. Ich wusste ja schon, wie es sonst weitergehen würde. Aber auch dich habe ich nicht eingeweiht. Niemand mehr sollte mich aufhalten. Mit M. habe ich einen bewusst harten Abgang gemacht, einfach, um ihn diesmal so zu schockieren, dass er erst nach einer längeren Pause zu den rituellen Wiedereroberungsversuchen schreiten würde. Ich habe mich doch tatsächlich morgens von ihm verabschiedet und gesagt: „Also tschüss. Bis heute Abend, um sechs im Nest." Aber am Abend war ich schon in Paris. Und er fand einen Zettel auf dem Küchentisch ...

Mein Kalkül ging auf. Als er Monate später vor der Alliance Française stand, hatte ich längst den nötigen Abstand. Und ein neues Leben. Es gab schon Bruno, und das für lange Zeit. Aber auch er gehört nicht mehr in unsere Geschichte.

28. April 1964. Ich erinnere mich noch genau an dieses Gefühl: diese Mischung von Freude des Aufbruchs und Schrecken des Abschieds zugleich. An mein frohes, klammes Herz. Frühmorgens um acht klingelte bei dir das Telefon. Am anderen Ende der Leitung war ich. „Wenn du mich noch einmal sehen willst, Barbara", habe ich gesagt, „dann musst du um elf Uhr zum Hauptbahnhof kommen. Da fährt von Gleis X mein Zug nach Paris."

Du bist gekommen. Wir haben uns umarmt. Ich bin eingestiegen. Ganz sicher habe ich das Fenster runtergezogen und noch lange gewinkt ... Wir wussten beide: Das ist das Ende unserer Gemeinsamkeit. Und es ist das Ende unserer Jugend.

Es umarmt dich fest!
Deine Alice

Namensregister

EMMA
SCHÖNHEITS
TERROR
EMMA
MUTTERSCHUTZ
Die Frauenfalle!
Endlich
im besten
girlie-Alter!
20 Jahre
EMMA
DAS
LIEBESPAAR
Christo &
Jeanne-Claude
EM
Alice rennt!
25 Jahre EMMA
Angela bremst
vor Männerbastion
RAWA-Gründerin
Meena Kamal
Franka Po
nicht k
Ein Gesp
EMMA
Charlotte & Sisters feiern 30 Jahre
EMMA
Küss mich!
Die Renaissance
des Froschkönigs
FLINTENWEIBER IN DIE BUNDESWEHR?
EM
Newton
verklagt
Emma
Algerien
Ihr müßt
uns helfen!
Urlaub
Auf zur
Emma-
Reise
EMMA
www.emma.de
ANKE ENGELKE
IM GESPRÄCH MIT ALICE SCHWARZE
EMMA
LESBENBOOM
im Fernsehen
EUROPA-WAHL
Echte Chance
für Frauen!
BEAUVOIR
Die Pionierin
der Girlies
KRIEG ZUHAUSE
EM
Die Nobelpreisträgerin
Warum Gen-Forschung
Kanzler: Wahlpräsent
Ganztagsschule?

Alice Schwarzer (Hg.)
Die Gotteskrieger und die falsche Toleranz

KiWi 683
Originalausgabe

Auch nach dem Ende des Afghanistan-Krieges wird das Problem brennend bleiben. Längst sind die islamischen Fundamentalisten global vernetzt, was nicht nur die Gottesstaaten, sondern auch westliche Demokratien möglich gemacht haben. Und seit Jahren gilt Deutschland als die »europäische Drehscheibe des islamischen Terrorismus« – unbehelligt dank Ignoranz und falsch verstandener Toleranz. Wie konnte es so weit kommen? Warum hat niemand diesen Kreuzzug unter der Flagge des Kopftuches und im Namen Allahs ernst genommen, solange »nur« Frauen die Opfer waren? Und was haben die Schläfer in Hamburg eigentlich mit dem Kosovo zu tun?
Die AutorInnen u.a.:
Alice Schwarzer: Die falsche Toleranz
Gabriele Venzky: Die Talibanisierung Asiens
Johannes von Dohnanyi: Das Einfallstor Balkan
Wolfgang Günter Lerch: Die Islamisierung Tschetscheniens
Bassam Tibi: Die deutsche verordnete Fremdenliebe
Elisabeth Badinter: Der verschleierte Verstand

Alice Schwarzer
Simone de Beauvoir
Rebellin und Wegbereiterin

Mit zahlreichen Abbildungen
KiWi 538

Alice Schwarzers Gespräche mit Simone de Beauvoir sind das Herzstück dieses Buches. Sie wurden in den so bewegten Jahren 1972 bis 1982 geführt und damals weltweit veröffentlicht und diskutiert. Die Gespräche gelten als Schlüssel zum politischen Teil ihres Werkes und ihres Lebens (Beauvoir: »Das Buch wird helfen, die Sache, der ich so tief verbunden bin, besser zu verstehen.«). Die Einheit von Werk und Leben machte Simone de Beauvoir zum Modell der engagierten Intellektuellen unserer Zeit.

Alice Schwarzer
Eine tödliche Liebe
Petra Kelly und Gert Bastian

Mit zahlreichen Abbildungen
KiWi 640

Alice Schwarzer analysiert die fatale Symbiose von Liebe und Hass in der Beziehung des bekanntesten politischen Paares der deutschen Nachkriegsgeschichte.
In monatelangen Recherchen suchte sie Antworten auf die Frage, die sich schon wenige Wochen nach Bekanntwerden des Dramas niemand mehr stellte: Warum erschoss Gert Bastian Petra Kelly?

»Es gibt wirkungsvolle Fragen, deren Antworten selbstverständlich sind; Schwarzer hat sie gestellt, und darin liegt die Bedeutung ihres Buches.« *Elke Schmitter, taz*

»Niemanden kann es verwundern, dass ›Eine tödliche Liebe‹ zu einem der umstrittensten Bestseller des Jahres geworden ist.«
Giovanni di Lorenzo, Süddeutsche Zeitung

Alice Schwarzer
Man wird nicht als Frau geboren

KiWi 578
Originalausgabe

Der Kölner Kongress »Man wird nicht als Frau geboren« hat ein Stück Frauengeschichte geschrieben. Feministinnen aus aller Welt kamen 1999 zusammen, um Bilanz zu ziehen und in die Zukunft zu blicken. Dieser Band versammelt die wichtigsten Beiträge u.a. von Elisabeth Badinter, Christine Bergmann, Benoîte Groult, Gerda Lerner, Khalida Messaoudi, Marlene Streeruwitz, Rita Süssmuth und Fay Weldon.

Alice Schwarzer
Alice im Männerland

Eine Zwischenbilanz von Alice Schwarzer
Gebunden

Sie bewegt seit 30 Jahren die Gemüter – und wird das wohl auch weiterhin tun. Alice Schwarzers Ideen von gestern und heute sind nicht selten die Themen von morgen. Zum Beispiel: Die Ganztagsbetreuung für Kinder fordert sie seit 1973, zuletzt in dem EMMA-Dossier »Ganztagsschule« 2000.
Über die Homo-Ehe dachte sie erstmals 1984 laut nach, auch gegen die Kritik aus feministischen Kreisen. Missbrauch von Kindern – über »das Verbrechen, über das niemand spricht« – schrieb sie erstmals 1978, dafür damals noch ungläubig belächelt. Kein Berufsverbot für Frauen in der Bundeswehr – das forderte sie 1979 und plädiert heute für ein »Gemeinschaftspflichtjahr« für beide Geschlechter, wahlweise im Militär oder im sozialen Bereich. Essstörungen – über die »Frauensucht Nr. 1« veröffentlichte sie 1984 einen Sonderband und löste damit die ersten Selbsthilfegruppen aus.

Hochaktuelle Texte aus 32 Jahren, ein einleitender Essay, Rückblicke sowie Analysen ihrer TV-High-lights.

Alice Schwarzer
Der große Unterschied

Gegen die Spaltung von
Menschen in Männer und Frauen
Sonderausgabe
Gebunden

25 Jahre nach dem »Kleinen Unterschied« zieht Alice Schwarzer Bilanz und blickt nach vorn. Was hat sich seither getan im Geschlechterkampf? Wie steht es wirklich um die neuen Frauen und neuen Männer? Innerhalb nur einer Generation haben die Frauen mehr erreicht als je zuvor in der Geschichte.
Ein Buch über Frauenpower & Frauenschmerz, Lust & Gewalt, Frauen & Männer. Ein Bick in den Abgrund – und ein Griff nach den Sternen. Werden die Frauen es schaffen, ihren Weg weiterzugehen oder schlägt das Imperium zurück? Highnoon im Geschlechterkampf.

Ob das etwas Exemplarisches in
besten Freundinnen ist? Die un
Bejahung? Aller Unterschiedlic
Trotz. was meinst du? Ich erin
dass wir uns jemals im Streit
in die Münchner Zeit hinein, a
mich noch weiter mit dir, selbs
waren: Was ich vergessen hatte
fragen oder dir unbedingt erzäh
interessanter und auch erträgli
ander besprechen konnte.
Mir fällt rückblickend auf, das
in der dritten Person dachte, n
dieses oder jenes fragen. Du wa
Und ich denke mal, dass du mir
sondern einfach weil du eben du
Bild vom Menschen vermittelt ha
konnte die Welt so schlecht nic
Grund dafür sein, warum ich unse
14 und 21 als eine Zeit der (re

In die fiel allerdings auch mein
bei der Bank für Gemeinwirtscha
kaufmann". So hieß das damals.
mir der konsternierte Beamte vom
ich vor Jahren auf seine Frage,
hätte, mechanisch antwortete: "B
gierte mich kopfschüttelnd:" Sie

Zurück zur BfG: Nach meinem weni
in der Registratur wurde ich in
setzt. Dort erwarb ich mir den R
blieben zu sein. Man schickte mi
Telefonzentrale. Da konnte ich r